LA
DIVINE COMÉDIE

TROISIÈME PARTIE

PARIS. — IMPRIMERIE DE J. CLAYE

RUE SAINT-BENOIT

LA
DIVINE COMÉDIE

DE

DANTE ALIGHIERI

Traduction Nouvelle

PAR M. MESNARD

MEMBRE DE L'INSTITUT

PREMIER VICE-PRÉSIDENT DU SÉNAT, PRÉSIDENT HONORAIRE A LA COUR DE CASSATION

NOTES PAR M. LÉONCE MESNARD

LE PARADIS

PARIS

AMYOT, LIBRAIRE-ÉDITEUR

RUE DE LA PAIX, 8

M D CCC LVII

IL PARADISO

LE PARADIS

IL PARADISO

CANTO PRIMO

La gloria di colui, che tutto muove,
  Per l'universo penetra, e risplende
  In una parte più, e meno altrove.

Nel Ciel, che più della sua luce prende,
  Fu' io, e vidi cose, che ridire
  Nè sa, nè può qual di lassù discende:

Perchè appressando se al suo disire,
  Nostro intelletto si profonda tanto,
  Che retro la memoria non può ire.

Veramente quant' io del regno santo
  Nella mia mente potei far tesoro,
  Sarà ora materia del mio canto.

O buono Apollo, all' ultimo lavoro
  Fammi del tuo valor sì fatto vaso,
  Come dimanda dar l'amato alloro.

LE PARADIS

CHANT PREMIER

La gloire de Celui par qui tout se meut, pénètre l'Univers et resplendit tantôt plus, tantôt moins, dans toutes ses parties.

Arrivé jusqu'à ce ciel où brille sa plus vive lumière, je vis des choses que ne sait ni ne peut redire celui qui descend de ces hauteurs. En atteignant l'objet de son désir, notre intelligence s'y absorbe tout entière, et la mémoire ne revient plus en arrière.

Cependant tout ce que mon esprit a pu amasser de trésors dans le saint royaume, mes vers vont le chanter.

O bon Apollon, qu'en ce dernier travail, mon âme soit un vase tout rempli de ta vertu, comme tu le veux pour accorder ton laurier bien-aimé! Ce me fut assez

Insino a qui l'un giogo di Parnaso
　Assai mi fu : ma or con amendue
　M'è uopo entrar nell' aringo rimaso.

Entra nel petto mio, e spira tue,
　Sì come quando Marsia traesti
　Della vagina delle membra sue.

O divina virtù, sì mi ti presti
　Tanto, che l'ombra del beato regno
　Segnata nel mio capo io manifesti.

Venir vedrámi al tuo diletto legno,
　E coronarmi allor di quelle foglie,
　Che la matera e tu mi farai degno.

Sì rade volte, Padre, se ne coglie,
　Per trionfare o Cesare o Poeta,
　(Colpa e vergogna dell' umane voglie)

Che partorir letizia in su la lieta
　Delfica Deità dovria la fronda
　Peneia, quando alcun di se asseta.

Poca favilla gran fiamma seconda :
　Forse diretro a me con miglior voci
　Si pregherrà, perchè Cirra risponda.

Surge a' mortali per diverse foci
　La lucerna del mondo : ma da quella,
　Che quattro cerchi giugne con tre croci,

jusqu'à présent, d'un des sommets du Parnasse ; mais à l'entrée de cette nouvelle carrière, il me les faut tous les deux [1].

Pénètre en mon esprit et souffles-y cette ardeur qui t'animait, quand tu arrachas de leur enveloppe les membres de Marsyas [2].

O divine vertu, si à moi tu te donnes assez pour que je puisse montrer ce reflet du bienheureux royaume gravé dans ma mémoire, tu me verras, accourant à ton arbre préféré, me ceindre le front de ces feuilles que mon sujet et ton inspiration m'auront fait mériter.

O père, on en cueille si rarement (honte et défaillance des humaines volontés !) pour orner le triomphe ou d'un César ou d'un poëte, que l'ardeur de quiconque ambitionne cette feuille du Pénée [3], doit rendre heureuse la Déité de Delphes.

D'une faible étincelle jaillit une grande flamme : ainsi après moi, peut-être une voix priera, plus digne d'obtenir que Cyrrha [4] lui réponde.

Le flambeau du monde brille pour les mortels par des passages divers, mais en sortant de celui où la rencontre de quatre grands cercles forme trois croix [5], la lumière,

Con miglior corso, e con migliore stella
   Esce congiunta, e la mondana cera
   Più a suo modo tempera e suggella.

Fatto avea di là mane, e di qua sera
   Tal foce quasi, e tutto era là bianco
   Quello emisperio, e l'altra parte nera,

Quando Beatrice in sul sinistro fianco
   Vidi rivolta, e riguardar nel Sole :
   Aquila sì non gli s'affisse unquanco.

E sì come secondo raggio suole
   Uscir del primo, e risalire insuso,
   Pur come peregrin, che tornar vuole,

Così dell'atto suo per gli occhi infuso
   Nell'immagine mia il mio si fece,
   E fissi gli occhi al Sole, oltre a nostr'uso.

Molto è licito là, che qui non lece
   Alle nostre virtù, mercè del loco
   Fatto per proprio dell'umana spece.

Io nol soffersi molto, nè sì poco,
   Ch'io nol vedessi sfavillar dintorno,
   Qual ferro, che bollente esce del fuoco.

E disubito parve giorno a giorno
   Essere aggiunto, come quei, che puote,
   Avesse 'l Ciel d'un altro sole adorno.

dans un cours plus heureux, sous l'influence d'une étoile meilleure, façonne à son gré notre monde, docile à son empreinte comme une cire amollie.

Là déjà se faisait le matin, et ici-bas c'était le soir; un hémisphère blanchissait et l'autre devenait obscur, quand j'aperçus Béatrix qui, tournée vers la gauche, contemplait le soleil : l'aigle jamais ne fixa sur lui un regard plus ferme.

D'un premier rayon on en voit un second s'échapper, et retourner en haut, semblable au voyageur qui s'en revient chez lui; ainsi, par les yeux, arrivant à l'imagination, l'action de Béatrix devint la mienne, et plus qu'ils ne le peuvent d'ordinaire, mes regards se fixèrent sur le soleil; c'est que là, grâce à l'influence de ce lieu, séjour prédestiné de la race humaine, bien des choses sont possibles, qui dépassent nos forces ici-bas. Pour si peu qu'il me fut donné de supporter cette clarté, je la vis lançant tout autour des étincelles, comme le fer qui sort bouillant de la fournaise; et tout à coup il me sembla qu'au jour un autre jour s'ajoutait, comme si Celui qui peut eût embelli le ciel d'un second soleil.

Beatrice tutta nell' eterne ruote,
   Fissa con gli occhi stava, ed io in lei
   Le luci fisse, di lassù remote,

Nel suo aspetto tal dentro mi fei,
   Qual si fè Glauco nel gustar dell' erba,
   Che 'l fè consorto in mar degli altri Dei.

Trasumanar significar *per verba*
   Non si poría: però l'esemplo basti
   A cui esperienza grazia serba.

S'io era sol di me quel, che creasti
   Novellamente, Amor, ch 'l Ciel governi,
   Tu 'l sai, che col tuo lume mi levasti.

Quando la ruota, che tu sempiterni
   Desiderato, a se mi fece atteso
   Con l'armonia, che temperi e discerni,

Parvemi tanto allor del Cielo acceso
   Dalla fiamma del Sol, che pioggia o fiume
   Lago non fece mai tanto disteso.

La novità del suono, e 'l grande lume
   Di lor cagion m'accesero un disio
   Mai non sentito di cotanto acume.

Ond' ella, che vedea me sì com' io,
   Ad acquetarmi l'animo commosso,
   Pria ch' io a dimandar, la bocca aprío:

Béatrix, tout entière à la contemplation des sphères éternelles, n'en détournait pas les yeux, et moi j'abaissai les miens qui sur elle se fixèrent, si attentifs et pénétrant si avant, que je me sentis tel que devint Glaucus, en goûtant de cette herbe qui le fit compagnon des dieux de la mer [6].

Qui pourrait exprimer par des mots cette surhumaine transformation? Qu'il se contente de cet exemple celui à qui par la Grâce est réservée une telle expérience.

Étais-je encore vraiment l'être que jadis tu avais créé, Amour qui gouvernes le ciel, tu le sais, toi, dont un des rayons m'emporta !

O Désiré, quand les célestes roues dont tu éternises le mouvement me virent en admiration de cette harmonie que tu entends et que tu diriges, de si grands espaces du ciel me parurent embrasés de la flamme du soleil, que ni la pluie ni les fleuves jamais ne firent un lac aussi vaste.

A ces accords inconnus, à cette éblouissante lumière, il s'alluma en moi un tel désir d'en connaître la cause, que jamais désir à ce point ne m'avait aiguillonné.

Et elle qui voyait en moi comme moi-même, pour apaiser mes esprits trop émus, avant que j'eusse demandé, elle ouvrit la bouche :

E cominciò : Tu stesso ti fai grosso
  Col falso immaginar, sì che non vedi
  Ciò che vedresti, se l'avessi scosso.

Tu non se' in terra, sì come tu credi :
  Ma folgore, fuggendo 'l proprio sito,
  Non corse come tu, ch' ad esso riedi.

S' i' fui del primo dubbio disvestito,
  Per le sorrise parolette brevi,
  Dentro a un nuovo più fui irretito :

E dissi : Già contento requievi
  Di grande ammirazion : ma ora ammiro
  Com' io trascenda questi corpi lievi.

Ond' ella, appresso d' un pio sospiro,
  Gli occhi drizzò ver me, con quel sembiante,
  Che madre fa sopra figliuol deliro :

E cominciò : Le cose tutte quante
  Hann' ordine tra loro ; e questo è forma,
  Che l' universo a Dio fa simigliante.

Qui veggion l' alte creature l' orma
  Dell'eterno valòre, il quale è fine,
  Al quale è fatta la toccata norma.

Nell' ordine, ch' io dico, sono accline
  Tutte nature per diverse sorti,
  Più al principio loro, e men vicine :

« Tes fausses imaginations, commença-t-elle à dire, émoussent ton intelligence, et tu ne vois pas ce que très-bien tu verrais, si tu t'en dégageais.

« Bien à tort tu te crois encore sur la terre : la foudre est plus lente à descendre du lieu où elle se forme, que toi à monter jusque-là. »

Si cette brève et souriante parole me délivra d'un premier doute, je me trouvai bientôt encore plus enlacé dans un autre.

« Je me reposais avec joie, lui dis-je, de mon grand étonnement, mais à présent j'admire comment j'ai pu dépasser des corps si légers. »

Et alors, après un soupir plein de tendresse et de l'air d'une mère tout émue du délire de son fils, elle tourna sur moi les yeux et commença :

« Toutes choses sont unies dans un ordre déterminé, et de cet ordre naît la forme qui fait l'Univers à l'image de Dieu. Ici, aux créatures supérieures apparaît la trace de l'éternelle puissance à laquelle tend, comme à sa fin, cet ordre déjà produit.

« Selon cet ordre, toutes les créatures, obéissant à des inclinations diverses comme leur nature, se rapprochent plus ou moins de leur principe. Ainsi sur le vaste Océan

Onde si muovono a diversi porti,
   Per lo gran mar dell' essere, e ciascuna
   Con instinto a lei dato, che la porti.

Questi ne porta 'l fuoco inver la Luna:
   Questi ne' cuor mortali è promotore:
   Questi la terra in se stringe e aduna.

Nè pur le creature, che son fuore
   D' intelligenzia, quest' arco saetta,
   Ma quelle, ch' hanno intelletto e amore.

La Providenzia, che cotanto assetta,
   Del suo lume fa 'l Ciel sempre quieto,
   Nel qual si volge quel, ch' ha maggior fretta:

Ed ora lì, com' a sito decreto,
   Cen' porta la virtù di quella corda,
   Che ciò che scocca, drizza in segno lieto.

Ver' è, che come forma non s'accorda
   Molte fiate alla 'ntenzion dell' arte,
   Perch' a risponder la materia è sorda;

Così da questo corso si diparte
   Talor la creatura, ch' ha podere
   Di piegar, così pinta, in altra parte.

E sì come veder si può cadere
   Fuoco di nube, se l' impeto primo
   A terra è torto da falso piacere;

de l'Être, elles font route vers des ports divers, selon que chacune est emportée par l'instinct qui lui fut donné [7].

« Tel instinct porte le feu vers la lune; tel autre meut les cœurs mortels, tel autre fait de la terre une masse compacte et solide.

« Une même influence pousse à leur but et les créatures privées d'intelligence et celles en qui s'unissent l'intellect et l'amour :

« La Providence, sage régulatrice, entretient par sa lumière l'éternelle sérénité du ciel où se meut la sphère au mouvement le plus rapide.

« C'est là, comme à un lieu prédestiné, que nous porte cette vertu impulsive, qui dirige tout vers une heureuse fin.

« De même que parfois la forme est en désaccord avec l'intention de l'art, parce que la matière, sourde, refuse de répondre, ainsi la créature échappe à cette direction, libre qu'elle est, malgré l'impulsion qu'elle reçoit, d'incliner d'un autre côté; et, comme on peut voir le feu tomber de la nue, elle tombe, si, détournée de l'impulsion première, un faux plaisir l'attire vers la terre.

Non dei più ammirar, se bene stimo,
  Lo tuo salir, se non come d'un rivo,
  Se d'alto monte scende giuso ad imo.

Maraviglia sarebbe in te se, privo
  D'impedimento, giù ti fossi assiso,
  Com' a terra quieto fuoco vivo.

Quinci rivolse inver lo Cielo il viso.

« Être monté jusqu'ici ne doit non plus t'étonner, ce me semble, que de voir des hautes cimes d'une montagne, un fleuve couler en bas. Si, dégagé de toute entrave, tu fusses demeuré là-bas, ce serait même prodige, que si sur la terre, une flamme libre restait en repos. »

Puis vers le ciel elle releva les yeux.

CANTO SECONDO

O Voi, che siete in piccioletta barca,
  Desiderosi d'ascoltar, seguiti
  Dietro al mio legno, che cantando varca,

Tornate a riveder li vostri liti:
  Non vi mettete in pelago, che forse
  Perdendo me, rimarreste smarriti.

L'acqua, ch'io prendo, giammai non si corse:
  Minerva spira, e conducemi Apollo,
  E nuove Muse mi dimostran l' Orse.

Voi altri pochi, che drizzaste 'l collo
  Per tempo al pan degli Angeli, del quale
  Vivesi qui, ma non sen' vien satollo:

Metter potete ben per l'alto sale
  Vostro navigio, servando mio solco
  Dinanzi all'acqua, che ritorna eguale.

CHANT DEUXIÈME

Ô vous qui, jaloux de m'entendre, suivez sur une frêle nacelle, mon vaisseau qui vogue en chantant, retournez, allez revoir vos rivages, n'affrontez pas l'océan ; là peut-être me perdant resteriez-vous égarés. Ces eaux, où je m'aventure, jamais ne furent parcourues : Minerve gonfle ma voile, Apollon me dirige et les Muses me montrent les deux Ourses.

Vous qui, de bonne heure et en si petit nombre, fûtes affamés de ce pain des Anges, dont, sans pouvoir s'en rassasier, on se nourrit ici, que votre navire suive dans la haute mer le sillon que je trace sur l'onde qui se referme aussitôt. Ces glorieux aventuriers qui passèrent à Colchos, lorsqu'ils virent Jason devenir bouvier [1], ne furent pas aussi étonnés que vous le serez vous-mêmes.

Que' gloriosi, che passaro a Colco,
   Non s'ammiraron, come voi farete,
   Quando Jason vider fatto bifolco.

La concreata e perpetua sete
   Del deiforme regno cen' portava
   Veloci quasi, come 'l Ciel vedete.

Beatrice in suso, ed io in lei guardava:
   E forse in tanto, in quanto un quadrel posa,
   E vola, e dalla noce si dischiava,

Giunto mi vidi, ove mirabil cosa
   Mi torse 'l viso a se: e però quella,
   Cui non potea mi' ovra essere ascosa,

Volta ver me sì lieta, come bella;
   Drizza la mente in Dio grata, mi disse,
   Che n' ha congiunti con la prima stella.

Pareva a me, che nube ne coprisse
   Lucida spessa solida e pulita,
   Quasi adamante che lo Sol ferisse.

Per entro se l'eterna margherita
   Ne ricevette, com' acqua recepe
   Raggio di luce, permanendo unita.

S'io era corpo, e qui non si concepe,
   Com' una dimensione altra patío,
   Ch' esser convien se corpo in corpo repe,

Cette soif du royaume fait à l'image de Dieu (soif innée et perpétuelle) nous emportait aussi rapides que vous apparaissent les mouvements du ciel.

Béatrix regardait en haut, et moi je regardais Béatrix. En moins de temps peut-être qu'il n'en faut pour qu'un trait posé sur l'arc, s'en échappe et vole, je me vis arrivé là où une chose admirable m'attira tout à elle ; et alors celle à qui aucun de mes soucis ne pouvait être célé, se tournant vers moi joyeuse autant que belle : « Élève, dit-elle, ton âme reconnaissante jusqu'à Dieu qui nous fait arriver ensemble à la première étoile. »

Nous étions entourés (ainsi me semblait-il) d'une nuée épaisse, dense, polie et lumineuse comme un diamant que frapperait le soleil.

La perle éternelle nous reçut au dedans de soi, comme l'eau, sans trouble à sa surface, reçoit un rayon de lumière.

J'étais vraiment un corps, et comme il ne se peut concevoir ici qu'un espace en contienne un autre [2] (condition nécessaire pour qu'un corps se glisse dans un autre

Accender ne dovria più il disio
  Di veder quella essenzia, in che si vede,
  Come nostra natura e Dio s'unío.

Lì si vedrà ciò che tenem per fede
  Non dimostrato, ma fia per se noto,
  A guisa del ver primo, che l'uom crede.

Io risposi : Madonna, sì devoto,
  Quant' esser posso più, ringrazio lui,
  Lo qual dal mortal Mondo m' ha rimoto.

Ma ditemi, che son li segni bui
  Di questo corpo, che laggiuso in terra
  Fan di Cain favoleggiare altrui?

Ella sorrise alquanto; e poi : S'egli erra
  L'opinion, mi disse, de' mortali,
  Dove chiave di senso non disserra,

Certo non ti dovrien punger li strali
  D' ammirazione omai : poi dietro a' sensi
  Vedi, che la ragione ha corte l'ali.

Ma dimmi quel, che tu da te ne pensi.
  Ed io : Ciò che n'appar quassù diverso,
  Credo che 'l fanno i corpi rari e densi.

Ed ella : Certo assai vedrai sommerso
  Nel falso il creder tuo, se bene ascolti
  L'argomentar, ch' io li farò avverso.

corps), nous devrions être animés d'un désir plus ardent de contempler cette sublime essence où l'on voit comment notre nature s'unit à celle de Dieu..

Là, ce qui est de foi pour nous ici, et non démontré, sera de soi-même clair et manifeste à l'égal de toute vérité primordiale admise par la croyance de l'homme.

Je répondis : « Ma Dame, aussi pieusement qu'il se peut, je rends grâces à Celui qui m'a retiré du monde mortel.

« Mais dites-moi ce que sont les taches obscures de cet astre, qui font dire là-bas sur la terre, tant de fables sur Caïn[3]. »

Elle se prit doucement à sourire, puis : « Si le jugement des mortels est en défaut, toutes les fois que la clef des sens ne peut ouvrir, pour toi, certes, la pointe de l'étonnement devrait désormais s'émousser, car, tu le vois, bien courtes sont les ailes de la raison qui se met à la suite des sens.

« Mais dis-moi ce que toi-même tu en penses. »
Et moi : « Ce qui nous apparaît étrange là-haut est produit, je crois, par des corps rares et denses. »

Et elle : « Tu verras certainement cette opinion submergée dans le faux, si tu es attentif au raisonnement que j'y vais opposer.

La spera ottava vi dimostra molti
  Lumi, li quali nel quale, e nel quanto
  Notar si posson di diversi volti.

Se raro e denso ciò facesser tanto,
  Una sola virtù sarebbe in tutti
  Più e men distributa, ed altrettanto.

Virtù diverse esser convegnon frutti
  Di principj formali, e quei, fuor ch' uno,
  Seguiterieno a tua ragion distrutti.

Ancor se raro fosse di quel bruno
  Cagion, che tu dimandi, od oltre in parte,
  Fora di sua materia sì digiuno

Esto pianeta, o sì come comparte
  Lo grasso e 'l magro un corpo, così questo,
  Nel suo volume cangerebbe carte.

Se 'l primo fosse, fora manifesto
  Nell' eclissi del Sol, per trasparere
  Lo lume, come in altro raro ingesto.

Questo non è: però è da vedere
  Dell' altro: e s'egli avvien, ch' io l'altro cassi,
  Falsificato fia lo tuo parere.

S'egli è, che questo raro non trapassi,
  Esser conviene un termine, da onde
  Lo suo contrario più passar non lassi:

« La huitième sphère vous laisse voir un grand nombre d'étoiles diverses d'aspect, selon leur grandeur et l'éclat de leur lumière.

« Si cette diversité n'était due qu'à une différence de densité, une seule vertu resterait à ces corps, répartie entre eux du plus au moins, ou également. Or, des vertus diverses impliquent des principes formels, et tous ces principes, hormis un, seraient supprimés par l'effet de ton raisonnement.

« Ajoute que si l'absence de densité formait cette teinte obscure dont tu demandes la cause, il arriverait ou que cette planète, en quelqu'une de ses parties, serait presque entièrement dépourvue de matière ; ou que, semblable à un corps maigre en une partie et gras dans l'autre, sa masse se composerait de couches inégales et changeantes.

« Au premier cas, dans les éclipses de soleil, la lumière, traversant la lune comme tout autre milieu privé de densité, rendrait la chose manifeste. Or, cela n'est pas ; reste donc à examiner l'autre supposition, et s'il arrive que je la détruise, la fausseté de ton opinion restera démontrée.

« Étant admis qu'aucune partie de la lune n'est complétement transparente, il faut nécessairement alors que, touchant à la surface des parties denses, le rayon soit

E indi l'altrui raggio si rifonde
   Così, come color torna per vetro,
   Lo qual diretro a se piombo nasconde.

Or dirai tu, ch'el si dimostra tetro
   Quivi lo raggio più che in altre parti,
   Per esser lì rifratto più a retro.

Da questa instanzia può diliberarti
   Esperienza, se giammai la pruovi,
   Ch' esser suol fonte a' rivi di vostre arti.

Tre specchi prenderai, e due rimuovi
   Da te d'un modo e l'altro più rimosso;
   Tr'ambo li primi gli occhi tuoi ritruovi :

Rivolto ad essi fa, che dopo 'l dosso
   Ti stea un lume, che i tre specchi accenda,
   E torni a te da tutti ripercosso :

Benchè nel quanto tanto non si stenda
   La vista più lontana, lì vedrai
   Come convien, ch'egualmente risplenda.

Or come ai colpi degli caldi rai,
   Della neve riman nudo 'l suggetto,
   E dal colore, e dal freddo primai,

Così rimaso, te nello 'ntelletto
   Voglio informar di luce sì vivace,
   Che ti tremolerà nel suo aspetto.

arrêté et revienne sur lui-même, semblable à l'image que réfléchit un verre derrière lequel s'étend une couche de plomb.

« Diras-tu que le rayon paraît plus obscur, parce qu'il est réfléchi d'un point situé plus en arrière? Mais une telle objection disparaîtra si tu as recours à l'expérience, cette source d'où découlent les ruisseaux de vos arts.

« Prends trois miroirs, places-en deux à une égale distance de toi et le troisième un peu plus loin, de manière que tes yeux le rencontrent entre les deux premiers.

« Dans cette position, fais que, placée derrière toi, une lumière frappe les trois miroirs et que, réfléchie par tous, elle revienne à toi.

« Alors, bien que le plus éloigné des miroirs ne reflète pas une lumière aussi étendue, tu le verras cependant resplendir autant que les deux autres.

« De même que, frappé par les chauds rayons, le lieu que couvrait la neige reste nu en se dépouillant de sa froide blancheur ; de même dans ton entendement, dégagé de ses erreurs, je veux faire briller une lumière qui te fera scintiller de son éclat.

Dentro dal Ciel della divina pace
  Si gira un corpo, nella cui virtute
  L'esser di tutto suo contento giace.

Lo Ciel seguente, ch'ha tante vedute,
  Quell'esser parte, per diverse essenze
  Da lui distinte, e da lui contenute.

Gli altri giron per varie differenze
  Le distinzion, che dentro da se hanno,
  Dispongono a lor fini, e lor semenze.

Questi organi del Mondo così vanno,
  Come tu vedi omai, di grado in grado,
  Che di su prendono, e di sotto fanno.

Riguarda bene a me sì com'io vado,
  Per questo loco al ver, che tu disiri,
  Sì che poi sappi sol tener lo guado.

Lo moto e la virtù de' santi giri,
  Come dal fabbro l'arte del martello,
  Da' beati motor convien che spiri.

E 'l Ciel, cui tanti lumi fanno bello,
  Dalla mente profonda, che lui volve,
  Prende l'image, e fassene suggello.

E come l'alma dentro a vostra polve,
  Per differenti membra, e conformate
  A diverse potenzie, si risolve;

« Au dedans du ciel de la divine paix [4], se meut un corps [5] possédant virtuellement en soi l'être de tout ce qu'il contient.

« Le ciel suivant [6] où brillent tant d'étoiles, distribue cet être entre diverses essences distinctes de lui, bien qu'il les contienne. Les autres cieux, par des moyens divers, disposent des vertus qui sont en eux, selon que le veulent et leur principe et leur fin.

« Ainsi, tu le vois, ces grands organes du monde vont s'abaissant de degré en degré, distribuant en bas ce qu'ils empruntent d'en haut [7].

« Remarque bien comme par cette voie j'arrive à la vérité que tu désires, afin que désormais tu puisses être ton seul guide.

« Le mouvement et la vertu des saintes sphères, il les faut attribuer aux moteurs éternels, comme on rapporte au forgeron l'œuvre du marteau.

« Le ciel que toutes ses lumières rendent si beau, reçoit l'image de la suprême intelligence qui le meut et, à son tour, il en donne l'empreinte.

« Comme dans votre poussière, l'âme se répand entre divers membres, destinés à des fonctions diverses, ainsi l'intelligence, tournant dans son inaltérable unité, répand à profusion sa bonté sur toutes les étoiles.

Così l'intelligenzia sua bontate
 Multiplicata per le stelle, spiega,
 Girando se, sovra sua unitate.

Virtù diversa fa diversa lega
 Col prezioso corpo, che l'avviva,
 Nel qual, si come vita in voi, si lega.

Per la natura lieta, onde deriva,
 La virtù mista, per lo corpo, luce,
 Come letizia, per pupilla viva.

Da essa vien ciò, che da luce a luce
 Par differente, non da denso e raro :
 Essa è formal principio, che produce,

Conforme a sua bontà, lo turbo e 'l chiaro.

« Avec le corps précieux qu'elle anime, chaque vertu fait une alliance diverse, et elle s'unit à lui, comme à vous-mêmes la vie. Ainsi mêlée au corps, cette vertu emprunte à la nature bienheureuse d'où elle émane, une lumière qui brille comme la joie dans un œil pur.

« De cette même vertu, et non du plus ou moins de densité des corps, provient l'apparente inégalité de lumière à lumière ; car elle est le principe formel qui, dans la mesure de sa bonté, produit l'obscur et le clair. »

CANTO TERZO

Quel Sol, che pria d'amor mi scaldò 'l petto,
   Di bella verità m'avea scoverto,
   Provando, e riprovando, il dolce aspetto:

Ed io, per confessar corretto e certo
   Me stesso, tanto, quanto si convenne,
   Levai lo capo a profferer più erto.

Ma visione apparve, che ritenne
   A se me tanto stretto, per vedersi,
   Che di mia confession non mi sovvenne.

Quali per vetri trasparenti e tersi,
   O ver per acque nitide e tranquille
   Non sì profonde, che i fondi sien persi,

Tornan de' nostri visi le postille
   Debili sì, che perla in bianca fronte
   Non vien men tosto alle nostre pupille:

CHANT TROISIÈME

Ce soleil [1] qui jadis embrasa mon cœur d'amour, en me donnant preuve sur preuve, m'avait montré le doux aspect de la belle vérité ; et moi, voulant me confesser désabusé et persuadé, je me redressai, portant haut la tête comme il convenait pour parler.

Mais une nouvelle vision m'apparut dont la contemplation me rendit si attentif, qu'il ne me souvint plus de ma confession.

Traversant une glace transparente et polie, ou bien des eaux calmes et limpides et pas assez profondes pour que le fond en soit assombri, notre propre image nous revient faible et adoucie comme le serait pour nos yeux le reflet d'une perle sur un front blanc.

Tali vid'io più facce a parlar pronte:
 Perch'io dentro all' error contrario corsi
 A quel, ch' accese amor tra l'uomo e 'l fonte.

Subito, sì com'io di lor m'accorsi,
 Quelle stimando specchiati sembianti,
 Per veder di cui fosser, gli occhi torsi,

E nulla vidi, e ritorsili avanti
 Dritti nel lume della dolce guida,
 Che sorridendo ardea negli occhi santi.

Non ti maravigliar, perch'io sorrida,
 Mi disse, appresso 'l tuo pueril quoto,
 Poi sopra 'l vero ancor lo piè non fida,

Ma te rivolve, come suole, a voto;
 Vere sustanzie son ciò che tu vedi,
 Qui rilegate per manco di voto.

Però parla con esse, e odi e credi,
 Che la verace luce, che le appaga,
 Da se non lascia lor torcer li piedi.

Ed io all'ombra, che parea più vaga
 Di ragionar, drizzámi, e cominciai,
 Quasi com' uom, cui troppa voglia smaga:

O ben creato spirito, che a' rai
 Di vita eterna la dolcezza senti,
 Che non gustata non s'intende mai;

Ainsi m'apparurent plusieurs figures se disposant à parler, d'où il arriva que je tombai dans une erreur toute contraire à celle de l'homme qu'une fontaine rendit amoureux.

Me persuadant, dès que je les aperçus, que c'étaient des images réfléchies par un miroir, je me détournai pour savoir de qui elles étaient, et je ne vis rien, et je reportai mes regards vers ma douce conductrice qui faisait briller un sourire dans ses yeux de sainte.

« Si tes raisons d'enfant excitent mon sourire, ne t'en étonne pas : ton pied ne s'affermit pas encore sur le vrai, et, comme d'ordinaire, il te fait pencher dans le vide. Ce sont de vraies substances que tu vois, ici reléguées comme infidèles à leur vœu. Parle avec elles ; écoute et crois; la vraie lumière qui fait leur joie, ne laisse point leurs pas s'égarer loin d'elle. »

M'adressant à l'ombre qui montrait le plus d'empressement pour discourir, et troublé comme celui qu'emporte un trop vif désir, je commençai :

« Ame prédestinée, qui, aux rayons de l'éternelle vie, éprouves cette douceur que l'on ne peut comprendre sans l'avoir goûtée, tu me seras bien gracieuse, si tu

3

Grazioso mi fia, se mi contenti
  Del nome tuo, e della vostra sorte;
  Ond' ella pronta e con occhi ridenti:

La nostra carità non serra porte
  A giusta voglia, se non come quella,
  Che vuol simile a se tutta sua Corte.

Io fui nel Mondo vergine sorella:
  E se la mente tua ben mi riguarda,
  Non mi ti celerà l'esser più bella,

Ma riconoscerai ch'io son Piccarda,
  Che posta qui con questi altri beati,
  Beata son nella spera più tarda.

Li nostri affetti, che solo infiammati
  Son nel piacer dello Spirito Santo,
  Letizian, del su' ordine formati:

E questa sorte, che par giù cotanto,
  Però n'è data, perchè fur negletti
  Li nostri voti, e voti in alcun canto.

Ond' io a lei: Ne' mirabili aspetti
  Vostri risplende non so che divino,
  Che vi trasmuta da' primi concetti:

Però non fui a rimembrar festino;
  Ma or m'ajuta ciò, che tu mi dici,
  Sì che raffigurar m'è più latino.

veux m'apprendre ton nom et me dire quel est votre sort. »

Tout aussitôt et le sourire dans les yeux : « Notre charité, dit-elle, conforme à celle[2] qui veut que toute sa cour lui ressemble, ne tient sa porte fermée à aucun juste désir.

« Dans le monde, je fus une vierge cloîtrée ; aux yeux de ta mémoire, si elle me regarde bien, ma nouvelle beauté ne me dérobera pas. Tu reconnaîtras que je suis Piccarda[3], ici placée avec ces autres bienheureux, bienheureuse moi-même dans la sphère la plus lente.

« Enflammées du seul amour de l'Esprit saint, nos affections se réjouissent de l'ordre où elles sont inspirées. Et cette condition qui paraît si humble, elle nous est assignée, à cause de la négligence qui nous fit rompre une partie de nos vœux. »

Et moi à elle : « Je ne sais quoi de divin resplendit sur vos faces radieuses, qui transforme l'image qu'en gardait la mémoire. Aussi n'ai-je pas été prompt à me souvenir ; mais grâce aux paroles que tu as dites, il m'est aisé de te reconnaître.

Ma dimmi: voi, che siete qui felici,
 Disiderate voi più alto loco,
 Per più vedere, o per più farvi amici?

Con quell'altr'ombre pria sorrise un poco:
 Da indi mi rispose tanto lieta,
 Ch'arder parea d'amor nel primo foco:

Frate, la nostra volontà quieta
 Virtù di carità, che fa volerne
 Sol quel ch'avemo, e d'altro non ci asseta.

Se disiassimo esser più superne,
 Foran discordi gli nostri disiri
 Dal voler di Colui, che qui ne cerne:

Che vedrai non capere in questi giri;
 S'essere in caritate è qui necesse,
 E se la sua natura ben rimiri:

Anzi è formale ad esso beato esse,
 Tenersi dentro alla divina voglia,
 Perch'una fansi nostre voglie stesse.

Sì che come noi sem di soglia in soglia
 Per questo regno, a tutto 'l regno piace,
 Com'allo Re, ch'a suo voler ne'nvoglia:

E la sua volontade è nostra pace:
 Ella è quel mare, al qual tutto si muove
 Ciò, ch'ella cria, e che natura face.

« Mais dis-moi, vous qui êtes ici bienheureuses, souhaitez-vous une sphère plus élevée, afin de voir de plus près et de ressentir plus d'amour? »

Elle se prit d'abord à sourire un peu avec les autres ombres, puis, comme si elle eût été embrasée de l'amour qu'allume le premier feu, elle me répondit :

« Frère, une vertu, la charité, apaise ici nos désirs : éteignant en nous la soif de tout autre bien, elle ne nous laisse rien vouloir au delà de ce que nous avons.

« Si nous désirions être plus haut, un tel désir serait en désaccord avec la volonté de Celui qui nous confine ici; tu verras que ce désaccord n'existe dans aucun des cercles; qu'il est de nécessité, si tu en considères bien la nature, que la charité soit ici, et qu'il est essentiel à notre condition de bienheureux de rester contenus dans la volonté divine, pour que nos volontés elles-mêmes se confondent en une seule.

« Que nous soyons ainsi placés de degrés en degrés dans ce royaume, cela plaît au saint royaume et à Celui dont la volonté nous fait vouloir; cette volonté fait notre paix : c'est la mer vers laquelle se meut et tout ce qu'elle créa et tout ce que produit la nature [4]. »

Chiaro mi fu allor, com'ogni dove
  In Cielo è Paradiso, *etsi* la grazia
  Del Sommo Ben d'un modo non vi piove.

Ma sì com'egli avvien, s'un cibo sazia,
  E d'un altro rimane ancor la gola,
  Che quel si chiere, e di quel si ringrazia:

Così fec'io con atto e con parola,
  Per apprender da lei qual fu la tela,
  Onde non trasse insino al cò la spola.

Perfetta vita ed alto merto inciela
  Donna più su, mi disse, alla cui norma
  Nel vostro mondo giù si veste, e vela;

Perchè 'n fino al morir si vegghi e dorma
  Con quello sposo, ch'ogni voto accetta,
  Che caritate, a suo piacer, conforma.

Dal Mondo, per seguirla, giovinetta,
  Fuggimmi, e nel su'abito mi chiusi,
  E promisi la via della sua setta.

Uomini poi a mal, più ch'a bene usi,
  Fuor mi rapiron della dolce chiostra:
  Dio lo si sa, qual poi mia vita fusi.

E quest'altro splendor, che ti si mostra
  Dalla mia destra parte, e che s'accende
  Di tutto 'l lume della spera nostra,

CHANT TROISIÈME.

Alors il me fut manifeste que tout lieu dans le ciel est Paradis, quoique la grâce du souverain bien ne s'y répande pas également.

Comme il arrive que, rassasié d'un mets, on reste en goût pour un autre que l'on recherche en remerciant du premier ; ainsi fis=je de la parole et du geste pour apprendre de cette âme quelle fut la toile que n'avait pas achevé de tisser sa navette.

« Il est une femme [5] que la perfection de sa vie et la grandeur de ses mérites placent plus haut que nous dans le ciel. A votre monde elle donna cette règle du vêtement et du voile, dans laquelle jusqu'à la mort on veille, on dort avec l'époux qui agrée tout vœu que la charité rend conforme à son désir.

« Toute jeune encore, je quittai le monde pour la suivre, pour me cacher sous l'habit de son ordre en promettant de rester dans ses voies.

« Puis des hommes, plus portés vers le mal que vers le bien, m'arrachèrent à la douce paix du cloître : ce qu'ensuite fut ma vie, Dieu le sait !

« Et cette autre splendeur qui t'apparaît à ma droite, resplendissante de toute la lumière de notre sphère, elle s'applique à soi-même ce que je dis de moi : elle fut

Ciò ch'io dico di me, di se intende :
　　Sorella fu, e così le fu tolta
　　Di capo l'ombra delle sacre bende.

Ma poi che pur al Mondo fu rivolta
　　Contra suo grado, e contra buona usanza,
　　Non fu dal vel del cuor giammai disciolta.

Quest'è la luce della gran Gostanza,
　　Che del secondo vento di Soave
　　Generò 'l terzo, e l'ultima possanza.

Così parlommi: e poi cominciò Ave
　　Maria, cantando; e cantando vanío,
　　Come per acqua cupa cosa grave.

La vista mia, che tanto la seguío,
　　Quanto possibil fu, poi che la perse,
　　Volsesi al segno di maggior disio,

Ed a Beatrice tutta si converse :
　　Ma quella folgorò nello mio sguardo
　　Sì, che da prima il viso nol sofferse :

E ciò mi fece a dimandar più tardo.

Religieuse et de son front aussi disparut l'ombre des sacrés bandeaux. Mais retournée au monde, contre son gré, au mépris de la bonne règle, jamais elle ne fut, de cœur, dégagée de son voile. Celle-ci est la splendeur de la grande Constance [6] : du second orgueil de la Souabe elle engendra le troisième qui fut sa dernière puissance. »

Ainsi elle me parla; puis, en chantant, elle se prit à dire, AVE MARIA, et en chantant elle s'évanouit, comme dans une eau profonde disparaît une chose qui pèse.

Après l'avoir suivie tant qu'il fut possible, ma vue la perdit et, se tournant vers l'objet de son plus cher désir, en Béatrix elle s'absorba tout entière. Mais celle-ci resplendissait de tant d'éclairs, que mes regards ne purent d'abord supporter son aspect, et que ma parole fut lente à l'interroger.

CANTO QUARTO

Intra duo cibi distanti, e movènti
   D'un modo, prima si morría di fame,
   Che liber'uomo l'un recasse a' denti.

Sì si starebbe un' agno intra duo brame
   Di fieri lupi, igualmente temendo :
   Sì si starebbe un cane intra duo dame.

Perchè s'io mi tacea, me non riprendo,
   Dalli miei dubbi d'un modo sospinto,
   Poich' era necessario, nè commendo.

Io mi tacea : ma 'l mio disir dipinto
   M'era nel viso, e 'l dimandar con ello
   Più caldo assai, che per parlar distinto.

Fessi Beatrice, qual fè Daniello,
   Nabuccodonosor levando d'ira,
   Che l'avea fatto ingiustamente fello.

CHANT QUATRIÈME

Placé avec la liberté du choix entre deux mets également à sa portée et l'attirant également, un homme mourrait de faim, avant de porter l'un des deux à sa bouche.

Ainsi entre deux loups aux appétits féroces, un agneau aussi épouvanté de l'un que de l'autre, resterait immobile, non moins qu'un chien entre deux daims [1].

D'où vient que si je me taisais, tenu en suspens par des doutes contraires, je n'ai ni à m'accuser ni à me louer de ce silence qui était une nécessité.

Je me taisais ; mais le désir se peignait sur mon visage qui questionnait plus ardemment que ne l'eût fait aucune parole articulée.

Ce que fit Daniel lorsqu'il apaisa au cœur de Nabuchodonosor cette colère qui l'avait rendu cruel avec injustice [2], Béatrix le fit en me disant :

CANTO QUARTO.

E disse: Io veggio ben come ti tira
  Uno ed altro disio, sì che tua cura
  Se stessa lega sì che fuor non spira.

Tu argomenti, Se 'l buon voler dura,
  La violenza altrui per qual ragione
  Di meritar mi scema la misura?

Ancor di dubitar ti dà cagione,
  Parer tornarsi l'anime alle stelle,
  Secondo la sentenza di Platone.

Queste son le quistion, che nel tuo velle
  Pontano igualemente: e però pria
  Tratterò quella, che più ha di felle.

De' Serafin colui, che più s'india,
  Moisè, Samuello, e quel Giovanni,
  Qual prender vuogli, io dico, non Maria,

Non hanno in altro Cielo i loro scanni,
  Che quegli spirti, che mo t'appariro,
  Nè hanno all'esser lor più o meno anni.

Ma tutti fanno bello il primo giro,
  E differentemente han dolce vita,
  Per sentir più e men l'eterno spiro.

Qui si mostraron, non perchè sortita
  Sia questa spera lor, ma per far segno
  Della celestial, ch'ha men salita.

« Tu es attiré, je le vois bien, par deux désirs contraires, et ton choix est à ce point enchaîné qu'il ne peut se manifester au dehors.

« Voici ton argument : si le bon vouloir persiste, pourquoi la violence d'autrui atténuerait-elle la valeur de mes mérites ?

« Puis c'est pour toi un autre sujet de doute que ce retour apparent des âmes aux étoiles, selon l'opinion de Platon [3].

« Telles sont les questions qui oppriment également ta volonté : je traiterai d'abord celle qu'on a le plus envenimée.

« Ni celui des Séraphins qui participe le plus de Dieu, ni Moïse, ni Samuel, ni celui des deux Jean que tu voudras (je ne parle pas de Marie) n'ont leur place assignée dans un autre ciel que celui des esprits qui viennent de t'apparaître, et leur existence ne se mesure pas par plus ou moins d'années.

« Tous ensemble ils embellissent ce premier cercle et leur vie est différemment heureuse, selon que plus ou moins l'éternel esprit en eux se fait sentir.

« Ils viennent de se montrer ici, non que cette sphère leur soit attribuée. mais afin de t'indiquer que dans l'ordre céleste, elle est la moins élevée.

Così parlar conviensi al vostro ingegno,
　Perocchè solo da sensato apprende
　Ciò, che fa poscia d'intelletto degno.

Per questo la Scrittura condescende
　A vostra facultate, e piedi e mano
　Attribuisce a Dio, ed altro intende:

E santa Chiesa con aspetto umano
　Gabbriell'e Michel vi rappresenta,
　E l'altro che Tobbía rifece sano.

Quel, che Timeo dell'anime argomenta,
　Non è simile a ciò, che qui si vede,
　Perocchè, come dice, par che senta.

Dice, che l'alma alla sua stella riede,
　Credendo quella quindi esser decisa,
　Quando natura per forma la diede.

E forse sua sentenzia è d'altra guisa,
　Che la voce non suona, ed esser puote
　Con intenzion da non esser derisa.

S'egl'intende tornare a queste ruote
　L'onor della 'nfluenzia e 'l biasmo, forse
　In alcun vero suo arco percuote.

Questo principio male inteso torse
　Già tutto 'l Mondo quasi, sì che Giove,
　Mercurio, e Marte a nominar trascorse.

« Ainsi convient-il de parler à votre esprit, qui perçoit par les sens ce qu'ensuite il rend digne de l'intellect.

« Et c'est pour condescendre à votre infirmité que l'Ecriture attribue à Dieu des pieds et des mains, tout en voulant dire autre chose, et que la sainte Église donne une forme humaine à Gabriel, à Michel et à celui qui sut guérir Tobie.

« Ce que pense des âmes Timée (à en juger par ses paroles) n'a rien de semblable à ce qui se voit ici. Ainsi il dit que l'âme remonte à son étoile, croyant qu'elle en fut séparée au moment où la nature lui donna une forme corporelle. Peut-être son opinion n'a-t-elle pas le sens que lui prêtent les termes qui l'expriment, et doit-elle s'entendre de façon à n'être pas à dédaigner.

« S'il entend rapporter à ces sphères le mérite ou le blâme de l'influence, peut-être son trait frappe-t-il près du but. Égaré par ce principe mal compris, le monde presque tout entier fut entraîné et courut adorer Jupiter et Mercure et Mars.

L'altra dubitazion, che ti commuove,
　　Ha men velen, perocchè sua malizia
　　Non ti potria menar da me altrove.

Parere ingiusta la nostra giustizia
　　Negli occhi de' mortali, è argomento
　　Di fede, e non d'eretica nequizia.

Ma perchè puote vostro accorgimento
　　Ben penetrare a questa veritate,
　　Come disiri, ti farò contento.

Se violenza è quando quel, che pate,
　　Niente conferisce a quel, che sforza,
　　Non fur quest'alme per essa scusate:

Che volontà, se non vuol, non s'ammorza,
　　Ma fa come natura face in foco,
　　Se mille volte violenza il torza:

Perchè s'ella si piega assai o poco,
　　Segue la forza: e così queste fero,
　　Potendo ritornare al santo loco.

Se fosse stato il lor volere intero,
　　Come tenne Lorenzo in su la grada,
　　E fece Muzio alla sua man severo,

Così l'avría ripinte per la strada,
　　Ond'eran tratte, come furo sciolte:
　　Ma così salda voglia è troppo rada.

« Quant à l'autre doute qui trouble ton esprit, il a moins de venin en ce que sa malignité ne peut te séparer de moi. Qu'aux yeux des mortels notre justice paraisse injuste, c'est là matière de foi, ce n'est pas sujet d'hérésie [4]. Mais puisqu'il est possible à votre intelligence de pénétrer jusqu'à cette vérité, je vais sur ce point contenter ton désir.

« Comme il n'y a de violence que là où celui qui la subit ne cède rien à celui qui le force, ces âmes ne trouvent pas dans la contrainte leur justification.

« Car, à moins de le vouloir, la volonté ne s'annule pas : elle est de la nature du feu qui résiste à la torsion de mille violences.

« Mais dès qu'elle fléchit ou peu ou beaucoup, aussitôt elle devient complice de la force ; ainsi firent ces âmes à qui le retour au saint lieu était possible.

« Si leur volonté fût restée intacte, comme celle de Laurent sur le gril, ou celle de Mutius sans pitié pour sa main, elle les eût ramenées, devenues libres, dans la voie d'où elles avaient été écartées ; mais combien est rare une si ferme volonté !

CANTO QUARTO.

E per queste parole, se ricolte
   L'hai come dei, è l'argomento casso,
   Che t'avría fatto noja ancor più volte.

Ma or ti s'attraversa un' altro passo
   Dinanzi agli occhi tal, che per te stesso
   Non n'usciresti, pria saresti lasso.

Io t'ho per certo nella mente messo,
   Ch'alma beata non poria mentire,
   Perocchè sempre al Primo Vero è presso:

E poi potesti da Piccarda udire,
   Che l'affezion del vel Gostanza tenne,
   Sì ch'ella par qui meco contraddire.

Molte fiate già, frate, adivenne,
   Che per fuggir periglio, contro a grato
   Si fè di quel, che far non si convenne:

Come Almeone, che di ciò pregato
   Dal padre suo, la propria madre spense;
   Per non perder pietà si fè spietato.

A questo punto voglio, che tu pense,
   Che la forza al voler si mischia, e fanno
   Sì, che scusar non si posson l'offense.

Voglia assoluta non consente al danno:
   Ma consentevi intanto, in quanto teme
   Se si ritrae, cadere in più affanno.

« Ces paroles convenablement recueillies ont dû briser l'argument qui, plus d'une fois encore, t'aurait importuné.

« Mais voilà sur ta route et devant tes yeux encore un mauvais pas, dont, par tes seuls efforts, tu ne saurais te tirer, tant la fatigue te prendrait.

« Dans ton esprit j'ai mis cette certitude qu'une âme bienheureuse ne peut mentir, parce qu'elle est tout près de la vérité première ; tu as pu ensuite entendre de Piccarda que Constance resta fidèle dans son attachement au voile ; en quoi elle semblerait me contredire.

« Mais plus d'une fois il advint, frère, que pour échapper au péril, on fit contre son gré ce qu'il n'était pas permis de faire. Alcméon, cédant aux instances de son père, tua sa propre mère, et devint, à force de piété, impitoyable.

« Ceci établi, il faut que tu admettes que là où se trouvent d'accord la violence et la volonté, cet accord laisse toute offense dépourvue d'excuse.

« La volonté absolue ne consent pas au mal ; mais elle y consent en cela qu'elle craint, si elle y résiste, de tomber dans une peine plus grande [5].

Però quando Piccarda quello spreme,
  Della voglia assoluta intende, ed io
  Dell' altra, sì che ver diciamo insieme.

Cotal fu l'ondeggiar del santo rio,
  Ch'uscì del fonte ond'ogni ver deriva:
  Tal pose in pace uno ed altro disio.

O amanza del primo amante, o diva,
  Diss'io appresso, il cui parlar m'innonda
  E scalda sì, che più e più m'avviva:

Non è l'affezion mia tanto profonda,
  Che basti a render voi grazia per grazia:
  Ma quei, che vede, e puote, a ciò risponda.

Io veggio ben, che giammai non si sazia
  Nostro 'ntelletto, se 'l ver non lo illustra,
  Di fuor dal qual nessun vero si spazia.

Posasi in esso, come fera in lustra,
  Tosto che giunto l'ha: e giugner puollo,
  Se non ciascun disio sarebbe *frustra:*

Nasce per quello a guisa di rampollo
  Appiè del vero il dubbio: ed è natura,
  Ch' al sommo pinge noi di collo in collo.

Questo m'invita, questo m'assicura
  Con riverenza, Donna, a dimandarvi
  D'un'altra verità, che m'è oscura.

« Or Piccarda entendait parler de la volonté absolue ; moi de l'autre ; et ainsi nous étions également dans le vrai. »

De la sorte s'écoulait l'onde du saint ruisseau qui jaillit de la fontaine d'où sort toute vérité. Ainsi furent apaisés l'un et l'autre de mes désirs.

« Ô l'aimée du premier amour, ô divine, m'écriai-je ensuite, toi dont le parler et m'inonde et m'échauffe au point de me raviver de plus en plus, quelle affection si profonde en moi suffirait pour te rendre grâce pour grâce ! Que réponde pour moi Celui qui veut et qui peut !

« Je le vois bien ; jamais ne se rassasie notre intelligence tant qu'elle n'est pas illuminée par cette éternelle vérité en dehors de laquelle rien de vrai ne se produit. Dès qu'elle l'a atteinte, elle se repose en elle comme l'animal sauvage sous son abri, et il lui est donné de l'atteindre, sans quoi tout ne serait que vanité dans chacun de ses désirs.

« C'est pour cela qu'on voit au pied de la vérité naître, comme un rejeton, le doute qui, de sa nature, nous pousse de branche en branche jusqu'à la cime.

« Cela m'engage et m'enhardit, ma Dame, à m'enquérir avec respect d'une autre vérité qui me paraît obscure. Je voudrais savoir si l'on peut expier la rupture

Io vo' saper se l'uom può soddisfarvi
  A' voti manchi sì con altri beni,
  Ch'alla vostra stadera non sien parvi.

Beatrice mi guardò con gli occhi pieni
  Di faville d'amor, con sì divini,
  Che, vinta mia virtù, diedi le reni,

E quasi mi perdei con gli occhi chini.

des vœux par de bonnes œuvres que votre balance ne trouve pas trop légères. »

Béatrix me regarda avec des yeux pleins d'étincelles d'amour, avec des yeux si divins, que toute force en moi fut vaincue et s'abandonna, et comme éperdu, je restai les yeux baissés.

CANTO QUINTO

S'io ti fiammeggio nel caldo d'amore
   Di là dal modo, che 'n terra si vede,
   Sì che degli occhi tuoi vinco 'l valore,

Non ti maravigliar: che ciò procede
   Da perfetto veder, che come apprende,
   Così nel bene appreso muove 'l piede.

Io veggio ben sì come già risplende
   Nello 'ntelletto tuo l'eterna luce,
   Che vista sola sempre amore accende:

E s'altra cosa vostro amor seduce,
   Non è se non di quella alcun vestigio
   Mal conosciuto, che quivi traluce.

Tu vuoi saper se con altro servigio,
   Per manco voto si può render tanto,
   Che l'anima sicuri di litigio.

CHANT CINQUIÈME

« Au sein du brûlant amour si tu me vois rayonnante au delà de ce qui se voit sur la terre, et à ce point que toute la force de tes yeux en est vaincue, ne t'en étonne pas : c'est l'effet de cette perfection de la vue, qui nous découvre le bien, et, une fois découvert, nous entraîne vers lui.

« Déjà dans ton intelligence, je le vois bien, resplendit l'éternelle lumière dont la vue seule allume un amour sans fin. Et quand il cède à la séduction d'un autre objet, c'est que votre amour y devine, sans le bien distinguer, un reflet de cette lumière, qui le pénètre de son éclat.

« Tu veux savoir s'il est des œuvres assez efficaces pour qu'on se puisse acquitter d'un vœu rompu et mettre son âme à l'abri du reproche? »

Sì cominciò Beatrice questo canto:
  E sì com'uom, che suo parlar non spezza,
Continuò così 'l processo santo.

Lo maggior don, che Dio, per sua larghezza,
  Fesse creando, e alla sua bontate
Più conformato, e quel ch'ei più apprezza,

Fu della volontà la libertate,
  Di che le creature intelligenti
E tutte e sole furo e son dotate.

Or ti parrà, se tu quinci argomenti,
  L'alto valor del voto, s'è sì fatto,
Che Dio consenta, quando tu consenti:

Che nel fermar tra Dio e l'uomo il patto,
  Vittima fassi di questo tesoro,
Tal, qual'io dico, e fassi col su'atto.

Dunque, che render puossi per ristoro?
  Se credi bene usar quel, ch'hai offerto,
Di mal tolletto vuoi far buon lavoro.

Tu se'omai del maggior punto certo.
  Ma perchè santa Chiesa in ciò dispensa,
Che par contra lo ver, ch'i' t'ho scoverto;

Convienti ancor sedere un poco a mensa,
  Perocchè 'l cibo rigido, ch'hai preso,
Richiede ancora aiuto a tua dispensa.

Ainsi que commence ce chant, Béatrix parla : puis, semblable à celui qui n'interrompt pas la suite de son discours, elle continua de la sorte le saint enseignement :

« Le plus précieux des dons que dans sa munificence pût faire le Dieu créateur ; le don le plus conforme à sa bonté, celui qu'il estime au-dessus de tous, c'est la libre volonté[1] dont furent et sont douées, par privilége, toutes les créatures intelligentes.

« De là, si tu raisonnes bien, t'apparaîtra toute l'importance d'un vœu fait dans cette condition où Dieu consent lorsque tu consens ; puisque, dans ce pacte conclu entre Dieu et l'homme, ce trésor de volonté dont je te parlais se donne en sacrifice, et se donne par son propre fait ; que pourrait-il donc être rendu à la place ? Et si, en le reprenant, tu te persuades pouvoir bien user de ce que tu avais donné, c'est croire que d'un bien mal acquis il puisse être fait bon emploi[2].

« Te voilà certain du point principal ; mais il arrive que dans ce cas la sainte Église accorde des dispenses, ce qui paraît contrarier la vérité que je t'ai exposée ; il faut alors que tu restes encore un moment à table, car le dur aliment que tu as pris ne saurait être, sans un peu d'aide, facilement digéré.

CANTO QUINTO.

Apri la mente a quel, ch'io ti paleso,
  E fermalvi entro : che non fa scienza,
  Senza lo ritenere, avere inteso.

Duo cose si convegnono all'essenza
  Di questo sacrificio : l'una è quella,
  Di che si fa, l'altra è la convenenza.

Quest'ultima giammai non si cancella,
  Se non servata, ed intorno di lei,
  Sì preciso di sopra, si favella :

Però necessitato fu agli Ebrei
  Pur l'offerere, ancor che alcuna offerta
  Si permutasse, come saper dei.

L'altra, che per materia t'è aperta,
  Puote bene esser tal, che non si falla,
  Se con altra materia si converta.

Ma non trasmuti carco alla sua spalla
  Per suo arbitrio alcun, senza la volta
  E della chiave bianca, e della gialla :

Ed ogni permutanza credi stolta,
  Se la cosa dimessa in la sorpresa,
  Come 'l quattro nel sei, non è raccolta.

Però qualunque cosa tanto pesa
  Per suo valor, che tragga ogni bilancia,
  Soddisfar non si può con altra spesa.

CHANT CINQUIÈME.

« Ouvre l'esprit à mes paroles et fais qu'il les conserve ; car écouter sans retenir, c'est ne rien apprendre.

« Deux choses concourent à former l'essence de ce sacrifice : l'une, c'est l'objet auquel il s'applique ; l'autre, c'est la convention elle-même.

« Quant à celle-ci (et c'est d'elle que tu parlais en termes si précis) on n'en peut être quitte qu'en l'observant. Ainsi ce fut pour les Hébreux une nécessité de sacrifier, encore bien (tu dois le savoir) que la victime quelquefois pût être changée.

« Quant à l'autre chose que j'ai appelée l'objet de la convention, elle peut être de telle nature qu'il n'y ait nulle faute à la convertir en une autre.

« Mais que nul ne s'avise de changer le fardeau qui charge son épaule, avant qu'aient tourné et la clef blanche et la clef jaune [3], et qu'il ne tienne pas la substitution pour sérieuse, si la chose retirée n'est pas à la chose substituée dans le rapport de quatre à six [4].

« Car l'objet qui par sa valeur a tant de poids qu'il entraîne le plateau de toute balance, ne peut être compensé par un autre.

Non prendano i mortali il voto a ciancia:
   Siate fedeli, ed a ciò far non bieci,
   Come fu Iepte alla sua prima mancia:

Cui più si convenía dicer: Mal feci,
   Che servando far peggio: e così stolto
   Ritrovar puoi lo gran Duca de' Greci:

Onde pianse Ifigenia il suo bel volto,
   E fè pianger di se e i folli e i savi,
   Ch'udir parlar di così fatto colto.

Siate, Cristiani, a muovervi più gravi:
   Non siate come penna ad ogni vento,
   E non crediate, ch'ogni acqua vi lavi.

Avete 'l vecchio e 'l nuovo Testamento,
   E 'l Pastor della Chiesa, che vi guida:
   Questo vi basti a vostro salvamento.

Se mala cupidigia altro vi grida,
   Uomini siate, e non pecore matte,
   Sì che 'l Giudeo tra voi di voi non rida.

Non fate come agnel, che lascia il latte
   Della sua madre, e semplice e lascivo
   Seco medesmo a suo piacer combatte.

Così Beatrice a me com'io scrivo:
   Poi si rivolse tutta disiante
   A quella parte, ove 'l Mondo è più vivo.

« Mortels, ne vous jouez pas d'un vœu ! Soyez-y fidèles, mais ne vous engagez pas aveuglément, comme Jephté par sa première promesse; mieux eût valu pour lui dire : « J'ai mal fait », que de faire pis en acquittant son vœu.

« Tout aussi insensé te paraîtra le grand chef des Grecs. Il fut cause qu'Iphigénie pleura sa beauté et mit en pleurs les fous comme les sages qui entendirent parler d'un vœu aussi barbare.

« Soyez moins prompts, chrétiens, dans toutes vos actions; ne tournez pas à tout vent comme une plume, et ne croyez pas que toute eau vous purifie.

« Pour guides vous avez l'Ancien et le Nouveau Testament, et le pasteur de l'Église : que vous faut-il de plus pour votre salut? Si de mauvaises convoitises vous poussent dans une autre voie, soyez de vrais hommes et non pas de sottes brebis, afin qu'au milieu de vous le Juif ne se rie pas de vous. N'imitez pas l'agneau qui, laissant le lait de sa mère, s'amuse, dans sa folâtre simplicité, à jouter contre lui-même. »

Ainsi disait Béatrix, ainsi je l'écris; puis, brûlante de désir, elle se tourna vers ce côté du monde où il y a le plus de vie [5]. Son ravissement et le changement de ses

CANTO QUINTO.

Lo suo piacer, e'l tramutar sembiante
   Poser silenzio al mio cupido 'ngegno,
   Che già nuove quistioni avea davante.

E sì come saetta, che nel segno
   Percuote pria, che sia la corda queta,
   Così corremmo nel secondo regno.

Quivi la donna mia vid'io sì lieta
   Come nel lume di quel Ciel si mise,
   Che più lucente se ne fè il Pianeta.

E se la stella si cambiò e rise;
   Qual mi fec'io, che pur di mia natura
   Trasmutabile son per tutte guise!

Come in peschiera, ch'è tranquilla e pura,
   Traggono i pesci a ciò, che vien di fuori,
   Per modo, che lo stimin lor pastura:

Sì vid'io ben più di mille splendori
   Trarsi ver noi, ed in ciascun s'udía,
   Ecco chi crescerà li nostri amori:

E sì come ciascuno a noi venía;
   Vedeasi l'ombra piena di letizia
   Nel folgor chiaro, che di lei uscía.

Pensa, Lettor, se quel, che qui s'inizia,
   Non procedesse, come tu avresti
   Di più savere angosciosa carizia:

traits imposèrent silence à mon esprit avide qui se préparait à de nouvelles questions; et voilà que, semblables à la flèche qui frappe le but, quand la corde vibre encore, nous volons au second royaume [6]. Là, quand elle se mêla dans la lumière de ce ciel, je vis ma Dame rayonner d'un tel éclat, que la planète en devint encore plus radieuse.

Si l'étoile, souriante, ainsi changea d'aspect, que ne dus-je pas faire moi-même avec une nature de tant de façons sujette au changement?

A travers l'eau calme et limpide d'un vivier on voit les poissons accourir à l'objet qui venant du dehors leur semble une pâture;

Ainsi je vis par milliers des splendeurs accourir vers nous, et de chacune s'entendait dire : « Voici qui accroîtra nos amours ! »

Et à mesure que venait à nous chacune de ces âmes, on la voyait tressaillir d'allégresse au sein de cette éclatante lumière qui sortait d'elle.

Si tout s'arrêtait pour toi à ce commencement, pense, ô lecteur, quel désir t'affamerait d'en savoir davantage; et vois par toi-même à quel point je dus être curieux,

E per te vederai, come da questi
  M'era 'n disio d'udir lor condizioni,
  Sì come agli occhi mi fur manifesti.

O bene nato, a cui veder li troni
  Del trionfo eternal concede grazia,
  Prima che la milizia s'abbandoni;

Del lume, che per tutto 'l Ciel si spazia,
  Noi semo accesi : e però se disii
  Da noi chiarirti, a tuo piacer ti sazia.

Così da un di quelli spirti pii
  Detto mi fu, e da Beatrice : Dì, dì
  Sicuramente, e credi come a Dii.

Io veggio ben sì come tu t'annidi
  Nel proprio lume, e che da gli occhi il traggi,
  Perch'ei corrusca, sì come tu ridi :

Ma non so chi tu se', nè perchè aggi,
  Anima degna, il grado della spera,
  Che si vela a' mortai con gli altrui raggi :

Questo diss'io diritto alla lumiera,
  Che pria m'avea parlato : ond'ella fessi
  Lucente più assai di quel, ch'ell'era.

Sì come 'l Sol, che si cela egli stessi
  Per troppa luce, quando 'l caldo ha rose
  Le temperanze de' vapori spessi :

CHANT CINQUIÈME.

dès qu'elles s'offrirent à moi, d'apprendre de ces âmes quelle était leur condition.

« O toi, si heureusement né que la grâce t'accorde de voir les trônes du triomphe éternel, avant d'avoir quitté la vie militante, sache qu'en nous rayonne la lumière qui s'épand par tout le ciel, et si le désir te prend de t'enquérir de nous, contente-le tout à ton gré. »

Ainsi disait un de ces pieux esprits; puis Béatrix : « Parle, dit-elle, parle en toute confiance et crois en eux comme à des dieux. »

« Je le vois bien, comme dans un nid, tu habites dans ta propre lumière et tu la fais jaillir de tes yeux, pour qu'elle accompagne l'éclat de ton sourire; mais qui tu es, je l'ignore, et je ne sais pas non plus, ô âme vénérée, pourquoi ta demeure est dans cette sphère qui se dérobe aux mortels sous les rayons d'une autre. »

Ainsi je disais à cette lumière qui d'abord m'avait parlé, et elle se fit alors encore plus radieuse qu'elle n'était auparavant.

Comme le soleil s'obscurcit lui-même par l'excès de sa lumière, quand la chaleur a dévoré les épaisses vapeurs qui en tempéraient l'éclat; ainsi dans sa grande

Per più letizia, sì mi si nascose
   Dentro al suo raggio la figura santa,
E così chiusa chiusa mi rispose

Nel modo, che'l seguente canto canta.

allégresse, la figure sainte à mes yeux se voila de son propre rayonnement, et tout enveloppée, elle me répondit ainsi que chante le chant suivant.

CANTO SESTO

Posciachè Costantin l'aquila volse
   Contra l' corso del Ciel, che la seguío,
   Dietro all'antico, che Lavina tolse;

Cento e cent'anni e più l' uccel di Dio
   Nello stremo d'Europa si ritenne
   Vicino a' monti, de' quai prima uscío:

E sotto l'ombra delle sacre penne,
   Governò 'l Mondo lì, di mano in mano,
   E sì, cangiando, in su la mia pervenne.

Cesare fui, e son Giustiniano,
   Che per voler del primo amor, ch'io sento,
   D'entro alle leggi trassi il troppo e 'l vano:

E prima ch'io all'opra fossi attento,
   Una natura in Cristo esser, non piúe,
   Credeva, e di tal fede era contento.

CHANT SIXIÈME

« Depuis que Constantin eut ramené l'Aigle contre le cours du soleil qu'elle avait suivi en accompagnant jadis l'antique ravisseur de Lavinie [1], durant cent et cent ans et bien plus encore, l'oiseau divin se tint aux confins de l'Europe, tout près des monts d'où autrefois il avait pris son vol ; abritant le monde de l'ombre de ses ailes, il le gouverna, son autorité passant de main en main, pour arriver enfin jusqu'aux miennes.

« Je fus César et je suis Justinien [2] : par le vouloir du premier amour, qui m'anime encore, je retranchai des lois ce qu'elles avaient d'excessif et d'inutile. Avant de m'appliquer à cette œuvre, je croyais à une seule nature en Jésus=Christ, et sans regarder plus loin, je m'en tenais à cette croyance. Les paroles du bienheureux Agapet, souverain pasteur, me ramenèrent à la vraie

CANTO SESTO.

Ma il benedetto Agabito, che fue
   Sommo Pastore, alla fede sincera
   Mi dirizzò con le parole sue.

Io gli credetti: e ciò che suo dir' era,
   Veggio ora chiaro, sì come tu vedi
   Ogni contraddizione e falsa e vera.

Tosto che con la Chiesa mossi i piedi,
   A Dio, per grazia, piacque di spirarmi
   L'alto lavoro, e tutto in lui mi diedi.

E al mio Bellisar commendai l'armi,
   Cui la destra del Ciel fu sì congiunta,
   Che segno fu, ch'io dovessi posarmi.

Or qui alla quistion prima s'appunta
   La mia risposta, ma la condizione
   Mi stringe a seguitare alcuna giunta:

Perchè tu veggi con quanta ragione
   Si muove contra 'l sacrosanto segno,
   E chi 'l s'appropria, e chi a lui s'oppone.

Vedi quanta virtù l'ha fatto degno
   Di reverenza, e cominciò dall'ora,
   Che Pallante morì per darli regno.

Tu sai ch' e' fece in Alba sua dimora
   Per trecent'anni, ed oltre infino al fine,
   Che tre a tre pugnar per lui ancora.

foi³. Je crus en lui ; et dans tout ce qu'il me dit, je vois maintenant aussi clairement que tu peux voir le faux et le vrai dans le principe de contradiction.

« Aussitôt que je marchai dans les voies de l'Église, il plut à Dieu, dans sa grâce, de m'inspirer cette grande tâche, et je m'y dévouai tout entier.

« A la tête des armées je plaçai mon Bélisaire, et la main de Dieu lui était si visiblement en aide, que ce me fut un avertissement de rester en repos.

« Voilà ma réponse à ta première question ; elle est complète ; mais la nature du sujet m'entraîne encore plus loin ; je veux te faire voir avec combien peu de raison s'élèvent contre le signe sacro-saint, ceux-ci pour se l'approprier, ceux-là pour le combattre.

« Considère quels actes d'héroïsme l'ont fait digne de respect, à commencer du jour où mourut Pallas⁴ pour lui donner l'empire.

« Pendant trois cents ans et plus, d'Albe, tu le sais, il fit sa demeure, jusqu'au moment où trois contre trois pour lui encore combattirent.

Sai quel, che fè dal mal delle Sabine,
　Al dolor di Lucrezia in sette regi,
　Vincendo 'ntorno le genti vicine.

Sai quel, che fè, portato dagli egregi
　Romani incontro a Brenno, incontro a Pirro,
　Incontro agli altri principi e collegi:

Onde Torquato, e Quintio, che dal cirro
　Negletto fu nomato, e Deci, e Fabi
　Ebber la fama, che volentier mirro.

Esso atterrò l'orgoglio degli Arábi,
　Che diretro ad Annibale passaro
　L'alpestre rocce, Pò, di che tu labi.

Sott'esso giovanetti trionfaro
　Scipione e Pompeo, ed a quel colle,
　Sotto 'l qual tu nascesti, parve amaro.

Poi presso al tempo, che tutto 'l Ciel volle
　Ridur lo Mondo, a suo modo, sereno,
　Cesare, per voler di Roma il tolle:

Et quel, che fè da Varo insino al Reno,
　Isara vide ed Era, e vide Senna,
　Ed ogni valle, onde 'l Rodano è pieno.

Quel, che fè poi ch'egli uscì di Ravenna,
　E saltò 'l Rubicon, fu di tal volo,
　Che nol seguiteria lingua nè penna.

« Depuis l'outrage fait aux Sabines, jusqu'aux temps du désespoir de Lucrèce, tu sais que sous sept rois il subjugua autour de lui toutes les nations voisines.

« Tu sais ce qu'il fit, quand ces glorieux Romains le tournèrent contre Brennus, contre Pyrrhus et contre la ligue de tant de princes, et comment alors s'élevèrent à une renommée que je me plais à embaumer précieusement, et Torquatus et les Décius et les Fabius et ce Quintius qui, de sa chevelure négligée, a tiré son surnom.

« Il terrassa l'orgueil des Arabes, qui, sous la conduite d'Annibal, franchirent ces roches des Alpes, d'où tu descends, fleuve du Pô.

« Sous ce signe, jeunes encore, triomphèrent Scipion et Pompée, non sans amertume pour ces collines au pied desquelles tu naquis.

« Puis aux temps où le ciel voulut donner au monde une sérénité pareille à la sienne, César s'en empara par la volonté de Rome.

« Tout ce qu'il fit depuis le Var jusqu'au Rhin, l'Isère l'a vu et la Saône et la Seine et toute vallée par où se gonfle le Rhône.

« Pour ce qu'il fit à la sortie de Ravenne, le Rubicon franchi, ce fut un tel vol, qu'il défie la plume et la parole.

In ver la Spagna rivolse lo stuolo:
  Poi ver Durazzo, e Farsaglia percosse
  Sì, ch'al Nil caldo si sentì del duolo.

Antandro e Simoenta, onde si mosse,
  Rivide, e là, dov' Ettore si cuba,
  E mal per Tolommeo poi si riscosse.

Da onde venne, folgorando, a Giuba:
  Poi si rivolse nel vostro Occidente,
  Dove sentía la Pompejana tuba.

Di quel, che fè col bajulo seguente,
  Bruto con Cassio nello 'nferno latra,
  E Modona e Perugia fu dolente.

Piangene ancor la trista Cleopatra,
  Che, fuggendogli innanzi, dal colubro
  La morte prese subitana ed atra.

Con costui corse insino al lito rubro:
  Con costui pose 'l Mondo in tanta pace,
  Che fu serrato a Giano il suo delubro.

Ma ciò, che 'l segno, che parlar mi face,
  Fatto avea prima, e poi era fatturo
  Per lo regno mortal, ch'a lui soggiace,

Diventa in apparenza poco e scuro,
  Se in mano al terzo Cesare si mira
  Con occhio chiaro, e con affetto puro:

« Puis vers l'Espagne il poussa les armées, puis vers Durazzo frappant à Pharsale un coup dont la douleur est ressentie aux rives brûlantes du Nil.

« Antandros et le Simoïs d'où il s'était élancé, il les revit; il revit le lieu où repose Hector; puis au grand dommage de Ptolémée, il repartit.

« Puis, foudroyant, il tomba sur Juba, pour retourner dans votre Occident où s'entendait la trompette pompéienne.

« Ce qu'il fit ensuite avec l'homme qui s'en empara, les hurlements de Brutus et de Cassius le disent aux enfers; Modène et Pérouse en ont pleuré; elle s'en lamente encore la triste Cléopâtre, qui, fuyant devant lui, obtint du serpent une mort soudaine et atroce [5].

« Avec celui-ci il prit son vol jusqu'à la mer Rouge; puis, avec lui encore, il donna au monde une si profonde paix, que Janus vit fermer les portes de son temple [6].

« Mais tout ce qu'avait fait d'abord ce signe glorieux dont j'aime à parler, ce qu'ensuite il avait à faire dans le royaume mortel qui lui est soumis, prend une apparence terne et chétive, si d'une vue nette et d'un cœur pur on considère ce qu'il devint dans la main du troisième des Césars [7]; c'est dans la main de celui-ci que cette vivante justice qui m'anime lui donna le pouvoir d'exercer la

Che la viva giustizia, che mi spira,
 Gli concedette in mano a quel, ch'io dico,
 Gloria di far vendetta alla sua ira.

Or qui t'ammira in ciò, ch'io ti replíco.
 Poscia con Tito a far vendetta corse
 Della vendetta del peccato antico.

E quando 'l dente Longobardo morse
 La Santa Chiesa, sotto alle sue ali
 Carlo Magno, vincendo, la soccorse.

Omai puoi giudicar di que' cotali,
 Ch'io accusai di sopra, e de' lor falli,
 Che son cagion di tutti i vostri mali.

L'uno al pubblico segno i gigli gialli
 Oppone, e l'altro appropria quello a parte,
 Sì ch'è forte a veder qual più si falli.

Faccian gli Ghibellin, faccian lor'arte
 Sott'altro segno: che mal segue quello
 Sempre chi la giustizia e lui diparte:

E non l'abbatta esto Carlo novello
 Co' Guelfi suoi, ma tema degli artigli,
 Ch'a più alto leon trasser lo vello.

Molte fiate già pianser li figli
 Per la colpa del padre: e non si creda,
 Che Dio trasmuti l'armi, per suoi gigli.

vengeance de sa colère. Et puis (admire la suite de mon discours!) avec Titus, il poursuivit la vengeance de la vengeance de l'antique péché : plus tard, abrité sous son aile, Charlemagne, victorieux, secourut la sainte Église quand elle fut mordue par la dent lombarde.

« Juge à présent, tu le peux, ceux que je viens d'accuser, juge de leurs fautes qui furent la cause de toutes vos misères.

« L'un à ce signe de l'autorité, oppose l'emblème des lis jaunes[8]; l'autre s'en empare au profit de son parti; de sorte qu'à peine on peut distinguer lequel est le plus en faute.

« Qu'ils complotent à présent les Gibelins, qu'ils complotent sous un autre signe : car mal advient à qui s'enrôle sous celui-ci, en le séparant de la justice!

« Qu'avec ses Guelfes, cet autre Charles[9] ne s'abatte pas : qu'il redoute des serres qui à un lion plus vaillant arrachèrent la crinière!

« Maintes fois déjà la faute des pères fut pleurée par leurs fils; qu'il n'imagine pas avec ses lis, détourner les armes divines!

CANTO SESTO.

Questa picciola stella si correda
  De' buoni spirti, che son stati attivi,
  Perchè onore e fama gli succeda :

E quando li desiri poggian quivi,
  Sì disviando, pur convien, che i raggi
  Del vero amore in su poggin men vivi.

Ma nel commensurar de' nostri gaggi
  Col merto, è parte di nostra letizia,
  Perchè non li vedén minor, nè maggi.

Quinci addolcisce la viva giustizia
  In noi l'affetto sì, che non si puote
  Torcer giammai ad alcuna nequizia.

Diverse voci fanno dolci note :
  Così diversi scanni in nostra vita
  Rendon dolce armonia tra queste ruote.

E dentro alla presente margherita
  Luce la luce di Roméo, di cui
  Fu l'opra grande e bella mal gradita.

Ma i Provenzali, che fer contra lui,
  Non hanno riso : e però mal cammina,
  Qual si fa danno del ben fare altrui.

Quattro figlie ebbe, e ciascuna reina,
  Ramondo Berlinghieri e ciò gli fece
  Roméo persona umile e peregrina :

« De cette petite étoile sont devenus l'ornement les esprits généreux qui travaillèrent pour laisser après eux bon renom et glorieux souvenir.

« Lorsque les désirs montent ici en déviant de la sorte, les rayons du véritable amour s'élancent moins ardents.

« Mais sentir cette juste mesure de la récompense à nos mérites qui ne les fait estimer ni trop haut ni trop bas, c'est là une part de notre joie. Et le désir en nous est si bien purifié par la vivante Justice, que vers rien de mauvais il ne se peut jamais tourner.

« Des voix diverses forment de doux accords : ainsi des différents degrés de notre vie, naît au milieu de ces sphères une douce harmonie.

« Au sein de cette perle brille la lumière du pèlerin [10] mal récompensé de sa belle et grande œuvre. Mais les Provençaux qui lui furent contraires n'ont pas lieu de s'en réjouir : celui-là va par un mauvais sentier, qui se fait un mal à soi-même du bien advenu à autrui.

« Des quatre filles qu'eut le comte Raymond Bérenger, chacune devint reine; et ce fut l'œuvre d'un humble pèlerin, d'un étranger. Puis d'insidieuses paroles portèrent

E poi il mosser le parole biece
  A dimandar ragione a questo giusto,
  Che gli assegnò sette e cinque per diece.

Indi partissi povero e vetusto :
  E se 'l Mondo sapesse 'l cuor, ch'egli ebbe,
  Mendicando sua vita a frusto a frusto,

Assai lo loda, e più lo loderebbe.

Bérenger à demander compte à ce juste qui pour dix lui rendit sept et cinq.

« Sur quoi il s'en alla, vieux et pauvre; et ce qu'il montra de cœur en mendiant sa vie, morceau à morceau, si le monde le savait, ce monde qui tant le loue, le louerait bien davantage. »

CANTO SETTIMO

Osanna Sanctus Deus Sabaoth,
   Superillustrans claritate tua
   Felices ignes horum malahoth:

Così volgendosi alla nota sua
   Fu viso a me cantare essa sustanza,
   Sopra la qual doppio lume s'addua:

Ed essa e l'altre mossero a sua danza,
   E quasi velocissime faville,
   Mi si velar di subita distanza.

Io dubitava, e dicea, Dille dille,
   Fra me, dille diceva, alla mia donna,
   Che mi disseta con le dolci stille:

Ma quella reverenza, che s'indonna
   Di tutto me, pur per B e per l C E,
   Mi richinava come l'uom ch'assonna.

CHANT SEPTIÈME

« *Hosanna sanctus Deus Sabaoth*
« *Superillustrans claritate tua*
« *Felices ignes horum malahoth* [1] : »

Ainsi, à ce qu'il me parut, chantait cette substance, et en se tournant vers sa sphère, elle resplendit d'une double lumière : puis toutes ensemble elles reprennent leur mouvement circulaire, et, rapides étincelles, se voilent à ma vue par un soudain éloignement.

Plein de doutes, je m'écriai : « Dis-lui, dis-lui ; » répétant à part moi : « dis-lui bien à ma Dame qui seule de ses douces paroles apaise ma soif..... » mais ce respect qui s'empare de moi tout entier, rien qu'à dire B et I C E [2], me courbait comme un homme cédant au sommeil.

Poco sofferse me cotal Beatrice,
 E cominciò, raggiandomi d'un riso,
 Tal che nel fuoco faría l'uom felice:

Secondo mio infallibile avviso,
 Come giusta vendetta giustamente
 Punita fosse, t'hai in pensier miso:

Ma io ti solverò tosto la mente:
 E tu ascolta, che le mie parole
 Di gran sentenzia ti faran presente.

Per non soffrire alla virtù che vuole
 Freno a suo prode, quell'uom, che non nacque,
 Dannando se, dannò tutta sua prole:

Onde l'umana spezie inferma giacque
 Giù per secoli molti in grande errore,
 Fin ch'al Verbo di Dio di scender piacque.

U' la natura, che dal suo fattore
 S'era allungata, unío a se in persona,
 Con l'atto sol del suo eterno amore.

Or drizza 'l viso a quel che si ragiona.
 Questa natura al suo fattore unita,
 Qual fu creata, fu sincera e buona:

Ma per se stessa pur fu ella sbandita
 Di Paradiso, perocchè si torse
 Da via di verità, e da sua vita.

CHANT SEPTIÈME.

Sans me laisser plus longtemps dans un tel embarras, Béatrix m'illuminant d'un sourire à rendre heureux l'homme plongé dans les flammes, me dit :

« De mon infaillible clairvoyance, je vois comment s'embarrasse ta pensée de cette juste vengeance qui peut être punie justement ; mais j'aurai bientôt éclairé ton esprit ; écoute bien mes paroles qui vont te faire don de précieuses vérités.

« Pour n'avoir pas souffert que la faculté qui veut, fût soumise à un frein salutaire, l'homme qui ne fut pas enfanté [3], se damnant, avec lui damna toute sa postérité.

« Il en arriva que la race humaine, dans son infirmité, resta, durant des siècles, livrée à une grande erreur, jusqu'au moment où il plut au Verbe de Dieu de descendre et d'unir à sa personne, par un seul acte de son éternel amour, la nature qui s'était éloignée de son créateur [4].

« Maintenant que ton esprit soit attentif à ce raisonnement. Cette nature, unie à son créateur, avait été créée pure et bonne, mais elle se bannit elle-même du paradis, s'étant écartée des sentiers de la vie et de la vérité.

La pena dunque, che la croce porse,
  S'alla natura assunta si misura,
  Nulla giammai sì giustamente morse:

E così nulla fu di tanta ingiura,
  Guardando alla persona, che sofferse,
  In che era contratta tal natura.

Però d'un atto uscir cose diverse:
  Ch'a Dio, e a' Giudei piacque una morte:
  Per lei tremò la terra, e'l Ciel s'aperse.

Non ti dee oramai parer più forte,
  Quando si dice, che giusta vendetta
  Poscia vengiata fu da giusta Corte.

Ma i veggi'or la tua mente ristretta
  Di pensiero in pensier dentro ad un nodo,
  Del qual con gran disio solver s'aspetta.

Tu dici, Ben discerno ciò, ch'i' odo:
  Ma perchè Dio volesse, m'è occulto,
  A nostra redenzion pur questo modo.

Questo decreto, frate, sta sepulto
  Agli occhi di ciascuno, il cui ingegno
  Nella fiamma d'amor non è adulto.

Veramente, però ch'a questo segno
  Molto si mira, e poco si discerne,
  Dirò perchè tal modo fu più degno.

CHANT SEPTIÈME.

« Donc jamais peine ne fut plus justement infligée que cette peine subie sur la croix, si on la met en rapport avec la nature prise par le crucifié ; jamais aussi nulle peine ne fut plus inique, si l'on considère la personne qui la souffrit et qui avait uni à lui cette nature.

« Ainsi d'un seul acte, sortent des effets bien divers : la même mort qui plaît à Dieu plaît aux Juifs ; à cette mort, la terre tremble et le ciel s'ouvre !

« Il n'est plus désormais au-dessus de ton entendement qu'une juste vengeance fût ensuite punie par une juste Cour.

« Mais voilà ton esprit (je m'en aperçois) qui de pensée en pensée, s'embarrasse dans un nœud qu'il désire grandement me voir dénouer.

« Tu dis : « Ce que j'entends je le conçois bien ; mais pourquoi Dieu par un tel moyen voulut-il notre rédemption, je ne le comprends pas. »

« Frère, cette volonté reste cachée aux yeux de tous ceux dont la flamme d'amour n'a pas mûri l'intelligence.

« Et véritablement comme à ce sujet, on observe beaucoup, en discernant fort peu, je te dirai pourquoi un tel moyen fut jugé le plus digne.

La divina bontà, che da se sperne
  Ogni livore, ardendo in se sfavilla,
  Sì che dispiega le bellezze eterne.

Ciò che da lei senza mezzo distilla,
  Non ha poi fine, perchè non si muove
  La sua imprenta, quand'ella sigilla.

Ciò che da essa sanza mezzo piove,
  Libero è tutto, perchè non soggiace
  Alla virtute delle cose nuove.

Più l'è conforme, e però più le piace:
  Che l'ardor santo ch'ogni cosa raggia,
  Nella più simigliante è più vivace.

Di tutte queste cose s'avvantaggia
  L'umana creatura, e s'una manca,
  Di sua nobilità convien che caggia.

Solo il peccato è quel, che la disfranca,
  E falla dissimile al sommo bene,
  Perchè del lume suo poco s'imbianca:

Ed in sua dignità mai non riviene,
  Se non riempie dove colpa vota,
  Contra mal dilettar con giuste pene.

Vostra natura quando peccò *tota*
  Nel seme suo, da queste dignitadi,
  Come di Paradiso fu remota:

« La divine bonté, qui exclut tout sentiment de haine, de son ardent foyer lance des étincelles et fait briller d'éternelles beautés.

« Tout ce qui découle d'elle directement n'a point de fin : car là où elle met son sceau, l'empreinte est ineffaçable [5].

« Tout ce qui s'échappe d'elle directement, jouit d'une liberté entière, pleinement soustraite à l'ascendant des causes secondes.

« Plus l'être émané d'elle lui est conforme, plus elle s'y complaît, la sainte ardeur qui rayonne sur tout, éclatant encore plus sur ce qui lui ressemble davantage.

« L'humaine nature, de préférence, est favorisée de tous ces dons : mais qu'un seul lui manque, elle déchoit de sa noblesse.

« Le péché seul la rend esclave, en lui ôtant sa ressemblance avec le souverain bien dont la blanche lumière ne l'éclaire plus que faiblement.

« Et jamais elle ne recouvre sa dignité perdue, si elle ne comble le vide que sa faute a creusé, et ne rachète par de justes peines ses plaisirs mauvais.

« Le jour où votre race tout entière pécha dans sa propre semence, elle perdit tous ses privilèges en perdant le paradis, et pour recouvrer ces biens, il ne lui

Nè ricovrar poteasi, se tu badi
  Ben sottilmente, per alcuna via,
  Senza passar per un di questi guadi:

O che Dio solo per sua cortesia
  Dimesso avesse, o che l'uom per se isso
  Avesse soddisfatto a sua follìa.

Ficca mo l'occhio perentro l'abisso
  Dell'eterno consiglio, quanto puoi
  Al mio parlar distrettamente fisso.

Non potea l'uomo ne' termini suoi
  Mai soddisfar, per non potere ir giuso
  Con umiltate, obbediendo poi,

Quanto disubbidendo intese ir suso:
  E questa è la ragion, perchè l'uom fue
  Da poter soddisfar, per se, dischiuso.

Dunque a Dio convenía con le vie sue
  Riparar l'uomo a sua intera vita,
  Dico con l'una, o ver con ambodue.

Ma perchè l'ovra tanto è più gradita
  Dell'operante, quanto più appresenta
  Della bontà del cuore, ond'è uscita;

La divina bontà, ch'l Mondo imprenta,
  Di proceder per tutte le sue vie
  A rilevarvi suso fu contenta:

restait (si tu y prends bien garde) autre chose que l'une de ces deux voies : ou que Dieu dans sa miséricorde lui fît remise de sa dette ; ou que l'homme par soi-même, rachetât son péché.

« Efforce-toi maintenant d'être encore plus attentif à mes paroles, et enfonce ton regard dans les abîmes de l'éternel conseil.

« Avec ses facultés limitées, l'homme jamais n'aurait pu satisfaire, faute par lui de descendre autant par l'humilité de son obéissance, qu'il avait tenté de s'élever par sa désobéissance ; c'est la raison pourquoi l'homme était incapable de donner par soi-même, une satisfaction suffisante.

« Il fallait donc que Dieu intervînt pour ramener l'homme à sa vie complète, soit par l'une de ces voies, soit par toutes les deux [6].

« Mais comme l'ouvrier s'attache d'autant plus à son œuvre, qu'elle manifeste plus clairement la bonté du cœur d'où elle émane, la divine bonté dont le monde garde l'empreinte, se complut pour nous réhabiliter, à procéder par toutes ses voies.

Nè tra l'ultima notte, e'l primo die
  Sì alto e sì magnifico processo,
  O per l'uno, o per l'altro fue, o fie.

Che più largo fu Dio a dar se stesso,
  In far l'uom sufficiente a rilevarsi,
  Che s'egli avesse sol da se dimesso.

E tutti gli altri modi erano scarsi
  Alla giustizia, se'l Figliuol di Dio
  Non fosse umiliato ad incarnarsi.

Or per empierti bene ogni disio,
  Ritorno a dichiarare in alcun loco,
  Perchè tu veggi lì così, com'io.

Tu dici, Io veggio l'aere, io veggio'l foco,
  L'acqua, e la terra, e tutte lor misture
  Venire a corruzione, e durar poco:

E queste cose pur fur creature:
  Perchè se ciò ch'ho detto, è stato vero,
  Esser dovrian da corruzion sicure.

Gli Angeli, frate, e'l paese sincero,
  Nel qual tu se', dir si posson creati,
  Sì come sono in loro essere intero:

Ma gli elementi, che tu hai nomati,
  E quelle cose, che di lor si fanno,
  Da creata virtù sono informati.

« Entre la dernière des nuits et le premier des jours, jamais on ne vit, jamais on ne verra s'accomplir un si profond et si magnifique dessein par l'une ou l'autre de ces voies. Car Dieu fut bien plus généreux en se donnant lui-même pour aider l'homme à se relever de sa chute, que si de sa seule volonté, il l'eût absous de sa faute.

« Nul autre moyen de réparation n'était complet devant la justice ; il fallait que le Fils de Dieu s'humiliât jusqu'à s'incarner.

« Or pour contenter pleinement chacun de tes désirs, j'ai à revenir sur un point et à te le rendre aussi clair qu'il l'est pour moi-même.

« Tu dis : « Je vois l'air, je vois le feu, je vois l'eau, la terre et tous leurs mélanges tendre à la corruption et durer peu. Ce sont pourtant choses créées, et si la parole de tout à l'heure est vraie, elles devraient être exemptes de corruption. »

« Les Anges, frère, et la région pure où tu te trouves, peuvent se dire créés comme en effet ils le sont dans la plénitude de leur être. Quant aux éléments dont tu parles et aux composés qui en dérivent, ils reçoivent leur forme d'une puissance créée.

Creata fu la materia, ch'egli hanno :
    Creata fu la virtù informante
    In queste stelle, che 'ntorno a lor vanno.

L'anima d'ogni bruto e delle piante
    Di complession potenziata tira
    Lo raggio e 'l moto delle luci sante.

Ma nostra vita senza mezzo spira
    La somma beninanza, e la 'nnamora
    Di se, sì che poi sempre la disira.

E quinci puoi argomentare ancora
    Vostra resurrezion, se tu ripensi
    Come l'umana carne fessi allora,

Che li primi parenti intrambo fensi.

« Créée fut la matière qui les constitue ; créée fut la force plastique dans ces étoiles qui roulent autour d'eux [7].

« L'âme des brutes comme celle des plantes, reçoit du mouvement et du rayon des saintes lumières toutes ses facultés. Mais notre âme aspire sans intermédiaire la suprême bonté, et s'éprend pour elle d'un tel amour, qu'elle ne cesse de la désirer.

« Là tu peux trouver un nouvel argument en faveur de votre résurrection, si tu considères comment fut formée la chair de l'homme, au moment où ses premiers parents furent créés tous les deux [8]. »

CANTO OTTAVO

Solea creder lo Mondo in suo periclo,
   Che la bella Ciprigna il folle amore
   Raggiasse, volta nel terzo epiciclo:

Perchè non pure a lei faceano onore
   Di sacrifici, et di votivo grido
   Le genti antiche nell'antico errore:

Ma Dione onoravano, e Cupido,
   Questa per madre sua, questo per figlio,
   E dicean, ch'ei sedette in grembo a Dido:

E da costei, ond'io principio piglio,
   Pigliavano 'l vocabol della stella,
   Che 'l Sol vagheggia or da coppa, or da ciglio.

Io non m'accorsi del salire in ella:
   Ma d'esserv'entro mi fece assai fede
   La donna mia, ch'io vidi far più bella.

CHANT HUITIÈME

C'était une croyance répandue dans l'ancien monde, alors en péril de son salut, que la belle Cypris [1] qui tourne dans le troisième épicycle, en rayonnant, dardait le fol amour. Alors les antiques nations, dans leur antique erreur, non contentes de l'honorer par des sacrifices et des hymnes votifs, honoraient aussi Dionée comme sa mère, Cupidon comme son fils et elles disaient que celui-ci se posa sur le sein de Didon [2].

A celle de qui mon chant prend son début, elles prirent le nom de cette étoile que le soleil se plaît tant à regarder sous ses aspects divers.

Sans m'en apercevoir je montai vers elle et je ne fus assuré d'y être arrivé, qu'en voyant ma Dame qui s'embellissait encore.

CANTO OTTAVO.

E come in fiamma favilla si vede,
  E come in voce voce si discerne,
  Quando una è ferma, e l'altra va e riede,

Vid'io in essa luce altre lucerne
  Muoversi in giro più e men correnti,
  Al modo, credo, di lor viste eterne.

Di fredda nube non disceser venti,
  O visibili, o nò, tanto festini,
  Che non paressero impediti e lenti,

A chi avesse quei lumi divini
  Veduto a noi venir, lasciando 'l giro
  Pria cominciato in gli alti Serafini:

E dietro a quei, che più 'nnanzi appariro,
  Sonava Osanna, sì che unque poi
  Di riudir non fui sanza disiro.

Indi si fece l'un più presso a noi,
  E solo incominciò: Tutti sem presti
  Al tuo piacer, perchè di noi ti gioi.

Noi ci volgiam co' Principi celesti
  D'un giro, d'un girare, e d'una sete,
  A' quali tu nel Mondo già dicesti:

Voi, che intendendo il terzo Ciel movete:
  E sem sì pien d'amor, che per piacerti,
  Non fia men dolce un poco di quïete.

Comme dans la flamme se laisse voir l'étincelle, et comme d'une voix se distingue une autre voix, si l'une soutient le son, tandis que l'autre monte et descend[3]; ainsi dans cette lumière, je vis d'autres lumières plus ou moins agiles dans leur mouvement circulaire, selon la mesure, sans doute, de ce qu'elles voient des choses éternelles.

Jamais, visibles ou non, ne s'échappèrent d'une froide nuée des vents si rapides, qu'ils ne parussent lents et empêchés à qui eût pu voir accourir vers nous ces divines clartés, rompant le cercle de leur danse commencée dans la haute sphère des Séraphins.

Derrière celles qui les premières apparurent, se chantait un *Hosanna* si doux, que jamais depuis ne me laissa le désir de l'entendre encore.

Et l'une d'elles s'approchant plus de nous : « Toutes nous serons promptes, commença-t-elle de dire, à faire ton plaisir, afin que par nous tu sois content.

Nous tournons dans le même cercle, avec même vitesse et même ardeur, que ces princes célestes à qui jadis, dans le monde, tu disais : *Vous dont l'intelligence meut le troisième ciel*[4] : et un tel amour nous remplit, que, pour te plaire, le repos d'un moment ne nous sera pas moins doux. »

Poscia che gli occhi miei si furo offerti
   Alla mia donna reverenti, ed essa
   Fatti gli avea di se contenti e certi,

Rivolsersi alla luce, che promessa
   Tanto s'avea, e Dî, chi siete, fue
   La voce mia di grande affetto impressa.

E quanta, e quale vid'io lei far piúe
   Per allegrezza nuova, che s'accrebbe,
   Quand'io parlai, all'allegrezze sue:

Così fatta, mi disse, il Mondo m'ebbe
   Giù poco tempo: e se più fosse stato,
   Molto sarà di mal, che non sarebbe.

La mia letizia mi ti tien celato,
   Che mi raggia dintorno, e mi nasconde,
   Quasi animal di sua seta fasciato.

Assai m'amasti, ed avesti bene onde:
   Che s'io fossi giù stato, io ti mostrava
   Di mio amor più oltre, che le fronde.

Quella sinistra riva, che si lava
   Di Rodano, poich'è misto con Sorga,
   Per suo signore a tempo m'aspettava:

E quel corno d'Ausonia, che s'imborga
   Di Bari, di Gaeta, e di Crotona,
   Da ove Tronto e Verde in mare sgorga.

Mes yeux avec respect se levèrent sur ma Dame, qui leur donna contentement et assurance ; puis je les tournai vers l'âme lumineuse qui m'avait tant promis, et : « Dis-moi, qui es-tu ?» fut murmuré de ma voix la plus empreinte d'affection.

Oh ! comme je la vis plus radieuse encore dans cette nouvelle joie que ma parole ajoutait à ses joies !

Ainsi embellie, elle me répondit : « Le monde là-bas me posséda peu de temps[5] : que de maux adviendront, qui ne seraient pas advenus, si j'y fusse demeuré plus longtemps !

« Renfermé dans ma joie, qui rayonne autour de moi, je me cache à toi, comme se cache l'animal sous la soie qui l'enveloppe.

« Tu m'as aimé beaucoup ; non sans raison : si j'étais resté là-bas, la plante de mon amour t'aurait montré plus que son feuillage.

« Déjà, au temps voulu, m'attendait comme son seigneur, cette rive gauche que baignent les eaux mêlées du Rhône et de la Sorgue[6] ; de même aussi cette pointe de l'Ausonie[7], où se voient Bari, Gaëte, Crotone et d'où le Tronto et le Verde vont se perdre dans la mer.

Fulgeami già in fronte la corona
   Di quella terra, che'l Danubio riga,
   Poi che le ripe Tedesche abbandona:

E la bella Trinacria, che caliga
   Tra Pachino e Peloro sopra'l golfo,
   Che riceve da Euro maggior briga,

Non per Tiféo, ma per nascente solfo;
   Attesi avrebbe li suoi regi ancora
   Nati per me di Carlo, e di Ridolfo,

Se mala signoria, che sempre accuora
   Li popoli suggetti, non avesse
   Mosso Palermo a gridar : Mora, mora.

E se mio frate questo antivedesse,
   L'avara povertà di Catalogna
   Già fuggiría, perchè non gli offendesse:

Che veramente provveder bisogna
   Per lui, o per altrui, sì ch'a sua barca
   Carica più di carco non si pogna:

La sua natura, che di larga Parca
   Discese, avria mestier di tal milizia,
   Che non curasse di mettere in arca.

Perocch'io credo, che l'alta letizia,
   Che'l tuo parlar m'infonde, signor mio,
   Ov'ogni ben si termina, e s'inizia,

« Sur mon front brillait déjà la couronne de ce pays qu'arrose le Danube[8] en s'éloignant de ses rives germaniques.

« Entre Pachino et Péloro, au bord du golfe exposé surtout aux violences de l'Eurus, la belle Trinacrie[9] que couvrent parfois d'un nuage, non l'effort de Typhée, mais des vapeurs de soufre, elle aussi aurait attendu, par Charles et par Rodophe, des rois de ma descendance, si une méchante maîtrise (cette désolation des peuples assujettis) n'eût poussé Palerme à crier : Meure ! meure[10] !

« Pour peu qu'il sût prévoir, mon frère devrait se soustraire à l'avide pauvreté de ses Catalans[11], qui lui seront cause de dommage. En vérité il faut qu'il avise, ou par lui-même, ou par autrui, à n'ajouter pas une charge nouvelle à sa barque déjà si chargée. Descendant d'une race généreuse, cette nature avare aurait besoin de serviteurs dont la seule affaire ne fût pas d'entasser dans leurs coffres. »

« O mon Seigneur, lui dis-je, cette grande joie que tes paroles répandent en moi, tu la sens (je me le persuade) comme je la sens moi-même en celui qui est le

Per te si veggia, come la vegg'io;
　Grata m'è più, e anche questo ho caro,
　Perchè'l discerni, rimirando in Dio.

Fatto m'hai lieto : e così mi fa chiaro,
　Poiche parlando a dubitar m'hai mosso,
　Come uscir può di dolce seme amaro.

Questo io a lui : ed egli a me : S'io posso
　Mostrarti un vero, a quel, che tu dimandi,
　Terrai'l viso come tieni'l dosso.

Lo ben, che tutto'l regno, che tu scandi,
　Volge e contenta, fa esser virtute
　Sua provedenza in questi corpi grandi :

E non pur le nature provvedute
　Son nella mente, ch'è da se perfetta,
　Ma esse insieme con la lor salute.

Perchè quantunque questo arco saetta,
　Disposto cade a provveduto fine,
　Sì come cocca in suo segno diretta.

Se ciò non fosse, il Ciel, che tu cammine,
　Producerebbe sì li suoi effetti,
　Che non sarebbero arti, ma ruine :

E ciò esser non può, se gl'intelletti,
　Che muovon queste stelle, non son manchi,
　E manco'l primo, che non gli ha perfetti.

principe et la fin de tout bien ; ainsi elle me devient d'autant plus chère, que tu pénètres mieux dans la contemplation de Dieu.

« Tu m'as rendu content; fais à présent que je sois éclairci d'un doute qui me vient de tes paroles : comment arrive-t-il que d'une semence douce sorte un fruit amer ? »

Ainsi lui dis-je, et lui à moi : « Si je réussis à te montrer le vrai, la chose que tu demandes, tu l'auras sous les yeux, tandis qu'à présent tu lui tournes le dos.

« Le souverain bien par qui se meut, dans sa félicité, tout ce royaume dont tu montes les degrés, manifeste sa providence dans la vertu qu'il communique à ces grands corps.
« Toutes les natures sont contenues dans son intelligence qui de soi est parfaite ; et de plus, elles y trouvent le principe de leur conservation ; car tout ce que décoche cet arc, arrive à sa fin prédestinée, comme une flèche lancée vers son but[42].

« S'il n'en était pas ainsi, dans les œuvres de ce ciel que tu parcours, à la place de l'art, tu ne verrais que des ruines. Et cela ne peut être à moins que ne soient en défaut et les intelligences qui meuvent toutes ces sphères, et le premier moteur lui-même qui les eût créées imparfaites.

Vuo' tu che questo ver più ti s'imbianchi?
 Ed io : Non già; perchè impossibil veggio,
 Che la natura, in quel ch'è uopo, stanchi.

Ond'egli ancora : Or dí, sarebbe il peggio
 Per l'uomo in terra, se non fosse cive?
 Sì, rispos'io, e qui ragion non cheggio.

E può egli esser, se giù non si vive
 Diversamente, per diversi ufici?
 No : se'l maestro vostro ben vi scrive.

Sì venne deducendo insino a quici :
 Poscia conchiuse : Dunque esser diverse
 Convien, de' vostri effetti, le radici :

Perchè un nasce Solone, ed altro Serse,
 Altro Melchisedech, ed altro quello,
 Che volando per l'acre, il figlio perse.

La circular natura, ch'è suggello
 Alla cera mortal, fa ben su'arte,
 Ma non distingue l'un dall'altro ostello.

Quinci adivien, ch'Esaù si diparte
 Per seme da Jacób; e vien Quirino
 Da sì vil padre, che si rende a Marte.

Natura generata il suo cammino
 Simil farebbe sempre a' generanti,
 Se non vincesse il provveder divino.

« Veux-tu que cette vérité te soit plus éclatante? »
« Non, lui dis-je, car à mon sens, il est impossible que pour rien de nécessaire la nature soit en défaillance. »

Et lui à son tour : « Or dis-moi, serait-ce pour l'homme, sur terre, une pire condition, s'il n'y vivait pas en société [13]? » « Assurément, répondis-je, et je n'ai pas besoin d'en chercher la raison. »

« En serait-il ainsi, reprit-il, si chacun là-bas, dans des conditions différentes, ne se faisait pas une vie diverse? Non certainement, si votre maître a écrit la vérité. »

Arrivé là par ses déductions, il ajouta : « Il faut donc que vos œuvres aient une origine diverse; que celui-ci naisse Solon, celui-là Xerxès; que l'un soit Melchisedech et l'autre le père de celui qui se perdit en volant dans les airs [14].

« Dans son action circulaire, la nature [15] qui appose son empreinte à votre cire mortelle, accomplit admirablement son œuvre, mais elle le fait sans distinction de races. Aussi, dès avant de naître, Ésaü se sépare de Jacob, et d'un père si obscur descend Quirinus [16], qu'on le fait venir du dieu Mars.

« La nature engendrée suivrait toujours la trace de l'être qui l'engendre, n'était l'action prédominante de la divine Providence.

Or quel, che t'era dietro, t'è davanti.
 Ma perchè sappi, che di te mi giova,
 Un corollario voglio, che t'ammanti.

Sempre natura se fortuna truova
 Discorde a se, come ogni altra semente,
 Fuor di sua region, fa mala pruova.

E se'l Mondo laggiù ponesse mente
 Al fondamento, che natura pone,
 Seguendo lui, avria buona la gente.

Ma voi torcete alla religione
 Tal, che fu nato a cingersi la spada,
 E fate Re di tal, ch'è da sermone:

Onde la traccia vostra è fuor di strada.

« Maintenant voilà devant les yeux ce que tu ne pouvais découvrir, et pour te mieux apprendre qu'en toi je me complais, je veux te fortifier l'esprit par un corollaire.

« Comme toute semence privée d'un sol propice, la nature, si elle trouve la fortune contraire, ne produit rien de bon. Si, là-bas le monde, plus attentif, se conformait au plan qu'elle donne, l'humanité serait meilleure. Mais tel qui était né pour ceindre l'épée, vous le mettez en religion, et celui qui n'est propre qu'à prêcher, vous en faites un roi, cheminant toujours ainsi hors de la droite voie[17]. »

CANTO NONO

Dapoichè Carlo tuo, bella Clemenza,
　M'ebbe chiarito, mi narrò gl'inganni,
　Che ricever dovea la sua semenza.

Ma disse: Taci, e lascia volger gli anni:
　Sì ch'io non posso dir, se non che pianto
　Giusto verrà dirietro a' vostri danni.

E già la vita di quel lume santo
　Rivolta s'era al Sol, che la riempie,
　Come a quel ben, ch'a ogni cosa è tanto.

Ahi anime ingannate, e fatture 'mpie,
　Che da sì fatto ben torcete i cuori,
　Drizzando in vanità le vostre tempie!

Ed ecco un'altro di quegli splendori
　Ver me si fece, e 'l suo voler piacermi
　Significava nel chiarir di fuori.

CHANT NEUVIÈME

C'est ainsi, belle Clémence[1], que Charles, ton père, éclaircit tous mes doutes; puis il me fit l'histoire des trahisons dont sa race aurait à se plaindre; et il me dit : « Tais-toi, et laisse couler les années! » Aussi n'ai-je rien à dire sinon que l'on verra une juste pitié s'attacher à vos malheurs.

Déjà l'âme de cette sainte lumière s'était retournée vers le soleil qui la remplit, comme vers ce bien suprême qui est tout pour chaque créature. Oh! pauvres âmes trompées, qui, dans votre folle impiété, détournez vos cœurs d'un tel bien, pour n'avoir les yeux que sur des vanités!

Voilà qu'une autre de ces splendeurs s'approcha de moi, montrant par l'éclat de son rayonnement combien elle voulait me complaire.

Gli occhi di Beatrice, ch'eran fermi
  Sovra me, come pria, di caro assenso
  Al mio disio certificato fermi:

Deh metti al mio voler tosto compenso,
  Beato spirto, dissi, e fammi pruova,
  Ch'io possa in te refletter quel, ch'io penso.

Onde la luce, che m'era ancor nuova,
  Del suo profondo, ond'ella pria cantava,
  Seguette, come a cui di ben far giova.

In quella parte della terra prava
  Italica, che siede intra Rialto,
  E le fontane di Brenta e di Piava,

Si leva un colle, e non surge molt'alto,
  Là onde scese già una facella,
  Che fece alla contrada grande assalto;

D'una radice nacqui ed io ed ella:
  Cunizza fui chiamata, e qui refulgo
  Perchè mi vinse il lume d'esta stella.

Ma lietamente a me medesma indulgo
  La cagion di mia sorte, e non mi noja:
  Che forse parria forte al vostro vulgo.

Di questa luculenta e chiara gioja
  Del nostro Cielo, che più m'è propinqua,
  Grande fama rimase, e pria che muoja,

De nouveau fixés sur moi, les yeux de Béatrix m'assurèrent d'un doux assentiment à ce que je souhaitais.

« Ah! m'écriai-je, esprit bienheureux, sois prompt à satisfaire mon désir, et donne-moi la preuve qu'en toi se réfléchit toute ma pensée. »

Et cette lumière qui m'était encore inconnue, des profondeurs où d'abord elle chantait, s'empressa de dire, toute joyeuse de m'être agréable :

« En cette partie de la perverse Italie, qui s'étend entre Rialto et les sources de la Brenta et de la Piava, sans s'élever bien haut, se dresse une colline² d'où jadis une flamme descendit qui causa de grands ravages dans toute la contrée.

« Elle et moi nous eûmes la même origine : on m'appelait Cunizza, et si je brille ici, c'est que je fus vaincue par la lumière de cette étoile.

« Mais ce que difficilement chez vous comprendra le vulgaire, c'est avec joie et une indulgence exempte de repentir que je considère la cause de mon sort.

« Cet esprit lumineux, la joie de notre ciel, qui se trouve le plus près de moi, laissa une grande renommée, et avant qu'elle s'éteigne, cinq fois se renouvellera cette centième année³.

Questo centesim'anno ancor s'incinqua:
  Vedi se far si dee l'uomo eccellente,
  Sì ch'altra vita la prima relinqua:

E ciò non pensa la turba presente,
  Che Tagliamento, e Adice richiude,
  Nè per esser battuta ancor si pente.

Ma tosto fia, che Padova al palude
  Cangerà l'acqua, che Vincenza bagna,
  Per essere al dover le genti crude.

E dove Sile, e Cagnan s'accompagna,
  Tal signoreggia, e va con la testa alta,
  Che già per lui carpir si fa la ragna.

Piangerà Feltro ancora la diffalta
  Dell'empio suo pastor, che sarà sconcia
  Sì, che per simil non s'entrò in Malta.

Troppo sarebbe larga la bigoncia,
  Che ricevesse 'l sangue Ferrarese,
  E stanco chi 'l pesasse ad oncia ad oncia,

Che donerà questo prete cortese,
  Per mostrarsi di parte: e cotai doni
  Conformi fieno al viver del paese.

Su sono specchi, voi dicete Troni,
  Onde rifulge a noi Dio giudicante,
  Sì che questi parlar ne paion buoni.

« Vois alors combien l'homme doit s'efforcer d'être parfait, pour qu'une autre vie s'ajoute à la première !

« De cela n'a guère souci cette tourbe qu'enferment l'Adige et le Tagliamento et que nul châtiment encore n'a pu incliner au repentir. Mais un jour bientôt viendra, où Padoue et son peuple indocile au devoir, donneront aux eaux du marais qui baigne Vicence, une autre couleur [4]. Et là où le Sile et le Cagnano [5] confondent leurs flots, tel [6] fait le maître et porte haut la tête, quand déjà se noue le filet où il se doit prendre.

« Feltre aussi gémira sur le parjure impie de son pasteur [7], sur ce crime abominable qui n'a pas son pareil sous les verrous de Malta [8].

« Quelle cuve serait assez large pour contenir le sang Ferrarais ? Quelle main ne se fatiguerait à peser once par once, le sang que donnera ce prêtre loyal, par zèle pour son parti ? Don bien conforme, certes, aux mœurs du pays !

« Dans ces miroirs là-haut, que vous appelez trônes, resplendit pour nous Dieu qui juge : qu'ainsi mes paroles te soient paroles de vérité. »

Qui si tacette, e fecemi sembiante,
  Che fosse ad altro volta, per la ruota,
  In che si mise, com'era davante.

L'altra letizia, che m'era già nota,
  Preclara cosa mi si fece in vista,
  Qual fin balascio, in che lo Sol percuota.

Per letiziar lassù fulgor s'acquista,
  Sì come riso qui: ma giù s'abbuja
  L'ombra di fuor, come la mente è trista.

Dio vede tutto, e tuo veder s'illuja,
  Diss'io, beato spirto, sì che nulla
  Voglia di se a te puote esser fuja.

Dunque la voce tua, che 'l Ciel trastulla
  Sempre col canto di que' fuochi pii,
  Che di sei ale fannosi cuculla,

Perchè non soddisface a' miei disii?
  Già non attendere' io tua dimanda,
  S'io m'intuassi, come tu t'immii.

La maggior valle, in che l'acqua si spanda,
  Incominciaro allor le sue parole,
  Fuor di quel mar, che la terra inghirlanda,

Tra discordanti liti, contra 'l Sole
  Tanto sen' va, che fa meridiano
  Là dove l'orizzonte pria far suole.

L'âme se tut, et il me parut que, se tournant vers une autre, elle reprit, dans la sphère, la place qu'elle occupait d'abord.

L'autre joyeuse lumière, qui déjà m'était connue, reparut étincelante de beauté à ma vue comme le plus fin rubis frappé par le soleil.

Là-haut par une plus vive splendeur s'annonce la joie, comme ici-bas elle se montre dans le rire; mais plus bas encore[9] chacune des ombres devient ténébreuse à mesure que l'âme s'attriste.

« Esprit bienheureux, m'écriai-je, ta vue pénètre si bien en Dieu qui voit tout, que nulle de ses plus secrètes volontés ne te peut être célée; pourquoi donc ne contente-t-elle pas mes désirs, ta voix qui réjouit tant le ciel avec le chant de ces pieuses splendeurs qui se parent de leurs six ailes[10]? Je n'attendrais pas ta demande, s'il m'était donné de pénétrer en toi, comme tu pénètres en moi. »

« La grande vallée, commença-t-elle à dire, où plus largement s'épanche l'eau de cet océan qui fait une ceinture à la terre, se prolonge si loin contre le soleil, entre deux rivages ennemis, que de son horizon primitif elle se fait un méridien.

Di quella valle fu'io littorano
  Tra Ebro e Macra, che per cammin corto
  Lo Genovese parte dal Toscano.

Ad un occaso quasi e ad un orto
  Buggea siede, e la terra, ond'io fui,
  Che fè del sangue suo già caldo il porto.

Folco mi disse quella gente, a cui
  Fu noto il nome mio: e questo Cielo
  Di me s'imprenta, com'io fe' di lui:

Che più non arse la figlia di Belo,
  Nojando ed a Sicheo e a Creusa,
  Di me, infin che si convenne al pelo:

Nè quella Rodopea, che delusa
  Fu da Demofoonte, nè Alcide,
  Quando Iole nel cuore ebbe richiusa.

Non però qui si pente, ma si ride,
  Non della colpa, ch'a mente non torna,
  Ma del valor, ch'ordinò e provvide.

Qui si rimira nell'arte, ch'adorna
  Con tanto affetto, e discernesi 'l bene,
  Perchè al Mondo di su quel di giù torna.

Ma perchè le tue voglie tutte piene
  Ten'porti, che son nate in questa spera,
  Procedere ancor' oltre mi conviene.

CHANT NEUVIÈME.   121

« Riverain de cette vallée, j'ai vécu entre l'Èbre et la Macra qui, dans son court passage, sépare le pays génois de la Toscane ¹¹.

« Presque au même orient et au même occident sont situées Bougie et cette cité où je suis né, qui vit le sang de ses habitants réchauffer l'eau dans leur port.

« Le peuple qui savait mon nom, m'appela Foulques ; maintenant je donne mon empreinte à cette sphère, comme jadis elle me donna la sienne : car jamais ne brûlèrent plus ardemment que moi, tant que l'âge y consentit, ni la fille de Bélus [12], offensant et Sichée et Créuse, ni cette princesse du Rhodope [13], trahie par Démophon, ni Alcide lui-même lorsqu'il eut Iole dans le cœur [14].

« Ici le repentir est inconnu ; ici on se réjouit, non de la faute, que ne ravive plus la mémoire, mais de cette suprême vertu qui sut ordonner et prévoir. Ici on ne cesse d'admirer cet art que glorifient de si beaux effets, et l'on discerne le bien qui met le monde d'en bas en harmonie avec celui d'en haut.

« Mais afin de contenter pleinement tous les désirs qui te sont venus dans cette sphère, j'ajouterai quelque chose encore.

Tu vuoi saper chi è 'n questa lumiera,
  Che qui appresso me così scintilla
  Come raggio di sole in acqua mera.

Or sappi, che là entro si tranquilla
  Raab, ed a nostr' ordine congiunta,
  Di lui nel sommo grado si sigilla.

Da questo Cielo, in cui l'ombra s'appunta,
  Che 'l vostro Mondo face, pria ch'altr'alma
  Del trionfo di Cristo fu assunta.

Ben si convenne lei lasciar per palma
  In alcun Cielo dell'alta vittoria,
  Che s'acquistò con l'una e l'altra palma:

Perch'ella favorò la prima gloria
  Di Josuè in su la terra santa,
  Che poco tocca al Papa la memoria.

La tua città, che di colui è pianta,
  Che pria volse le spalle al suo fattore,
  E di cui è la 'nvidia tanto pianta,

Produce e spande il maladetto fiore,
  Ch'ha disviate le pecore e gli agni,
  Perocchè fatto ha lupo del pastore.

Per questo l'Evangelio e i Dottor magni
  Son derelitti, e solo a i Decretali
  Si studia sì, che pare a' lor vivagni.

« Tu cherches à savoir quelle âme renferme cette lumière qui près de moi scintille comme un rayon du soleil dans une eau limpide. Sache donc que là jouit d'une douce paix l'âme de Rahab[15], associée à notre ordre, dont elle emprunte le plus vif éclat. Dans cette partie du ciel où s'arrête l'ombre de votre monde, elle fut enlevée avant aucune des âmes délivrées par le triomphe du Christ.

« C'était justice qu'il la laissât dans quelque sphère, comme la palme de cette glorieuse victoire que remportèrent ses deux mains sur la croix ; car c'est par elle que Josué obtint sa première gloire sur cette terre sainte qui reste peu dans la mémoire du pape.

« Ta cité, digne rejeton de celui qui le premier se détourna de son créateur, par cette haine qui a fait verser tant de pleurs, pousse et propage cette fleur maudite[16], qui, du berger faisant un loup, jette en mauvaise voie les brebis et les agneaux.

« Elle est cause qu'on délaisse l'Évangile et les saints docteurs, pour étudier les seules Décrétales[17], comme on le voit trop à leurs marges.

A questo intende 'l Papa e i Cardinali :
  Non vanno i lor pensieri a Nazzarette,
  Là dove Gabbriello aperse l'ali.

Ma Vaticano, e l'altre parti elette
  Di Roma, che son state cimitero
  Alla milizia, che Pietro seguette,

Tosto libere fien dell'adultéro.

« C'est l'occupation du pape et des cardinaux dont les pensées ne vont plus à Nazareth, là où Gabriel déploya ses ailes. Mais bientôt et le Vatican et les autres lieux consacrés de Rome, qui furent le cimetière de la sainte milice de Pierre[18], seront délivrés de l'adultère. »

CANTO DECIMO

Guardando nel suo Figlio con l'amore,
   Che l'uno e l'altro eternalmente spira,
   Lo primo ed ineffabile valore,

Quanto per mente, o per occhio si gira,
   Con tanto ordine fè, ch'esser non puote.
   Senza gustar di lui, chi ciò rimira.

Leva dunque, Lettore, all'alte ruote
   Meco la vista dritto a quella parte,
   Dove l'un moto all'altro si percuote:

E lì comincia a vagheggiar nell'arte
   Di quel maestro, che dentro a se l'ama
   Tanto, che mai da lei l'occhio non parte.

Vedi come da indi si dirama
   L'obblico cerchio, che i pianeti porta
   Per soddisfare al Mondo, che gli chiama:

CHANT DIXIÈME

Regardant en son fils avec l'amour, éternelle émanation de l'un et de l'autre[1], la première et ineffable puissance mit un tel ordre dans la création de tout ce que peut apercevoir ou l'œil ou l'intelligence, qu'on ne le saurait admirer sans goûter cet amour.

Avec moi, lecteur, lève donc tes regards vers les hautes sphères, là où un mouvement est contrarié par un autre; puis applique-toi à contempler l'art du maître, cet art dans lequel il se complaît au point qu'il n'en peut jamais détourner les yeux.

Considère comme de ce point s'écarte le cercle oblique, portant toutes les planètes[2] au monde qui les appelle.

E se la strada lor non fosse tórta,
  Molta virtù nel Ciel sarebbe invano,
  E quasi ogni potenzia quaggiù morta.

E se dal dritto più o men lontano
  Fosse 'l partire, assai sarebbe manco
  E giù e su dell'ordine mondano.

Or ti riman, Lettor, sovra 'l tuo banco,
  Dietro pensando a ciò, che si preliba,
  S'esser vuoi lieto assai prima, che stanco.

Messo t'ho innanzi: omai per te ti ciba:
  Che a se ritorce tutta la mia cura
  Quella materia, ond'io son fatto scriba.

Lo ministro maggior della Natura,
  Che del valor del Cielo il Mondo imprenta,
  E col suo lume il tempo ne misura,

Con quella parte, che su si rammenta,
  Congiunto si girava per le spire,
  In che più tosto ogni ora s'appresenta;

Ed io era con lui: ma del salire
  Non m'accors'io, se non com'uom s'accorge,
  Anzi 'l primo pensier, del suo venire:

Oh, Beatrice, quella, che si scorge
  Di bene in meglio sì subitamente,
  Che l'atto suo per tempo non si sporge,

CHANT DIXIÈME.

Si leur voie n'était pas inclinée de la sorte, plus d'une vertu resterait inefficace dans le ciel et presque toute puissance là-bas serait morte ; et s'il arrivait qu'elle s'écartât plus ou moins, en bas comme en haut tout l'ordre du monde serait troublé.

Maintenant, ô lecteur, reste sur ton banc et savoure en ta pensée les prémices qui te sont offertes, si tu veux que la jouissance précède de longtemps la fatigue. J'ai servi devant toi le festin ; de toi-même prends ta nourriture ; pour moi, je dois désormais tous mes soins au sujet dont je suis devenu l'historien.

Le plus puissant ministre de la nature[3], par qui le monde s'empreint de la vertu du ciel, et dont la lumière nous mesure le temps, tournait parmi les sphères avec les constellations dont j'ai déjà parlé, et au point même où les heures plus pressées se présentent plus tôt ; et j'étais avec lui, ne m'apercevant d'être monté jusque-là non plus qu'on ne s'aperçoit d'une pensée avant qu'elle soit venue.

Et Béatrix, qui du bien au mieux passe si soudainement, que son acte échappe à la mesure du temps, Béatrix déjà si resplendissante par elle-même, ce qu'elle devint

Quant' esser convenía da se lucente!
  Quel, ch'era dentro al Sol, dov'io entrámi,
  Non per color, ma per lume parvente,

Perch'io lo 'ngegno, e l'arte, e l'uso chiami,
  Sì nol direi, che mai s'immaginasse:
  Ma creder puossi, e di veder si brami.

E se le fantasie nostre son basse
  A tanta altezza, non è maraviglia:
  Che sovra 'l Sol non fu occhio, ch'andasse.

Tal era quivi la quarta famiglia
  Dell' alto padre, che sempre la sazia,
  Mostrando come spira, e come figlia.

E Beatrice cominciò: Ringrazia,
  Ringrazia il Sol degli Angeli, ch'a questo
  Sensibil t'ha levato per sua grazia.

Cuor di mortal non fu mai sì digesto
  A divozione, e a rendersi a Dio,
  Con tutto 'l suo gradir cotanto presto,

Com' a quelle parole mi fec'io:
  E sì tutto 'l mio amore in lui si mise,
  Che Beatrice eclissò nell'obblio.

Non le dispiacque: ma sì se ne rise,
  Che lo splendor degli occhi suoi ridenti
  Mia mente unita in più cose divise.

non par l'effet d'une couleur nouvelle, mais par un jet de lumière plus vif, dans le soleil où j'entrai, on ne saurait se l'imaginer, lors même que pour le mieux dire j'appellerais à mon aide l'art, l'esprit et l'expérience : mais on me peut croire et souhaiter d'en être témoin. Qu'on ne s'étonne pas que nos imaginations restent au-dessous d'une telle hauteur; jamais regard dépassa-t-il le soleil?

Là était cette quatrième famille, que son père suprême éternellement rassasie par la contemplation de son Esprit et de son Verbe.

« Rends grâces, alors s'écria Béatrix, rends grâces à ce soleil des Anges, qui jusqu'au soleil visible t'a élevé par sa grâce. »

Jamais cœur incliné par la dévotion ne fut si prompt à se rendre à Dieu de son plein vouloir, que je le devins moi-même à ces paroles; et en lui s'absorba tout mon amour, au point que Béatrix s'éclipsa dans l'oubli. Loin d'être fâchée, elle se prit à sourire, et la splendeur de ses yeux riants attira sur de nouveaux objets ma pensée concentrée en un seul.

Io vidi più fulgor vivi e vincenti
  Far di noi centro, e di se far corona,
  Più dolci in voce, che 'n vista lucenti:

Così cinger la figlia di Latona
  Vedem tal volta, quando l'aere è pregno,
  Sì che ritenga il fil, che fa la zona.

Nella corte del Ciel, dond'io rivegno,
  Si truovan molte gioje care e belle
  Tanto, che non si posson trar del regno.

E 'l canto di que' lumi era di quelle:
  Chi non s'impenna sì, che lassù voli,
  Dal muto aspetti quindi le novelle.

Poi sì cantando quegli ardenti Soli
  Si fur girati intorno a noi tre volte,
  Come stelle vicine a' fermi poli:

Donne mi parver non da ballo sciolte,
  Ma che s'arrestin tacite, ascoltando,
  Fin che le nuove note hanno ricolte:

E dentro all'un sentî cominciar, Quando
  Lo raggio della grazia, onde s'accende
  Verace amore, e che poi cresce, amando,

Multiplicato in te tanto risplende,
  Che ti conduce su per quella scala,
  U', sanza risalir nessun discende:

Et je vis des splendeurs d'une lumière sans égale, faisant de nous comme un centre, se former elles-mêmes en couronne, plus douces encore en leur parler, que brillantes à la vue.

Ainsi parfois nous apparaît, ceinte d'une auréole, la fille de Latone, alors que l'air plein de vapeurs retient la trace de cette couronne.

Dans la cour céleste d'où je reviens, se trouvent des pierres précieuses si rares et si belles, qu'on ne les peut sortir du royaume; non moins précieux était le chant de ces lumières.

« Qui n'a pas d'ailes pour s'envoler là-haut attende qu'un muet lui en dise des nouvelles. »

Ainsi chantant, ces soleils flamboyants par trois fois tournèrent autour de nous, comme des étoiles voisines d'un pôle immobile; puis elles me parurent semblables à ces danseuses qui, sans rompre la danse, s'arrêtent un moment silencieuses et prêtant l'oreille dans l'attente de notes nouvelles; et du sein d'une de ces clartés j'entendis parler ainsi :

« Puisque ce rayon de la grâce où, pour s'accroître encore en aimant, s'allume le véritable amour, reflète si vivement en toi son éclat, et te guide jusqu'en haut par cette échelle que l'on ne descend que pour la remonter encore; qui refuserait à ta soif le vin de sa coupe, n'aurait d'autre liberté que celle de l'eau qui ne se rend pas à la mer [4].

Qual ti negasse 'l vin della sua fiala,
 Per la tua sete, in libertà non fora,
 Se non com' acqua, ch' al mar non si cala.

Tu vuoi saper di quai piante s'infiora
 Questa ghirlanda, che 'ntorno vagheggia
 La bella donna, ch' al Ciel t' avvalora:

Io fui degli agni della santa greggia,
 Che Domenico mena per cammino,
 Du' ben s'impingua, se non si vaneggia.

Questi, che m' è a destra più vicino,
 Frate, e maestro fummi; ed esso Alberto
 È di Cologna, ed io Thomas d'Aquino.

Se tu di tutti gli altri esser vuoi certo,
 Diretro al mio parlar ten' vien col viso,
 Girando su per lo beato serto.

Quell' altro fiammeggiare esce del riso
 Di Grazian, che l'uno e l'altro foro
 Ajutò sì, che piace in Paradiso.

L'altro, ch' appresso adorna il nostro coro,
 Quel Pietro fu, che, con la poverella,
 Offerse a santa Chiesa il suo Tesoro.

La quinta luce, ch' è tra noi più bella,
 Spira di tale amor, che tutto 'l Mondo
 Laggiù n' ha gola di saper novella.

« Puisque tu veux savoir de quelles plantes se fleurit cette guirlande, amoureux entourage de la belle dame qui t'enhardit à monter au ciel ; je fus un des agneaux du saint troupeau que conduit Dominique par des chemins où l'on profite, si l'on ne s'égare pas.

« Celui-ci, le plus rapproché de ma droite, fut mon frère et mon maître : c'est Albert de Cologne[5], et moi je suis Thomas d'Aquin.

« Si tu tiens à connaître tous les autres, que ton regard marche à la suite de mes paroles, en faisant le tour de la sainte guirlande.

« Dans cette autre clarté rayonne le sourire de Gratien[6], qui servit si puissamment l'un et l'autre droit, que le Paradis se complaît en lui.

« Cet autre qui, auprès de lui, fait l'ornement de notre chœur, c'est ce Pierre[7] qui, comme la pauvre veuve, fit à la sainte Église l'offre de son Trésor[8].

« La cinquième lumière, cette lumière la plus belle d'entre nous, est l'émanation d'un tel amour, que le monde entier de là-bas est affamé d'en savoir des nou-

Entro v'è l'alta luce, u' sì profondo
   Saver fu messo, che se 'l vero è vero,
   A veder tanto non surse 'l secondo.

Appresso vedi 'l lume di quel cero,
   Che giuso in carne, più adentro vide
   L'angelica natura, e 'l ministéro.

Nell'altra piccioletta luce ride
   Quell' avvocato de' templi Cristiani,
   Del cui latino Agostin si provvide.

Or se tu l'occhio della mente trani
   Di luce in luce dietro alle mie lode,
   Già dell'ottava con sete rimani:

Per vedere ogni ben dentro vi gode
   L'anima santa, che 'l Mondo fallace
   Fa manifesto a chi di lei ben' ode:

Lo corpo, ond' ella fu cacciata, giace
   Giuso in Cieldauro, ed essa da martiro,
   E da esilio, venne a questa pace.

Vedi oltre fiammeggiar l'ardente spiro
   D'Isidoro, di Beda, e di Riccardo,
   Che a considerar fu più che viro.

Questi, onde a me ritorna il tuo riguardo,
   È il lume d'uno spirto, che 'n pensieri
   Gravi a morire gli parve esser tardo.

velles. Elle renferme ce sublime esprit[9] qui fut doué d'un si profond savoir, que si le vrai est vrai, jamais esprit n'éleva si haut sa vue.

« Tout à côté tu distingues la lumière de ce flambeau[10] qui là-bas dans le monde charnel, pénétra le plus à fond dans la nature et le ministère des anges.

« Dans l'autre petite lueur rayonne cet avocat des temples chrétiens[11], dont la doctrine inspira si bien Augustin.

« Si à présent, des yeux de ton esprit allant à la suite de mes louanges, tu regardes de lumière en lumière, la soif doit te rester de connaître la huitième. En elle se réjouit de la contemplation du souverain bien l'âme sainte qui enseigne si bien à qui sait l'écouter, les vanités du monde. Chassée du corps qui gît à Cieldauro[12], du martyre et de l'exil elle vint à cette paix.

« Vois plus loin flamboyer l'esprit ardent d'Isidore, de Bède[13], et de Richard, ce contemplateur qui fut plus qu'un homme.

« Celui-ci, de qui ton regard se détache en revenant à moi, c'est la lumière d'un esprit qui, dans ses graves pensées, trouvait la mort lente à venir ; c'est l'impérissable

Essa è la luce eterna di Sigieri,
  Che leggendo nel vico degli strami,
  Sillogizzò invidiosi veri.

Indi come orologio, che ne chiami
  Nell'ora, che la sposa di Dio surge
  A mattinar lo sposo, perchè l'ami:

Che l'una parte e l'altra tira ed urge,
  Tintin sonando con sì dolce nota,
  Che'l ben disposto spirto d'amor turge:

Così vid'io la gloriosa ruota
  Muoversi, e render voce a voce in tempra,
  Ed in dolcezza, ch'esser non può nota,

Se non colà, dove'l gioir s'insempra.

lumière de Sigier [14] qui enseigna dans la rue du Fouarre [15], où il fit envie par sa logique pleine de vérités. »

A l'heure où se lève l'épouse de Dieu pour chanter matines à l'époux afin de lui être chère, l'horloge nous appelle en poussant le marteau à sonner dans son va-et-vient [16], un *tin tin* en si douces notes, qu'un esprit bien préparé se gonfle d'amour [17]; ainsi je vis s'émouvoir la sphère glorieuse, dans un accord de voix se répondant une à une, avec une harmonie qui s'entend là seulement où la joie s'éternise.

CANTO DECIMOPRIMO

O insensata cura de' mortali,
   Quanto son difettivi sillogismi
   Quei, che ti fanno in basso batter l'ali!

Chi dietro a *jura*, e chi ad aforismi
   Sen' giva, e chi seguendo sacerdozio,
   E chi regnar per forza, e per sofismi:

E chi rubare, e chi civil negozio,
   Chi nel diletto della carne involto,
   S'affaticava, e chi si dava all'ozio:

Quando da tutte queste cose sciolto,
   Con Beatrice m'era suso in Cielo,
   Cotanto gloriosamente accolto.

Poichè ciascuno fu tornato ne lo
   Punto del cerchio, in che avanti s'era,
   Fermossi, come a candellier candelo.

CHANT ONZIÈME

O folles inquiétudes des mortels! combien sont trompeuses les raisons qui vous font tant abaisser le vol de vos ailes! Pour l'un, c'est l'étude du droit, pour l'autre les aphorismes de la médecine; celui-ci s'engage dans le sacerdoce, celui-là veut régner ou par violence ou par ruse; tel se livre à la rapine, tel autre s'adonne aux affaires publiques; il en est qui se plongent dans les plaisirs de la chair et d'autres qui s'amollissent dans l'oisiveté[1], tandis que moi, libre de tous ces soins, et m'élevant avec Béatrix, j'étais si glorieusement accucilli dans le ciel.

Chacune des splendeurs étant revenue au point du cercle où elle se trouvait d'abord, s'y arrête immobile comme un cierge dans son chandelier; puis au dedans

CANTO DECIMOPRIMO.

Ed io sentî dentro a quella lumiera,
 Che pria m'avea parlato, sorridendo,
 Incominciar, faccendosi più mera:

Così com'io del suo raggio m'accendo,
 Sì riguardando nella luce eterna
 Li tuo' pensieri, onde cagioni, apprendo.

Tu dubbi, ed hai voler, che si ricerna
 In sì aperta, e sì distesa lingua
 Lo dicer mio, ch'al tuo sentir si sterna:

Ove dinanzi dissi: U' ben s'impingua,
 E là, u' dissi: Non surse il secondo:
 E qui è uopo che ben si distingua.

La providenza, che governa 'l Mondo
 Con quel consiglio, nel quale ogni aspetto
 Creato è vinto, pria che vada al fondo:

Perocchè andasse ver lo suo diletto
 La sposa di colui, ch'ad alte grida
 Disposò lei col sangue benedetto,

In se sicura, e anche a lui più fida;
 Duo principi ordinò in suo favore,
 Che quinci e quindi le fosser per guida.

L'un fu tutto Serafico in ardore,
 L'altro per sapienzia in terra fue
 Di Cherubica luce uno splendore.

de la première qui m'avait parlé et qui devenait encore plus pure, j'entendis une voix souriante qui disait :

« De même que je m'allume à son rayon, ainsi, regardant tes pensées au sein de l'éternelle lumière, j'en discerne la véritable cause. Plein de doutes, tu souhaites que dans un langage clair, précis et en rapport avec ton intelligence, s'expliquent mes paroles de tout à l'heure au sujet du *chemin où l'on profite,* et de *l'esprit qui n'eut pas de rival* [2].

« Avant tout il importe de bien distinguer :
« La Providence gouverne le monde avec une sagesse que nul regard créé ne peut, sans défaillir, essayer de pénétrer à fond. Afin que pût s'approcher du bien-aimé, plus confiante en soi et plus fidèle encore, l'épouse de celui qui, jetant un grand cri vers le ciel, s'unit à elle avec son sang béni, la Providence institua en sa faveur deux princes pour lui servir de guides dans une double voie. L'un [3] fut animé d'une ardeur toute séraphique ; l'autre [4], par sa sagesse, parut sur la terre comme un rayonnement de la lumière des chérubins.

Dell' un dirò, perocchè d' amendue
　　Si dice l' un pregiando, qual ch' uom prende,
　　Perchè ad un fine fur l' opere sue.

Intra Tupino e l' acqua, che discende
　　Del colle eletto dal beato Ubaldo,
　　Fertile costa d' alto monte pende,

Onde Perugia sente freddo e caldo
　　Da Porta Sole, e dirietro le piange,
　　Per greve giogo Nocera con Gualdo.

Di quella costa là, dov' ella frange
　　Più sua rattezza, nacque al Mondo un Sole,
　　Come fa questo tal volta di Gange.

Però chi d' esso loco fa parole,
　　Non dica Ascesi, che direbbe corto,
　　Ma Oriente, se proprio dir vuole.

Non era ancor molto lontan dall' orto,
　　Ch' e' cominciò a far sentir la Terra
　　Della sua gran virtude alcun conforto.

Che per tal donna giovinetto in guerra
　　Del padre corse, a cui, com' alla morte,
　　La porta del piacer nessun disserra:

E dinanzi alla sua spirital Corte,
　　E coram patre le si fece unito,
　　Poscia di dì in dì l' amò più forte.

« Parlant d'un seul, je parlerai des deux ; car prendre l'un c'est aussi prendre l'autre, tant leurs œuvres allèrent à même fin.

« Entre le Tupino et les eaux qui s'écoulent de la colline où le bienheureux Ubald a choisi sa retraite, un coteau fertile descend de cette haute móntagne d'où viennent à Pérouse le froid et le chaud par la porte du soleil, tandis que derrière elle Nocera et Gualdo gémissent sous le joug qui les accable.

« Ce coteau, là où s'adoucit sa pente, vit naître au monde un soleil pareil à celui-ci, alors qu'il sort des flots du Gange.

« Ce lieu, qui l'appellerait Assise dirait trop peu ; c'est Orient qu'il convient de le nommer.

« Encore tout près de son lever, ce soleil déjà faisait éprouver à la terre l'heureuse influence de sa haute vertu, recherchant, tout jeune encore et indocile à son père, la Dame [5] à qui, non plus qu'à la mort, on n'ouvre jamais la porte avec plaisir. Puis, devant sa cour spirituelle et *coram patre* [6], il s'unit à elle et, de jour en jour, l'aima plus fort.

Questa, privata del primo marito,
   Mille e cent'anni, e più, dispetta e scura
Fino a costui si stette senza invito:

Nè valse udir, che la trovò sicura
   Con Amiclate, al suon della sua voce,
   Colui ch'a tutto 'l Mondo fè paura:

Nè valse esser costante, nè feroce,
   Sì che dove Maria rimase giuso,
   Ella con Cristo salse in su la croce.

Ma perch'io non proceda troppo chiuso;
   Francesco e Povertà per questi amanti
   Prendi oramai nel mio parlar diffuso.

La lor concordia, e i lor lieti sembianti
   Amore e maraviglia, e dolce sguardo
   Faceano esser cagion de' pensier santi:

Tanto che 'l venerabile Bernardo
   Si scalzò prima, e dietro a tanta pace
   Corse, e correndo gli parv' esser tardo.

O ignota ricchezza, o ben verace!
   Scalzasi Egidio, e scalzasi Silvestro
   Dietro allo sposo, sì la sposa piace.

Indi sen' va quel padre, e quel maestro
   Con la sua donna, e con quella famiglia,
   Che già legava l'umile capestro:

« Pour elle, privée depuis mille et cent ans et plus de son premier époux, méprisée, obscure, nul avant celui-ci ne l'avait encore recherchée.

« Vainement on disait qu'auprès d'Amyclas [7] elle fut trouvée sans peur au son de la voix de celui qui avait été la terreur du monde.

« Vainement elle poussa la constance et le courage jusqu'à monter sur la croix avec le Christ, tandis que Marie se tenait en bas.

« Mais pour cesser de parler dans un sens caché, comprends que les deux amants dont je vais parler en un langage plus ouvert, c'est François, c'est la Pauvreté.

« Leur concorde, et sur leur visage les merveilleux contentements de l'amour, et leur doux regard inspiraient de si saintes pensées, que le vénérable Bernard [8], le premier, se déchaussa pour courir à une si grande paix, et tout en courant il s'accusait de lenteur.

« O richesse ignorée, ô véritable bien ! voilà qu'Égidius se déchausse, et Sylvestre [9] de même, à la suite de l'époux, tant l'épouse leur agrée.

« Et puis ce père, ce maître s'en va, suivant sa dame avec cette famille qui déjà nouait l'humble cordon. Et s'il va les yeux baissés, ce n'est point qu'en son cœur il

Nè gli gravò viltà di cuor le ciglia,
　Per esser fi' di Pietro Bernardone,
　Nè per parer dispetto, a maraviglia.

Ma regalmente sua dura intenzione
　Ad Innocenzio aperse, e da lui ebbe
　Primo sigillo a sua religione.

Poi che la gente poverella crebbe
　Dietro a costui, la cui mirabil vita
　Meglio in gloria del Ciel si canterebbe;

Di seconda corona redimita
　Fu, per Onorio, dall'eterno Spiro
　La santa voglia d'esto archimandrita:

E poi che per la sete del martiro,
　Nella presenza del Soldan superba
　Predicò Cristo, e gli altri, che 'l seguiro:

E per trovare a conversione acerba
　Troppo la gente, e per non stare indarno,
　Reddissi al frutto dell'Italica erba.

Nel crudo sasso intra Tevere ed Arno
　Da Cristo prese l'ultimo sigillo,
　Che le sue membra du' anni portarno.

Quando a Colui, ch'a tanto ben sortillo,
　Piacque di trarlo suso alla mercede,
　Ch' egli acquistò nel suo farsi pusillo;

CHANT ONZIÈME. 149

se sente avili d'être fils de Pierre Bernardone, et de paraître étrangement misérable.

« Aussi exposa-t-il royalement à Innocent[10] ses austères desseins, et il obtint de lui pour son ordre la première sanction.

« En suivant les pas de celui dont il faudrait célébrer dans la gloire du ciel l'admirable vie, la pauvre famille s'accrut; puis l'éternel Esprit, par la main d'Honorius, ceignit d'une seconde couronne la sainte volonté de cet Archimandrite. Après qu'altéré du martyre, il eut, en présence du Soudan superbe[11], prêché le Christ et les disciples qui l'avaient suivi, trouvant ces races trop dures à la conversion et ne voulant pas rester inutile, il revint faire fructifier la terre d'Italie.

« Entre le Tibre et l'Arno, sur une roche nue, il reçut du Christ ces derniers stigmates dont, pendant deux ans, ses membres furent marqués.

« Lorsqu'il plut à celui qui l'avait choisi pour accomplir tant de bien, de l'élever à la récompense qu'en se faisant si petit, il avait méritée, à ses frères comme à de

A i frati suoi, sì com' a giuste erede,
  Raccomandò la sua donna più cara,
  E comandò che l'amassero a fede:

E dal suo grembo l'anima preclara
  Muover si volle, tornando al suo regno:
  E al suo corpo non volle altra bara.

Pensa oramai qual fu colui, che degno
  Collega fu a mantener la barca
  Di Pietro in alto mar per dritto segno:

E questi fu il nostro Patriarca:
  Perchè qual segue lui, com'ei comanda,
  Discerner puoi, che buona merce carca.

Ma il suo peculio di nuova vivanda
  È fatto ghiotto sì, ch'esser non puote,
  Che per diversi salti non si spanda:

E quanto le sue pecore rimote,
  E vagabonde più da esso vanno,
  Più tornano all'ovil di latte vote.

Ben son di quelle, che temono 'l danno,
  E stringonsi al pastor: ma son sì poche,
  Che le cappe fornisce poco panno.

Or se le mie parole non son fioche,
  Se la tua audienza è stata attenta,
  Se ciò, ch'ho detto, alla mente rivoche,

véritables héritiers il recommanda sa Dame tant aimée, leur prescrivant de lui garder un fidèle amour.

« Alors du sein même de cette compagne, et souhaitant que son corps n'eût pas d'autre bière, la belle âme voulut prendre son vol et retourner à son royaume.

« Rappelle-toi maintenant quel dut être le digne collègue de François, pour maintenir dans le droit chemin sur la haute mer, la barque de Pierre. Celui-là fut notre patriarche, et quiconque le suit, fidèle à ses commandements (tu peux le voir) se charge d'une bonne marchandise.

« Mais telle est l'avidité de son troupeau pour une pâture nouvelle, qu'il ne peut que s'égarer en des sentiers divers; et plus les brebis vagabondes, s'écartant de lui, s'en vont au loin, plus elles reviennent au bercail vides de lait. Quelques-unes, il est vrai, craintives du péril, se pressent autour du pasteur, mais si peu nombreuses, que pour leur froc bien peu d'étoffe est suffisante.

« Et maintenant si mes paroles ne sont pas embrouillées, si tu les as écoutées avec attention, si elles sont entrées dans ta mémoire, ton désir doit être en

In parte fia la tua voglia contenta:
   Perchè vedrai la pianta onde si scheggia
   E vedra' il corregger, ch' argomenta

Du' ben s'impingua, se non si vaneggia.

partie contenté; car tu verras comment la plante peut s'ébrancher, et tu comprendras le sens de cette restriction : « où l'on profite beaucoup, si l'on ne s'égare pas. »

CANTO DECIMOSECONDO

Sì tosto come l'ultima parola
   La benedetta fiamma, per dir, tolse,
   A rotar cominciò la santa mola:

E nel suo giro tutta non si volse
   Prima ch'un'altra d'un cerchio la chiuse,
   E moto a moto, e canto a canto colse:

Canto, che tanto vince nostre Muse,
   Nostre Sirene, in quelle dolci tube,
   Quanto primo splendor quel, che rifuse.

Come si volgon per tenera nube
   Du' archi paralleli e concolori,
   Quando Giunone a sua ancella jube,

Nascendo di quel d'entro quel di fuori,
   A guisa del parlar di quella vaga,
   Ch'Amor consunse, come Sol vapori:

CHANT DOUZIÈME

Dès que la flamme bénie eut prononcé sa dernière parole, la sainte roue commença de tourner : elle n'avait pas encore achevé son tour, qu'une autre sphère, l'enfermant dans un cercle, s'unit à elle en un même mouvement et en un même chant, un chant dont les mélodies surpassent en douceur celles de nos Muses et de nos Sirènes, non moins que la lumière directe surpasse en éclat la lumière réfléchie.

Dans les nuées humides, quand Junon commande à sa messagère[1], on voit se courber deux arcs parallèles brillant des mêmes couleurs, l'extérieur naissant de l'intérieur ; ainsi se répète la voix de cette amante[2] que l'amour consuma comme le soleil consume les vapeurs ; et ces deux arcs, grâce au pacte que Dieu fit avec Noé[3], présagent au monde qu'il ne verra jamais un autre déluge.

CANTO DECIMOSECONDO.

E fanno qui la gente esser presaga
  Per lo patto, che Dio con Noè pose
  Del Mondo, che giammai più non s'allaga:

Così di quelle sempiterne rose
  Volgénsi circa noi le duo ghirlande,
  E sì l'estremà all'intima rispose.

Poichè 'l tripudio e l'altra festa grande,
  Sì del cantare, e sì del fiammeggiarsi,
  Luce con luce gaudiose e blande,

Insieme appunto, e a voler quietarsi;
  Pur come gli occhi, ch'al piacer che i muove,
  Conviene insieme chiudere e levarsi;

Del cuor dell'una delle luci nuove
  Si mosse voce, che l'ago alla stella
  Parer mi fece in volgermi al suo dove:

E cominciò: L'amor, che mi fa bella,
  Mi tragge a ragionar dell'altro duca,
  Per cui del mio sì ben ci si favella.

Degno è, che dov'è l'un, l'altro s'induca
  Sì, che com'elli ad una militaro,
  Così la gloria loro insieme luca.

L'esercito di Cristo, che sì caro
  Costò a riarmar, dietro alla 'nsegna
  Si movea tardo, sospeccioso e raro;

De même les deux guirlandes de ces roses éternelles autour de nous tournaient, et toujours à celle du dedans répondait celle du dehors.

Puis cette danse, cette grande fête de chants, ces mutuels rayonnements de joyeuses et caressantes lumières, au même instant et d'un même vouloir s'arrêtèrent; ainsi, au gré d'un même désir, les yeux s'ouvrent et se ferment ensemble.

Du sein d'une de ces lumières nouvelles une voix sortit; m'attirant à soi, elle me fit semblable à l'aiguille qui se tourne vers l'étoile.

« L'amour qui me fait belle, commença-t-elle à dire, m'incite à parler de l'autre chef[4] qui fut cause que du mien on a si bien parlé; là où se trouve l'un d'eux il est juste que l'autre aussi paraisse; pour la même cause ils combattirent; que d'une même gloire alors ils resplendissent!

« La milice du Christ qu'il en coûta si cher pour armer de nouveau, marchait derrière l'enseigne, lente, peu nombreuse et pleine de doutes, lorsque l'empereur dont

Quando lo 'mperador, che sempre regna,
  Provvide alla milizia, ch'era in forse,
  Per sola grazia, non per esser degna :

E' com' è detto, a sua sposa soccorse,
  Con duo campioni, al cui fare, al cui dire
  Lo popol disviato si raccorse.

In quella parte, ove surge ad aprire
  Zeffiro dolce le novelle fronde,
  Di che si vede Europa rivestire;

Non molto lungi al percuoter dell'onde,
  Dietro alle quali, per la lunga foga,
  Lo Sol tal volta ad ogni uom si nasconde,

Siede la fortunata Callaroga,
  Sotto la protezion del grande scudo,
  In che soggiace il Leone, e soggioga.

Dentro vi nacque l'amoroso drudo
  Della fede Cristiana, il santo atleta,
  Benigno a' suoi, ed a' nimici crudo :

E come fu creata, fu repleta
  Sì la sua mente di viva virtute,
  Che nella madre lei fece profeta.

Poichè le sponsalizie fur compiute
  Al sacro fonte intra lui e la fede,
  U' si dotar di mutua salute;

le règne n'a pas de fin pourvut à cette milice en péril, non pas à cause de ses mérites, mais par un effet de sa grâce. Et, comme on l'a dit, pour secourir son épouse, il suscita deux champions dont la parole et les actions ramenèrent dans la voie son peuple égaré.

« Aux lieux où naît le doux zéphyr qui fait s'ouvrir les feuilles nouvelles dont on voit l'Europe se parer, non loin du bruissement de ces ondes, au delà desquelles le soleil, dans sa longue fuite, de temps en temps se cache au monde, est assise l'heureuse Callaroga [5], sous la protection du grand bouclier où le Lion est dominé et domine [6].

« Là naquit l'amant passionné de la foi chrétienne, le saint athlète, doux aux siens et dur aux ennemis. A peine créée, son âme fut remplie d'une vertu si vive, que la mère qui la portait dans son sein en devint prophétesse [7]. Dès que sur les fonts sacrés furent accomplies entre lui et la foi les fiançailles où ils se dotèrent mutuellement du salut, la dame qui pour lui fit la promesse, vit en songe le fruit merveilleux qui devait sortir de lui et de ses successeurs.

La donna, che per lui l'assenso diede,
   Vide nel sonno il mirabile frutto,
   Ch'uscir dovea di lui, e delle rede:

E perchè fosse quale era in costrutto;
   Quinci si mosse spirito a nomarlo
   Del possessivo, di cui era tutto:

Domenico fu detto: ed io ne parlo,
   Sì come dell'agricola, che CRISTO
   Elesse all'orto suo, per ajutarlo.

Ben parve messo e famigliar di CRISTO,
   Che'l primo amor, che'n lui fu manifesto,
   Fu al primo consiglio, che diè CRISTO.

Spesse fiate fu, tacito e desto,
   Trovato in terra dalla sua nutrice,
   Come dicesse: Io son venuto a questo.

O padre suo veramente Felice!
   O madre sua veramente Giovanna,
   Se 'nterpretata val, come si dice!

Non per lo Mondo, per cui mo s'affanna
   Diretro ad Ostiense e a Taddeo,
   Ma per amor della verace manna,

In picciol tempo gran dottor si feo,
   Tal che si mise a circuir la vigna,
   Che tosto imbianca, se'l vignajo è reo:

CHANT DOUZIÈME.

« Et afin de montrer clairement ce qu'il était, un esprit alla d'ici lui donner le nom possédé par celui à qui tout entier il appartenait ; il fut appelé Dominique [8], et de lui je parle comme du cultivateur que choisit le Christ pour l'aider à son jardin.

« En lui parut bien l'envoyé et le serviteur du Christ, à ce signe que son premier amour se manifesta pour le premier précepte donné par le Christ.

« Maintes fois sa nourrice le surprit silencieux, éveillé et se prosternant comme s'il eût dit : « C'est pour cela que je suis venu ! »

« O toi, son père, le bien nommé Félix, et toi sa mère, la bien nommée Jeanne, si ces noms signifient ce qu'on dit [9] !

« Ce ne fut pas pour le monde, en vue duquel on se fatigue tant à la suite d'Ostiense [10] et de Taddeo [11], mais pour l'amour de la vraie manne, qu'en peu de temps il se fit grand docteur, s'empressant de cultiver la vigne qui perd sitôt sa verdure quand le vigneron est en faute.

Ed alla sedia, che fu già benigna
  Più a' poveri giusti, non per lei,
  Ma per colui che siede, e che traligna,

Non dispensare o due o tre per sei,
  Non la fortuna di primo vacante,
  Non decimas, quæ sunt pauperum Dei,

Addimandò, ma contra 'l Mondo errante
  Licenzia di combatter per lo seme,
  Del qual ti fascian ventiquattro piante.

Poi con dottrina, e con volere insieme,
  Con l'uficio apostolico si mosse,
  Quasi torrente, ch'alta vena preme:

E negli sterpi eretici percosse
  L'impeto suo più vivamente quivi,
  Dove le resistenze eran più grosse.

Di lui si fecer poi diversi rivi,
  Onde l'orto cattolico si riga,
  Sì che i suoi arbuscelli stan più vivi.

Se tal fu l'una ruota della biga,
  In che la santa Chiesa si difese,
  E vinse in campo la sua civil briga,

Ben ti dovrebbe assai esser palese
  L'eccellenza del altra, di cui Tomma
  Dinanzi al mio venir fu sì cortese.

« S'adressant au Saint-Siége, qui autrefois était plus secourable aux pauvres (je m'en prends seulement à celui qui l'occupe et qui a dégénéré), il ne demanda pas de dispenser ou deux ou trois pour six; il ne sollicita pas la vacance du premier bénéfice, *non decimas, quæ sunt pauperum Dei* [12], mais bien l'autorisation de combattre contre les égarements du monde et pour la sainte semence dont vingt-quatre plantes se rangent autour de toi [13].

« Puis, fort de sa doctrine, de son vouloir et de sa mission apostolique, il se précipita comme un torrent qui jaillit d'une source abondante; et dans son cours devenu plus impétueux là où les résistances étaient plus fortes, il allait déracinant les hérésies [14].

« Puis il se divisa en plusieurs ruisseaux qui arrosent le jardin catholique et y ravivent les plantes.

« Si telle fut l'une des roues du char sur lequel la sainte Église, dans les luttes de sa guerre civile, combattit et triompha, aisément te devient manifeste l'excellence de cette autre roue dont Thomas, avant que je vinsse, parlait avec tant de complaisance Mais la voie tracée par la sommité de sa circonférence est déjà désertée, et là est la corruption où était la vie.

Ma l'orbita, che fè la parte somma
  Di sua circonferenza, è derelitta,
  Sì ch'è la muffa, dov'era la gromma.

La sua famiglia, che si mosse dritta
  Co' piedi alle su' orme, è tanto volta,
  Che quel dinanzi a quel dirietro gitta:

E tosto s'avvedrà della ricolta
  Della mala coltura, quando 'l loglio
  Si lagnerà, che l'arca gli sia tolta.

Ben dico, chi cercasse a foglio a foglio,
  Nostro volume, ancor troverria carta,
  Du' leggerebbe, I' mi son quel ch'io soglio.

Ma non fia da Casal, nè d'Acquasparta,
  Là onde vegnon tali alla Scrittura,
  Ch'uno la fugge, e altro la coarta.

Io son la vita di Buonaventura
  Da Bagnoregio, che ne' grandi ufici
  Sempre posposi la sinistra cura.

Illuminato, e Agostin son quici,
  Che fur de' primi scalzi poverelli,
  Che nel capestro a Dio si fero amici.

Ugo da Sanvittore è qui con elli,
  E Pietro Mangiadore, e Pietro Ispano,
  Lo qual giù luce in dodici libelli:

« Sa famille, qui s'en allait posant le pied sur les pas de François, est déviée à ce point, que le talon se place où se plaçait l'orteil. Mais bientôt se verra la moisson que produit une mauvaise culture, quand l'ivraie se plaindra que les greniers lui sont fermés.

« Qui fouillerait notre volume feuille à feuille, y trouverait encore, j'en conviens, une page où on lirait : « Je suis ce que j'étais. » Mais qu'on ne l'attende ni de Casale, ni d'Acquasparta, qui ont donné à la règle deux interprètes, l'un trop relâché, l'autre trop sévère.

« Je suis l'âme de Bonaventure de Bagnoregio [15], qui, dans les grandes dignités, négligea toujours les intérêts terrestres.

« Ici sont Illuminato et Augustin [16], ces premiers pauvres déchaussés, qui, sous le cordon, se firent aimer de Dieu.

« Avec eux est Hugues de Saint-Victor [17], Pierre Mangiadore [18] aussi et Pierre l'Espagnol [19] qu'illustrent là-bas ses douze livres :

Natan Profeta, e'l Metropolitano
   Crisostomo, ed Anselmo, e quel Donato,
   Ch'alla prim'arte degnò poner mano;

Raban è quivi, e lucemi dallato
   Il Calavrese abate Giovacchino
   Di spirito profetico dotato.

Ad inveggiar cotanto paladino
   Mi mosse la infiammata cortesia
   Di fra Tommaso, e'l discreto latino,

E mosse meco questa compagnia.

« Le prophète Nathan [20] est ici et le métropolitain Chrysostôme [21] et Anselme [22] et ce Donat [23] qui au premier des arts daigna mettre la main ; Raban [24] aussi ; puis à côté de moi brille l'abbé Joachim [25], ce Calabrais doué de l'esprit prophétique. »

Ainsi je me plaisais à honorer ce grand paladin, tant m'avaient ému (et avec moi toute cette compagnie) le zèle affectueux et le sage parler de frère Thomas.

CANTO DECIMOTERZO

Immagini chi bene intender cupe
   Quel ch'io or vidi, e ritegna l'image,
   Mentre ch'io dico, come ferma rupe,

Quindici stelle, che in diverse plage
   Lo Cielo avvivan di tanto sereno,
   Che soverchia dell'aere ogni compage.

Immagini quel Carro, a cui il seno
   Basta del nostro Cielo, e notte e giorno,
   Sì ch'al volger del temo non vien meno.

Immagini la bocca di quel corno,
   Che si comincia in punta dello stelo,
   A cui la prima ruota va dintorno,

Aver fatto di se duo segni in Cielo,
   Qual fece la figliuola di Minoi
   Allora che sentì di morte il gielo:

CHANT TREIZIÈME

Qui veut bien comprendre ce que je vis alors, qu'il imagine (et que l'image, tandis que je parle, se fixe en son esprit, ferme comme une roche), qu'il imagine quinze étoiles animant diverses régions du Ciel d'une si vive clarté, qu'elle domine la plus épaisse obscurité ;

Qu'il imagine ce char [1] auquel la région de notre ciel suffit pour que, nuit et jour, son timon tourne sans jamais disparaître ;

Qu'il imagine qu'à la bouche de cette corne qui commence à la pointe de l'axe sur lequel tourne la première sphère, il s'est formé dans le ciel deux signes [2] semblables au signe tracé par la fille de Minos [3] au moment où elle sentit le froid de la mort ;

CANTO DECIMOTERZO.

E l'un nell'altro aver gli raggi suoi,
   E amenduo girarsi, per maniera,
Che l'uno andasse al primo, e l'altro al poi:

Ed avrà quasi l'ombra della vera
   Costellazione, e della doppia danza,
Che circulava il punto, dov'io era:

Poi ch'è tanto di là da nostra usanza,
   Quanto di là dal muover della Chiana,
Si muove 'l Ciel, che tutti gli altri avanza.

Lì si cantò non Bacco, non Peana,
   Ma tre persone in divina natura,
Ed in una sustanzia essa, e l'umana.

Compiè 'l cantare, e 'l volger sua misura,
   E attesersi a noi quei santi lumi,
Felicitando se di cura in cura.

Ruppe 'l silenzio ne' concordi numi
   Poscia la luce, in che mirabil vita
Del poverel di Dio narrata fumi:

E disse: Quando l'una paglia è trita,
   Quando la sua semenza è già riposta,
A batter l'altra dolce amor m'invita.

Tu credi, che nel petto, onde la costa
   Si trasse, per formar la bella guancia,
I cui palato a tutto 'l Mondo costa,

Qu'il imagine que l'un dans l'autre ils se confondent par un même rayonnement, et qu'ils se meuvent de manière à tourner en sens contraire ;

Alors il aura dans l'esprit comme un reflet seulement de la vraie constellation et de la double danse qui se mouvait autour du point où je me trouvais ; car ce que je vis là dépasse autant nos habituelles connaissances, que le cours de la Chiana est lui-même dépassé par le mouvement de la sphère qui, dans le ciel, dépasse toutes les autres.

Ce n'est ni Bacchus, ni Péan [4], que l'on chantait, mais bien trois personnes dans une nature divine, et dans une personne la nature divine et la nature humaine confondues.

Le chant cessa ; la danse acheva sa mesure, et ces saintes lumières se rapprochèrent de nous, passant avec bonheur d'un soin à un autre soin.

Puis au milieu de l'accord de ces divines substances, le silence fut rompu par celle qui m'avait raconté l'admirable vie du pauvre de Dieu.

« Puisque le battage est fait, dit-elle, d'une partie de la moisson et que le grain est déjà serré, un doux amour m'invite à battre l'autre partie.

« Tu crois que dans cette poitrine [5] d'où fut tirée une côte pour former la belle bouche dont le palais coûta si cher au monde [6] ; tu crois que dans cette autre poi-

Ed in quel, che forato dalla lancia,
 E poscia e prima tanto soddisfece,
 Che d'ogni colpa vince la bilancia,

Quantunque alla natura umana lece
 Aver di lume, tutto fosse infuso
 Da quel valor, che l'uno e l'altro fece:

E però ammiri ciò, ch'io dissi suso,
 Quando narrai, che non ebbe secondo
 Lo ben, che nella quinta luce è chiuso.

Ora apri gli occhi a quel, ch'io ti rispondo,
 E vedrai il tuo credere, e 'l mio dire
 Nel vero farsi, come centro in tondo.

Ciò che non muore, e ciò che può morire,
 Non è se non splendor di quella idea,
 Che partorisce, amando, il nostro Sire:

Che quella viva luce, che si mea
 Dal suo lucente, che non si disuna
 Da lui, nè dall'amor, che 'n lor s'intrea;

Per sua bontate il suo raggiare aduna,
 Quasi specchiato in nuove sussistenze,
 Eternalmente rimanendosi una.

Quindi discende all'ultime potenze
 Giù d'atto in atto tanto divenendo,
 Che più non fa, che brevi contingenze:

trine [7] qui, percée de la lance, donna pour tous les temps à la justice une satisfaction dont le poids, dans la balance, l'emporta sur nos fautes, il fut donné par la puissance qui les forma l'une et l'autre, autant de lumière qu'il en peut être départi à la nature humaine ; et alors tu t'étonnes de mes paroles de tout à l'heure, quand je disais que le bienheureux renfermé dans la cinquième lumière [8] n'eut jamais son pareil.

« Que tes yeux s'ouvrent à ma réponse, et tu verras que ta croyance et mes paroles sont à la vérité ce que le centre est à la circonférence [9].

« Ce qui ne meurt pas comme ce qui est sujet à la mort, n'est que la splendeur de l'idée qu'enfante, en aimant, notre Seigneur ; car cette lumière vivante, qui, procédant de son radieux créateur, ne s'en détache pas, non plus que de l'amour, et forme avec eux une trinité, rassemble, comme en un miroir, par l'effet de sa bonté, tous ses rayons sur neuf sphères, en demeurant éternellement une.

« De là elle descend jusqu'au terme de la puissance créatrice, s'atténuant d'acte en acte, au point de ne plus former que des existences courtes et contingentes ;

E queste contingenze essere intendo
   Le cose generate, che produce
   Con seme e senza seme il Ciel movendo.

La cera di costoro, e chi la duce,
   Non sta d'un modo, e però sotto 'l segno
   Ideale poi più e men traluce:

Ond'egli avvien, ch'un medesimo legno,
   Secondo spezie, meglio e peggio frutta,
   E voi nascete con diverso ingegno.

Se fosse appunto la cera dedutta,
   E fosse 'l Cielo in sua virtù suprema,
   La luce del suggel parrebbe tutta.

Ma la natura la dà sempre scema,
   Similemente operando all'artista,
   Ch'ha l'abito dell'arte, e man, che trema.

Però se 'l caldo amor la chiara vista
   Della prima virtù dispone e segna,
   Tutta la perfezion quivi s'acquista.

Così fu fatta già la terra degna
   Di tutta l'animal perfezione:
   Così fu fatta la Vergine pregna.

Sì ch'io commendo tua opinione:
   Che l'umana natura mai non fue,
   Nè fia, qual fu in quelle duo persone.

par quoi j'entends ces générations produites avec ou sans germe [10] par le mouvement du ciel.

« La matière de ces créations, et le pouvoir qui la façonne n'agissant pas d'un mode uniforme, l'empreinte divine y reste plus ou moins transparente [11]. D'où il advient que les arbres de même espèce portent de bons et de mauvais fruits, et que vous naissez avec des inclinations diverses.

« Que la matière soit disposée au mieux et que le ciel agisse dans sa plus haute puissance, le rayon divin éclatera tout entier; mais la Nature [12] toujours atténue cette empreinte, semblable à l'artiste qui travaille avec le génie de son art et une main qui tremble [13].

« Au contraire, lorsque l'ardent amour manifeste et fixe dans toute sa vive clarté la vertu créatrice, la perfection est acquise à son œuvre.

« Ainsi fut créée la terre, disposée pour toute perfection animale; ainsi la Vierge devint féconde.

« J'admets donc ton opinion que jamais l'humaine nature ne fut ni ne sera ce qu'elle a été dans ces deux personnes.

Or s'io non procedessi avanti piúe;
 Dunque come costui fu senza pare?
 Comincierebber le parole tue.

Ma perchè paja ben quel che non pare,
 Pensa chi era, e la cagion, che 'l mosse,
 Quando fu detto, Chiedi, a dimandare.

Non ho parlato sì, che tu non posse
 Ben veder, ch'ei fu Re, che chiese senno,
 Acciocchè Re sufficiente fosse:

Non per saper lo numero, in che enno
 Li motor di quassù, o se *necesse*
 Con contingente mai *necesse* fenno:

Non si est dare primum motum esse,
 O se del mezzo cerchio far si puote
 Triangol, sì ch' un retto non avesse.

Onde se ciò, ch'io dissi, e questo note,
 Regal prudenza e quel Vedere impari,
 In che lo stral di mia 'ntenzion percuote.

E se al Surse drizzi gli occhi chiari,
 Vedrai aver solamente rispetto
 Ai regi, che son molti, e i buon son rari.

Con questa distinzion prendi 'l mio detto:
 E così puote star con quel, che credi
 Del primo padre, e del nostro diletto.

« Que je m'arrête ici, tu ne manqueras pas de t'écrier :
« Comment celui-ci fut-il donc sans égal ?

« Mais afin que devienne pour toi manifeste ce qui peut être obscur, considère ce qu'il était, et, lorsqu'il lui fut dit : « Demande ! » ce qu'il fut conduit à demander [14].

« Après ce que je t'ai dit, tu ne dois pas laisser d'entendre que cet homme fut un roi qui demanda la sagesse, afin d'être vraiment roi.

« Il ne souhaita point de savoir le nombre des moteurs célestes, ou si le *nécessaire* avec un contingent produit le *nécessaire*, ou bien *si est dare primum motum esse*, ou encore si dans un demi-cercle peut s'incrire un triangle qui n'ait pas un angle droit [15].

« Le sens de toutes mes paroles bien saisi, tu comprends que la sagesse royale est la sagesse sans égale vers laquelle se dirigeait le trait de mon intention. Et si tu regardes d'une vue nette à ce mot : *s'éleva*, tu comprendras qu'il se rapporte uniquement aux rois ; ils sont nombreux, mais qu'il en est peu de bons !

« Accepte mon parler avec cette distinction ; et il restera ainsi d'accord avec ta croyance sur le premier père et notre bien-aimé [16].

E questo ti fia sempre piombo a' piedi,
  Per farti muover lento, com'uom lasso,
  E al sì, e al nò, che tu non vedi :

Che quegli è tra gli stolti bene abbasso,
  Che sanza distinzione afferma, o niega,
  Così nell'un, come nell'altro passo :

Perch'egl'incontra, che più volte piega
  L'opinion corrente in falsa parte,
  E poi l'affetto lo 'ntelletto lega.

Vie più che 'ndarno da riva si parte,
  Perchè non torna tal, qual'ei si muove,
  Chi pesca per lo vero, e non ha l'arte :

E di ciò sono al Mondo aperte pruove
  Parmenide, Melisso, Brisso, e molti,
  I quali andavano, e non sapén dove.

Sì fè Sabello, ed Arrio, e quegli stolti,
  Che furon come spade alle scritture,
  In render torti li diritti volti.

Non sien le genti ancor troppo sicure
  A giudicar, sì come quei, che stima
  Le biade in campo, pria che sien mature :

Ch'io ho veduto tutto 'l verno prima
  Il prun mostrarsi rigido e feroce,
  Poscia portar la rosa in su la cima :

« Et que ceci reste comme du plomb à tes pieds, afin que, semblable à un homme fatigué, tu te meuves lentement vers le oui et le non qui te sont cachés.

« Ne tient-il pas le dernier rang parmi les sots celui qui nie ou affirme indifféremment dans un cas comme dans l'autre?

« D'où il arrive que bien souvent l'opinion s'incline et dérive vers le faux et qu'ensuite la passion y attache notre intelligence.

« Vainement, bien vainement il s'éloigne du rivage, car il n'y revient jamais tel qu'il en est parti, celui qui, allant à la pêche de la vérité, ne connaît pas son métier.

« En preuves évidentes s'offrent au monde Parménide, Mélissus [17], Bryson [18] et tant d'autres qui allaient sans savoir où. Ainsi firent Sabellus et Arius [19], et ces insensés qui furent pour les écritures comme des épées faisant paraître tors ce qui était droit [20].

« Que l'on ne soit pas enclin à juger avec trop d'assurance, comme celui qui dans un champ estime les blés avant qu'ils soient mûrs; car j'ai vu l'églantier, d'aspect si rude et si sauvage, l'hiver durant, porter ensuite la rose sur sa cime ; j'ai vu aussi le vaisseau rapide parcourir les mers sans dévier de sa route, et périr à la fin en touchant au port.

E legno vidi già dritto e veloce
 Correr lo mar per tutto suo cammino,
 Perire al fine all' entrar della foce.

Non creda donna Berta, e ser Martino,
 Per vedere un furare, altro offerere,
 Vedergli dentro al consiglio divino :

Che quel può surgere, e quel può cadere.

« Que *donna* Berthe et *ser* Martino [21], pour voir l'un dérober et l'autre faire offrande, ne croient pas pénétrer au fond du conseil divin ; celui-là peut se relever ; celui-ci peut faillir. »

CANTO DECIMOQUARTO

Dal centro al cerchio, e sì dal cerchio al centro
   Muovesi l'acqua in un ritondo vaso,
   Secondo ch'è percossa fuori o dentro.

Nella mia mente fè subito caso
   Questo ch'io dico, sì come si tacque
   La gloriosa vita di Tommaso,

Per la similitudine, che nacque
   Del suo parlare e di quel di Beatrice,
   A cui sì cominciar, dopo lui, piacque.

A costui fa mestieri, e nol vi dice,
   Nè colla voce, nè pensando ancora,
   D'un'altro vero andare alla radice.

Diteli se la luce, onde s'infiora
   Vostra sustanzia, rimarrà con voi
   Eternalmente, sì com'ella è ora:

CHANT QUATORZIÈME

Dans un vase arrondi, l'eau se meut du centre à la circonférence, ou de la circonférence au centre, selon qu'elle est poussée du dedans ou du dehors.

Ce que je dis là, sitôt que se tut la glorieuse âme de Thomas, soudain me vint à l'esprit, par la ressemblance de son parler avec celui de Béatrix à qui il plut ensuite de commencer ainsi :

« Bien que ne vous le disent ni sa voix, ni même encore sa pensée, celui-ci a besoin de pénétrer à la racine d'une autre vérité. Apprenez-lui si la lumière dont s'embellit votre substance persistera éternellement avec vous, telle qu'elle est maintenant ; et si elle demeure, dites comment il se fera, quand vous redeviendrez visibles, qu'elle ne soit pas un obstacle à votre vue. »

E se rimane : dite come poi,
  Che sarete visibili rifatti,
  Esser potrà ch' al veder non vi noi :

Come da più letizia pinti e tratti
  Alla fiata quei, che vanno a ruota,
  Levan la voce, e rallegrano gli atti :

Così all' orazion pronta e devota
  Li santi cerchi mostrar nuova gioja,
  Nel torneare, e nella mira nota.

Qual si lamenta, perchè qui si muoja,
  Per viver colassù, non vide quive
  Lo refrigerio dell' eterna ploja.

Quell' uno e due e tre, che sempre vive,
  E regna sempre in tre e due e uno,
  Non circonscritto, e tutto circonscrive,

Tre volte era cantato da ciascuno
  Di quelli spirti con tal melodía,
  Ch'ad ogni merto saria giusto muno :

Ed io udî nella luce più dia
  Del minor cerchio una voce modesta,
  Forse qual fu dell'Angelo a Maria,

Risponder, Quanto fia lunga la festa
  Di Paradiso, tanto il nostro amore
  Sì raggerà dintorno cotal vesta.

CHANT QUATORZIÈME.

Il arrive que dans une ronde, les danseurs entraînés tout à la fois et poussés avec plus de gaîté, élèvent soudain la voix et font des gestes plus joyeux ; de même, à cette instante et dévote prière, les cercles saints montrèrent dans leur danse et dans leur chant merveilleux une nouvelle joie.

Qui tant se lamente de ce qu'on meurt ici-bas pour vivre là-haut, ne sait pas quels sont là-haut les divins rafraîchissements de l'éternelle rosée.

Cet un et deux et trois qui toujours vit, qui toujours règne en trois, deux et un, n'étant circonscrit par rien et circonscrivant tout, trois fois était chanté par chacun de ces esprits avec une telle mélodie, qu'il n'est point de mérite dont elle ne fût la juste récompense.

Pour moi, dans la plus divine lumière du cercle le plus étroit, j'entendis une voix modeste (telle dut être la voix de l'ange à Marie) qui répondait : « Tant que durera la fête du Paradis, notre amour ne cessera de faire rayonner autour de soi un pareil vêtement. Son éclat répond à notre ardeur, notre ardeur à la vision céleste, qui se mesure elle-même à la grâce donnée en surcroît à nos mérites.

La sua chiarezza seguita l'ardore,
  L'ardor la visione, e quella è tanta,
  Quanta ha di grazia sovra suo valore.

Come la carne gloriosa e santa
  Fia rivestita, la nostra persona
  Più grata fia per esser tuttaquanta:

Perchè s'accrescerà ciò che ne dona
  Di gratuito lume il Sommo Bene;
  Lume, ch'a lui veder ne condiziona:

Onde la vision crescer conviene,
  Crescer l'ardor, che di quella s'accende,
  Crescer lo raggio, che da esso viene.

Ma sì come carbon, che fiamma rende,
  E per vivo candor quella soverchia,
  Sì che la sua parvenza si difende,

Così questo fulgór, che già ne cerchia,
  Fia vinto in apparenza dalla carne,
  Che tutto dì la terra ricoperchia:

Nè potrà tanta luce affaticarne,
  Che gli organi del corpo saran forti
  A tutto ciò, che potrà dilettarne.

Tanto mi parver subiti ed accorti
  E l'uno e l'altro coro a dicere: Amme,
  Che ben mostrar disio de' corpi morti:

« Puis, quand elle sera parée de la sainte et glorieuse chair, notre personne, plus complète, deviendra plus belle encore.

« Ainsi s'accroîtra cette part de lumière dont nous gratifie le Souverain Bien, et qui nous fait capables de le voir; par là devront croître et la céleste vision et l'ardeur qui s'y allume et le rayon où cette ardeur éclate.

« Au sein de la flamme qu'il jette, le charbon reste visible encore, tant il la surpasse par la vivacité de son éclat; ainsi la splendeur dont maintenant nous sommes entourés sera vaincue par la brillante apparence de cette chair que la terre recouvre aujourd'hui; et une telle lumière ne nous causera nulle fatigue, car les organes du corps deviendront capables de supporter toutes nos délectations. »

Les chœurs célestes parurent si ardents et si empressés à dire : *Amen!* qu'ils montrèrent bien leur désir de reprendre leur morte dépouille, moins pour eux peut-être,

Forse non pur per lor, ma per le mamme,
  Per li padri, e per gli altri, che fur cari,
  Anzi che fosser sempiterne fiamme.

Ed ecco intorno di chiarezza pari
  Nascere un lustro sopra quel, che v'era,
  A guisa d'orizzonte, che rischiari.

E sì come al salir di prima sera
  Comincian per lo ciel nuove parvenze,
  Sì che la cosa pare e non par vera;

Parvemi lì novelle sussistenze
  Cominciare a vedere, e fare un giro
  Di fuor dall'altre due circonferenze.

O vero sfavillar del santo Spiro,
  Come si fece subito e candente
  Agli occhi miei, che vinti nol soffriro!

Ma Beatrice sì bella e ridente
  Mi si mostrò, che tra l'altre vedute
  Si vuol lasciar, che non seguir la mente.

Quindi ripreser gli occhi miei virtute
  A rilevarsi, e vidimi translato,
  Sol con mia donna, a più alta salute.

Ben m'accors'io, ch'i' era più levato,
  Per l'affocato riso della stella,
  Che mi parea più roggio, che l'usato.

que pour les mères, les pères et tous ceux qui leur furent chers, avant qu'ils devinssent des flammes éternelles.

Mais voilà qu'autour de ces clartés naît une clarté pareille, ainsi qu'un horizon qui s'éclaire.

Et de même qu'à la première ombre du soir, commencent à se montrer dans le ciel des lueurs nouvelles, que tour à tour on croit voir et ne pas voir [1]; de même il me sembla découvrir de nouvelles substances tournant en cercle en dehors des deux autres circonférences.

O rayonnement vrai de l'Esprit saint! comme soudain il devint resplendissant à mes yeux qui, vaincus, ne le purent supporter!

Mais alors Béatrix se montra à moi si riante et si belle, que la vision des autres choses doit rester parmi celles que n'a pu conserver ma pensée.

Puis, mes yeux recouvrant la force de se relever, je me vis seul avec ma dame, transporté dans une sphère de plus haute gloire. Je compris bien au sourire enflammé de l'étoile qui paraissait d'un rouge plus ardent, que je venais encore de m'élever.

CANTO DECIMOQUARTO.

Con tutto'l cuore, e con quella favella,
   Ch'è una in tutti, a Dio feci olocausto,
   Qual conveniasi alla grazia novella:

E non er'anco del mio petto esausto
   L'ardor del sacrificio, ch'io conobbi
   Esso litare stato accetto e fausto:

Che con tanto lucóre, e tanto robbi
   M'apparvero splendor dentro a' duo raggi,
   Ch'io dissi: O Eliós, che sì gli addobbi!

Come distinta da minori in maggi
   Lumi biancheggia tra i poli del mondo
   Galassia sì; che fa dubbiar ben saggi,

Sì costellati facén nel profondo
   Marte quei raggi il venerabil segno,
   Che fan giunture di quadranti in tondo.

Qui vince la memoria mia lo 'ngegno:
   Che 'n quella Croce lampeggiava CRISTO;
   Sì ch'io non so trovare esemplo degno.

Ma chi prende sua croce, e segue CRISTO,
   Ancor mi scuserà di quel, ch'io lasso,
   Vedendo in quell'albór balenar CRISTO.

Di corno in corno, e tra la cima e'l basso,
   Si movén lumi, scintillando forte
   Nel congiungersi insieme, e nel trapasso:

De tout cœur alors, et dans ce langage intime, le même pour tous, j'offris à Dieu l'holocauste dû pour cette grâce nouvelle ; et avant qu'en moi-même la ferveur du sacrifice fût épuisée, je connus qu'il était agréable et accepté : entre deux rayons m'apparurent des splendeurs d'un rouge si éblouissant, que je m'écriai : « O Hélios [2], comme tu les embellis ! »

Toute diaprée de grandes et de petites lumières, on voit Galaxie [3] répandre sa blanche lueur entre les pôles du monde, et tenir les plus savants dans le doute : ainsi dans les profondeurs de Mars, ces rayons constellés formaient le signe vénérable qui se produit dans le cercle par la jonction des cadrans.

Ici l'esprit est dominé par la mémoire : car sur cette croix le Christ resplendissait d'un tel éclat, que toute digne comparaison m'échappe.

Quiconque prend la croix et suit le Christ excusera mon silence lorsqu'un jour il verra sur cet arbre le Christ lancer de tels éclairs.

Du sommet au pied de la croix, comme d'un bras à l'autre, couraient des lumières jetant de vives étincelles à mesure qu'elles se rencontraient et se dépassaient ; sem-

Così si veggion qui diritte e torte,
  Veloci e tarde, rinovando vista,
  Le minuzie de' corpi lunghe e corte,

Muoversi per lo raggio, onde si lista
  Tal volta l'ombra, che per sua difesa,
  La gente con ingegno ed arte acquista.

E come giga ed arpa in tempra tesa
  Di molte corde, fan dolce tintinno
  A tal, da cui la nota non è intesa,

Così da' lumi, che lì m'apparinno,
  S'accogliea per la Croce una melode,
  Che mi rapiva sanza intender l'inno.

Ben m'accors'io, ch'ell' era d'alte lode,
  Perocchè a me venía: Risurgi, e vinci,
  Com' a colui, che non intende, e ode.

Io m'innamorava tanto quinci,
  Che 'n fino a lì non fu alcuna cosa,
  Che mi legasse con sì dolci vinci.

Forse la mia parola par tropp'osa,
  Posponendo 'l piacer degli occhi belli,
  Ne' quai, mirando, mio disio ha posa.

Ma chi s'avvede, che i vivi suggelli
  D'ogni bellezza più fanno più suso,
  E ch'io non m'era lì rivolto a quelli;

blables à ces atomes volages, d'aspects si divers, droits, tordus, allongés, ramassés, et qu'on voit ici-bas se mouvoir, tour à tour lents ou rapides, dans le rayon de soleil qui passe à travers l'ombre artificielle dont l'homme ingénieux se fait une défense contre la chaleur.

Et comme la gigue et la harpe, de l'accord parfait de plusieurs cordes [4], produisent une harmonie douce à l'oreille, qui ne sait pas distinguer chaque note; ainsi, de ces lumières qui m'apparurent, se forma sur la croix une mélodie dont j'étais ravi, même sans comprendre l'hymne qui se chantait.

Il me parut que ce devaient être de sublimes louanges, à ces paroles : « Ressuscite et sois vainqueur ! » qui me venaient comme à quelqu'un qui écoute et ne comprend pas.

J'étais enamouré à ce point, que jamais jusque-là nulle chose ne m'enlaça de si doux liens.

Ma parole paraîtra sans doute trop osée, si au-dessous de ce plaisir, je mets celui de contempler les beaux yeux où je puise l'apaisement de mes désirs.

Mais pour qui sait que plus on s'élève, plus sont éclatantes les empreintes de toute beauté, et que je ne m'étais pas retourné vers ces beaux yeux [5], il y aura une excuse

E scusar puommi di quel, ch'io m'accuso
Per iscusarmi, e vedermi dir vero :
Che 'l piacer santo non è qui dischiuso,

Perchè si fa, montando, più sincero.

du tort dont je m'accuse pour m'excuser, et une preuve de cette vérité, qu'ici le plaisir de ce saint regard n'est point exclu, et qu'il devient plus pur à mesure qu'on s'élève davantage.

CANTO DECIMOQUINTO

Benigna volontade, in cui si liqua
   Sempre l'amor, che drittamente spira,
   Come cupidità fa nell'iniqua,

Silenzio pose a quella dolce lira,
   E fece quietar le sante corde,
   Che la destra del Cielo allenta e tira.

Come saranno a' giusti prieghi sorde
   Quelle sustanzie, che per darmi voglia
   Ch'io le pregassi, a tacer fur concorde?

Ben' è che senza termine si doglia
   Chi per amor di cosa, che non duri
   Eternalmente, quell'amor si spoglia.

Quale per li seren tranquilli e puri
   Discorre ad ora ad or subito fuoco,
   Movendo gli occhi, che stavan sicuri,

CHANT QUINZIÈME

Cette volonté bénigne où s'épanche [1] l'amour qui respire le bien, comme fait la concupiscence dans la volonté mauvaise, imposa silence à la douce lyre, et mit au repos les saintes cordes que remonte et détend la main du ciel.

Eussent-elles pu être sourdes à de justes prières, ces substances, qui d'un commun accord se taisaient, pour me donner le désir de les prier?

C'est justice que celui-là se lamente sans fin, qui par amour pour les choses qui durent peu, repousse un pareil amour!

Dans un ciel calme et serein on voit parfois courir un feu qui attire soudain les yeux auparavant en repos; on dirait une étoile qui change de place, si ce n'est qu'au

CANTO DECIMOQUINTO.

E pare stella, che tramuti loco,
  Se non che dalla parte, onde s'accende,
Nulla sen' perde, ed esso dura poco;

Tale dal corno, che 'n destro si stende,
  Al piè di quella Croce corse un'astro
Della costellazion, che lì risplende :

Nè si partì la gemma dal suo nastro :
  Ma per la lista radial trascorse,
Che parve fuoco dietro ad alabastro :

Sì pia l'ombra d'Anchise si porse,
  (Se fede merta nostra maggior Musa)
Quando in Elisio del figliuol s'accorse.

O sanguis meus, o super infusa
  Gratia Dei; sicut tibi, cui
Bis unquam cœli janua reclusa?

Così quel lume; ond'io m'attesi a lui :
  Poscia rivolsi alla mia donna il viso,
E quinci e quindi stupefatto fui :

Che dentro agli occhi suoi ardeva un riso
  Tal ch'io pensai co'miei toccar lo fondo
Della mia grazia e del mio Paradiso.

Indi a udire e a veder giocondo
  Giunse lo spirto al suo principio cose,
Ch'io non intesi, sì parlò profondo :

lieu où s'allume son éclat, aucune étoile ne s'éteint, et qu'elle-même dure peu ; ainsi du bras qui s'étend à droite, courut jusqu'au pied de la croix, un astre de la constellation qui resplendit dans ce ciel : ce diamant ne s'écarta pas dans sa course de la ligne radieuse qu'il traçait [2] ; on eût dit un feu brillant à travers l'albâtre.

Et comme se présenta (si pleine foi est due à notre plus grande muse) l'ombre non moins pieuse d'Anchise, lorsque dans l'Élysée il aperçut son fils :

« *O sanguis meus, o super infusa*
Gratia Dei: sicut tibi, cui
Bis unquam cœli janua reclusa[3] *?* »

De même fit cette âme lumineuse, qui me rendit tout attentif ; puis tournant mes regards vers ma dame, d'ici comme de là, je restai stupéfait, car ses yeux brillaient d'un tel sourire, que je crus avec les miens pénétrer au fond de ma grâce et de mon paradis.

Après quoi l'esprit si charmant à voir et à entendre ajouta d'autres choses que je ne compris pas, tant son langage était profond ; la nécessité, et non sa volonté,

Nè per elezion mi si nascose,
   Ma per necessità : che 'l suo concetto
   Al segno de' mortai si soprappose.

E quando l'arco dell' ardente affetto
   Fu sì sfocato, che 'l parlar discese
   Inver lo segno del nostro 'ntelletto;

La prima cosa, che per me s'intese,
   Benedetto sie tu, fu, trino ed uno,
   Che nel mio seme se' tanto cortese :

E seguitò : Grato e lontan digiuno
   Tratto, leggendo nel maggior volume,
   Du' non si muta mai bianco, nè bruno,

Soluto hai, figlio, dentro a questo lume,
   In ch'io ti parlo, mercè di colei,
   Ch' all' alto volo ti vestì le piume.

Tu credi, che a me tuo pensier mei
   Da quel ch'è primo, così come raja
   Dell' un, se si conosce, il cinque e 'l sei.

E però ch'io mi sia, e perch'io paja
   Più gaudioso a te, non mi dimandi,
   Che alcun' altro in questa turba gaja.

Tu credi 'l vero, che i minori e i grandi
   Di questa vita miran nello speglio,
   In che, prima che pensi, il pensier pandi.

le rendait ainsi obscur, ses pensées surpassant de beaucoup l'entendement des mortels.

Cependant lorsque se fut un peu détendue cette ardente affection et que son parler s'abaissa au point que peut atteindre notre intelligence, voici ce que d'abord j'entendis : « Bénis sois-tu, toi trois et un, toi qui fus si plein de grâce pour ma race ! »

Puis il continua : « Ce doux et long désir qui me vint à la lecture du livre sublime où ne changent jamais ni le blanc ni le noir [4], tu l'as apaisé, ô mon cher fils, au sein de cette lumière d'où je te parle; et j'en rends grâce à celle qui te donna des ailes pour t'élever si haut.

« Tu te persuades que ta pensée vient à moi par celui qui est le premier, de même que de l'unité, si on la connaît, sortent comme un rayonnement, le cinq et le six [5]; alors tu ne me demandes ni qui je suis, ni pourquoi je te montre plus de joie qu'aucun autre de cette troupe joyeuse.

« Ta croyance est dans le vrai : car petits et grands, dans cette vie, regardent à ce miroir où, avant que tu penses, se montre ta pensée.

Ma perchè 'l sacro amore, in che io veglio
  Con perpetua vista, e che m'asseta
  Di dolce disiar, s'adempia meglio;

La voce tua sicura balda e lieta
  Suoni la volontà, suoni 'l desio,
  A che la mia risposta è già decreta.

I' mi volsi a Beatrice: e quella udío
  Pria ch'io parlassi, e arrisemi un cenno,
  Che fece crescer l'ale al voler mio:

E cominciai così: L'affetto e 'l senno
  Come la prima egualità v'apparse,
  D'un peso per ciascun di voi si fenno:

Perocchè al Sol, che v'allumò e arse
  Col caldo e con la luce, en sì iguali,
  Che tutte simiglianze sono scarse.

Ma voglia e argomento ne' mortali,
  Per la cagion, ch'a voi è manifesta,
  Diversamente son pennuti in ali.

Ond'io, che son mortal, mi sento in questa
  Disagguaglianza: e però non ringrazio
  Se non col cuore, alla paterna festa.

Ben supplico io a te, vivo topazio,
  Che questa gioja preziosa ingemmi,
  Perchè mi facci del tuo nome sazio.

« Mais afin de mieux contenter cet amour sacré dans lequel, toujours contemplant, je ne cesse de veiller, et qui m'altère d'un si doux désir; que ta voix, joyeuse et hardie, proclame librement ta volonté, proclame ton souhait; ma réponse est déjà toute prête. »

Je me tournai vers Béatrix; mais avant que j'eusse parlé, elle m'avait entendu, et, à son sourire encourageant, se déployèrent les ailes de mon vouloir.

Je commençai donc : « L'amour et l'intelligence, dès que vous apparut l'égalité primitive, furent en chacun de vous d'égale valeur; car dans ce soleil, qui de sa chaleur vous embrasa, comme de sa lumière il vous éclaira, ces deux qualités sont si égales entre elles qu'elles rendent imparfaite toute autre ressemblance.

« Mais chez les mortels (la raison en est manifeste) le vouloir et le pouvoir ont des ailes diversement garnies de plumes.

« Et moi qui suis un mortel, éprouvant les effets de cette infériorité, je ne puis qu'avec le cœur rendre grâces à ce paternel accueil.

« O vivante topaze, brillant ornement de ce précieux joyau, je t'en supplie, fais-moi savoir ton nom. »

O fronda mia, in che io compiacemmi,
   Pure aspettando, io fui la tua radice:
   Cotal principio, rispondendo, femmi.

Poscia mi disse: Quel, da cui si dice
   Tua cognazione, e che cent'anni e piúe
   Girato ha'l monte in la prima cornice,

Mio figlio fu, e tuo bisavo fue:
   Ben si convien, che la lunga fatica
   Tu gli raccorci con l'opere tue.

Fiorenza dentro dalla cerchia antica,
   Ond'ella toglie ancora e Terza e Nona,
   Si stava in pace sobria e pudica.

Non avea catenella, non corona
   Non donne contigiate, non cintura,
   Che fosse a veder più che la persona.

Non faceva, nascendo, ancor paura
   La figlia al padre, che 'l tempo e la dote
   Non fuggian quinci e quindi la misura.

Non avea case di famiglia vote;
   Non v'era giunto ancor Sardanapalo
   A mostrar ciò che 'n camera si puote.

Non era vinto ancora Montemalo
   Dal vostro Uccellatojo, che com'è vinto
   Nel montar su, così sarà nel calo.

— « O mon rejeton, toi en qui se complaisait mon attente; c'est moi qui fus ta racine. »

Tel fut le commencement de sa réponse; puis il me dit : « Celui de qui ta famille tient son nom, et qui depuis cent ans et plus a tourné sur la première corniche de la montagne, fut mon fils et ton bisaïeul : tâche par tes bonnes œuvres d'abréger sa longue épreuve.

« Dans cette antique enceinte où encore elle entend sonner tierce et none, Florence vivait en paix, sobre et pudique.

« Là ne se voyaient ni chaînes d'or, ni couronne, ni riches parures de femmes, ni ceinture plus belle aux yeux que la personne [6].

« Une fille, en naissant, n'était pas pour les pères un sujet d'effroi; l'heure du mariage et la dot étaient encore réglées dans une juste mesure.

« Nulle maison n'était désertée par la famille; et Sardanapale n'était pas venu enseigner ce qui se peut faire dans le secret d'une chambre.

« Notre Montemalo [7] n'avait pas encore été surpassé par votre Uccellatojo, qui n'aura d'égal ni dans sa grandeur ni dans sa décadence.

Bellincion Berti vid'io andar cinto
  Di cuojo e d'osso, e venir dallo specchio
  La donna sua, sanza 'l viso dipinto :

E vidi quel de' Nerli, e quel del Vecchio
  Esser contenti alla pelle scoverta,
  E le sue donne al fuso, ed al pennecchio :

O fortunate! e ciascuna era certa
  Della sua sepoltura, ed ancor nulla
  Era per Francia nel letto deserta.

L'una vegghiava a studio della culla,
  E consolando usava l'idioma,
  Che pria li padri e le madri trastulla :

L'altra traendo alla rocca la chioma,
  Favoleggiava con la sua famiglia
  De' Trojani, e di Fiesole, e di Roma.

Saria tenuta allor tal maraviglia
  Una Cianghella, un Lapo Salterello,
  Qual or saria Cincinnato, e Corniglia.

A così riposato, a così bello
  Viver di cittadini, a così fida
  Cittadinanza, a così dolce ostello,

Maria mi diè, chiamata in alte grida ;
  E nell'antico vostro Batisteo
  Insieme fui Cristiano e Cacciaguida.

« J'ai vu Bellacione Berti [8] ne porter qu'une ceinture de cuir attachée par un os, et sa femme quitter son miroir sans avoir le visage peint ; j'ai vu les habitants de Nerli et de Vecchio contents de leurs vêtements de peaux, et leurs femmes heureuses de la quenouille et du fuseau. O heureuses femmes ! chacune d'elles était assurée du lieu de sa sépulture, et nulle dans sa couche ne se voyait délaissée pour la France.

« Celle-ci, attentive, veillait au berceau, murmurant ces paroles d'apaisement, premières joies des pères et des mères ; celle-là, en tirant la chevelure de sa quenouille, avait pour sa famille de longues histoires sur les Troyens, sur Fiésole et sur Rome.

« C'eût été merveille alors de trouver une Cianghella et un Lapo Salterello, comme le serait de nos jours de revoir Cincinnatus et Cornélie.

« C'est parmi ces citoyens d'une vie si bonne et si reposée, dans cette communauté si sûre, sous cet abri si doux, que me fit naître Marie à grands cris invoquée, et dans votre antique baptistère, tout à la fois je devins chrétien et fus nommé Cacciaguida.

CANTO DECIMOQUINTO.

Moronto fu mio frate, ed Eliseo :
   Mia donna venne a me di Val di Pado,
   E quindi 'l soprannome tuo si feo.

Poi segnitai lo 'mperador Currado,
   Ed ei mi cinse della sua milizia,
   Tanto per bene oprar gli venni in grado.

Dietro gli andai incontro alla nequizia
   Di quella legge, il cui popolo usurpa
   Per colpa del pastor vostra giustizia.

Quivi fu' io da quella gente turpa
   Disviluppato dal mondo fallace,
   Il cui amor molte anime deturpa,

E venni dal martirio a questa pace.

« J'eus pour frères Moronto et Eliseo : de ma femme qui vint à moi de la vallée du Pô, tu tiens ton surnom [9].

« Je suivis l'empereur Conrad qui me ceignit l'épée de chevalier, tant je lui agréai par mes hauts faits.

« Sous sa conduite j'allai combattre la loi inique de ce peuple qui, par la faute de votre Pasteur, usurpe vos légitimes possessions [10].

« Là par cette race impie je fus arraché au monde trompeur, dont l'amour souille tant d'âmes, et le martyre me conduisit à cette paix. »

CANTO DECIMOSESTO

O poca nostra nobiltà di sangue,
   Se gloriar di te la gente fai
   Quaggiù, dove l'affetto nostro langue,

Mirabil cosa non mi sarà mai:
   Che là, dove appetito non si torce,
   Dico nel Cielo, io me ne gloriai.

Ben se' tu manto, che tosto raccorce,
   Sì che, se non s'appon di die in die,
   Lo tempo va dintorno con le force.

Dal *voi*, che prima Roma sofferíe,
   In che la sua famiglia men persevra,
   Rincominciaron le parole mie:

Onde Beatrice, ch'era un poco scevra,
   Ridendo, parve quella, che tossío
   Al primo fallo scritto di Ginevra.

CHANT SEIZIÈME

O noblesse de race, chétive chose, si de toi ici-bas se glorifient tant les hommes dans l'infirmité de leur esprit, comment pourrais-je m'en étonner jamais, puisque là où les affections ne s'égarent pas (c'est le ciel que je veux dire) ce fut pour moi un sujet d'orgueil?

Tu es certes un manteau qui, si l'on n'y ajoute sans cesse, se raccourcit bien vite, car le temps va de jour en jour le rognant avec ses ciseaux.

Je repris l'entretien en me servant du *vous* dont Rome usa la première [1], et auquel ses descendants ne s'habituent guère.

Sur quoi Béatrix, qui se tenait un peu à l'écart, se prit à sourire, rappelant celle qui, à la première faute de Ginevra [2] (on le raconte ainsi) se mit à tousser.

Io cominciai : Voi siete 'l padre mio :
  Voi mi date a parlar tutta baldezza :
  Voi mi levate sì, ch'i' son più ch'io :

Per tanti rivi s'empie d'allegrezza
  La mente mia, che di se fa letizia :
  Perchè può sostener, che non si spezza :

Ditemi dunque, cara mia primizia,
  Quai son gli vostri antichi, e quai fur gli anni,
  Che si segnaro in vostra puerizia?

Ditemi dell'ovil di san Giovanni,
  Quant'era allora, e chi eran le genti
  Tra esso degne di più alti scanni?

Come s'avviva allo spirar de' venti
  Carbone in fiamma, così vidi quella
  Luce risplendere a' miei blandimenti :

E come agli occhi miei si fe' più bella,
  Così, con voce più dolce e soave,
  Ma non con questa moderna favella,

Dissemi : Da quel dì, che fu detto AVE
  Al parto, in che mia madre, ch'è or santa,
  S'alleviò di me, ond'era grave,

Al suo Leon cinquecento cinquanta
  E tre fiate venne questo fuoco
  A rinfiammarsi sotto la sua pianta.

CHANT SEIZIÈME.

« Vous êtes mon père, commençai-je à dire, vous me donnez toute hardiesse de parler, m'élevant si haut, que je suis plus que moi-même.

« Mon âme par tant de ruisseaux est inondée de joie, qu'elle se réjouit en soi de la pouvoir contenir sans se briser.

« Dites-moi donc, ô ma tige bien-aimée, quels furent vos ancêtres, et quelles années se firent remarquer pendant votre enfance : dites-moi ce qu'était alors le bercail de saint Jean[3], et quels hommes on y comptait dignes des plus hauts rangs. »

Semblable à un charbon dont la flamme s'avive au souffle du vent, je vis cette lumière resplendir à mes caressantes paroles; et en même temps qu'à mes yeux elle se fit plus belle, d'une voix plus douce et plus suave, mais non dans ce moderne langage, elle me dit :

« Depuis le jour où fut dit *Ave*, jusqu'à l'enfantement où ma mère (c'est une sainte maintenant) se délivra de moi, cette planète[4] cinq cent cinquante-trois fois revint sous les pieds de son Lion rallumer ses feux.

Gli antichi miei ed io nacqui nel loco,
   Dove si truova pria l'ultimo sesto
   Da quel che corre il vostro annual giuoco.

Basti de' miei maggiori udirne questo:
   Chi ei si furo, e onde venner quivi,
   Più è tacer, che ragionare, onesto.

Tutti color, ch' a quel tempo eran' ivi
   Da potere arme tra Marte e'l Batista,
   Erano'l quinto di quei, che son vivi:

Ma la cittadinanza, ch'è or mista
   Di Campi, e di Certaldo, e di Figghine,
   Pura vedeasi nell'ultimo artista.

O quanto fora meglio esser vicine
   Quelle genti, ch'io dico, ed al Galluzzo,
   E a Trespiano aver vostro confine,

Che averle dentro, e sostener lo puzzo
   Del villan d'Aguglion, di quel da Signa,
   Che già per barattare ha l'occhio aguzzo!

Se la gente, ch'al mondo più traligna,
   Non fosse stata a Cesare noverca,
   Ma come madre a suo figliuol benigna,

Tal fatto è Fiorentino, e cambia, e merca,
   Che si sarebbe volto a Simifonti,
   Là, dove andava l'avolo alla cerca.

« Nous naquîmes, mes ancêtres et moi, dans ce quartier de la ville où arrive en dernier lieu celui qui court dans vos jeux annuels.

« Ne cherche point à en savoir davantage sur mes aïeux : ce qu'ils furent et d'où ils vinrent, n'en rien dire est plus honnête que d'en parler [5].

« Tous ceux qui, à cette époque, entre la statue de Mars et le Baptistère, étaient en état de porter les armes, formaient le cinquième de ce qui vit aujourd'hui ; mais la communauté à présent mélangée de ceux de Campi, de Certaldo et de Figghine, alors était pure jusque dans son dernier artisan.

« Oh ! qu'il vaudrait mieux pour vous, trouvant votre frontière à Galuzzo et à Trespiano, d'avoir pour voisins les gens dont je parle, que de les voir dans votre cité et de supporter les turpitudes du rustre d'Aguglione et de cet autre de Signa, dont l'œil s'allume à la pensée du trafic !

« Si la race qui dans le monde a le plus dégénéré, au lieu d'être à César une marâtre, lui eût été comme une bonne mère pour son fils, tel, devenu florentin [6], est aujourd'hui changeur et marchand, qui serait retourné à Simifonti [7], où son aïeul demandait l'aumône.

Sariesi Montemurlo ancor de' Conti:
  Sariensi i Cerchi nel pivier d'Acone,
  E forse in Valdigrieve i Buondelmonti.

Sempre la confusion delle persone
  Principio fu del mal della cittade,
  Come del corpo il cibo, che s'appone.

E cieco toro più avaccio cade,
  Che cieco agnello: e molte volte taglia
  Più e meglio una, che le cinque spade.

Se tu riguardi Luni, ed Urbisaglia,
  Come son' ite, e come se ne vanno
  Diretro ad esse Chiusi, e Sinigaglia:

Udir, come le schiatte si disfanno,
  Non ti parrà nuova cosa, nè forte,
  Poscia che le cittadi termine hanno.

Le vostre cose tutte hanno lor morte,
  Sì come voi; ma celasi in alcuna,
  Che dura molto, e le vite son corte.

E come 'l volger del ciel della luna
  Cuopre ed iscuopre i liti sanza posa,
  Così fa di Fiorenza la fortuna:

Perchè non dee parer mirabil cosa
  Ciò, ch'io dirò degli alti Fiorentini,
  Onde la fama nel tempo è nascosa.

« Les comtes Guido commanderaient encore à Montemurlo [8], les Cerchi [9] à la Piève d'Acone, peut-être même les Buondelmonti [10] à Valdigrieve.

« La confusion des races fut toujours le principe des malheurs d'une cité, de même que nuit au corps la surcharge des aliments.

« Aveugles l'un et l'autre, le taureau tombe plus vite que l'agneau, et souvent il arrive qu'une seule épée tranche plus et mieux que cinq épées.

« Regarde Luni [11] et Urbisaglia, comme elles s'en sont allées, comme après elles s'en vont Chiusi et Sinigaglia, et ce ne sera pour toi chose ni nouvelle ni étrange, d'apprendre que les familles déclinent, puisque les cités elles-mêmes finissent [12].

« Toutes les choses de votre terre ont leur mort comme vous-mêmes; seulement en quelques-unes elle est moins apparente parce qu'elles durent beaucoup, et que votre vie est courte.

« L'influence du ciel où se meut la lune ne cesse de couvrir et de découvrir les rivages de la mer; ainsi fait la fortune pour Florence.

« Qu'on ne s'étonne donc pas de ce que j'ai à dire de ces premiers Florentins dont le souvenir est caché dans le temps. J'ai vu les Ughi, j'ai vu les Catellini, les Fi-

Io vidi gli Ughi, e vidi i Catellini,
  Filippi, Greci, Ormanni, e Alberichi,
  Già nel calare, illustri cittadini:

E vidi così grandi, come antichi,
  Con quel della Sannella quel dell'Arca,
  E Soldanieri, e Ardinghi, e Bostichi.

Sovra la porta, che al presente è carca
  Di nuova fellonia di tanto peso,
  Che tosto fia jattura della barca,

Erano i Ravignani, ond'è disceso
  Il Conte Guido, e qualunque del nome
  Dell'alto Bellincione ha poscia preso.

Quel della Pressa sapeva già come
  Regger si vuole, ed avea Galigajo
  Dorata in casa sua già l'elsa e 'l pome.

Grande era già la Colonna del Vajo,
  Sacchetti, Giuochi, Sifanti, e Barucci,
  E Galli, e quei ch'arrossan per lo stajo.

Lo ceppo, di che nacquero i Calfucci,
  Era già grande, e già erano tratti
  Alle curule Sizii, ed Arrigucci.

O quali vidi quei che son disfatti
  Per lor superbia! e le palle dell'oro
  Fiorian Fiorenza in tutti suoi gran fatti.

lippi, les Greci, les Ormanni et les Alberichi, aujourd'hui sur leur déclin, alors dans toute leur gloire [13].

« J'ai vu, aussi grands qu'ils étaient d'ancienne origine, avec ceux de la Sannella et de l'Arca, les Soldanieri, les Ardinghi et les Bostichi.

« Non loin de la porte sur laquelle aujourd'hui pèse une si lourde félonie que le poids en fera bientôt chavirer votre barque, étaient les Ravignani, ancêtres du comte Guido et de tous ceux qui prirent ensuite le grand nom de Bellincione.

« Della Pressa déjà savait comment il faut gouverner, et déjà la famille de Galigajo portait dorés la garde et le pommeau de l'épée.

« Déjà était grande la colonne de Vair [14], déjà illustres les Sachetti, les Giuochi, les Sifanti, les Barucci et les Galli, et ceux que fait rougir le souvenir du boisseau [15].

« Grande déjà aussi était la souche d'où sortirent les Calfucci, et déjà montaient aux chaises curules les Sizii et les Arrigucci.

« Oh! comme je les vis puissants ceux qu'ensuite abattit leur orgueil! Alors florissait Florence par les hauts faits des Boules d'or [16].

Così facén li padri di coloro,
  Che, sempre che la vostra chiesa vaca,
  Si fanno grassi, stando a consistoro.

L'oltracotata schiatta, che s'indraca
  Dietro a chi fugge, e a chi mostra 'l dente,
  O ver la borsa, com' agnel si placa,

Già venía su, ma di piccola gente,
  Sì che non piacque ad Ubertin Donato,
  Che 'l suocero il facesse lor parente,

Già era 'l Caponsacco nel mercato
  Disceso giù da Fiesole, e già era
  Buon cittadino Giuda, ed Infangato.

Io dirò cosa incredibile e vera:
  Nel picciol cerchio s'entrava per porta,
  Che si nomava da quei della Pera.

Ciascun, che della bella insegna porta
  Del gran barone, il cui nome, e 'l cui pregio
  La festa di Tommaso riconforta,

Da esso ebbe milizia e privilegio;
  Avvegna che col popol si rauni
  Oggi colui, che la fascia col fregio.

Già eran Gualterotti ed Importuni:
  E ancor saria Borgo più quieto,
  Se di nuovi vicin fosser digiuni.

« Voilà comment faisaient les pères de ceux qui, si votre évêché devient vacant, s'engraissent tant dans leur assemblée.

« Déjà cette insolente race, dragon derrière celui qui fuit, paisible agneau à qui montre les dents ou la bourse, commençait à s'élever, mais issue de si bas lieu, que Ubertini Donato en voulait à son beau-père de l'avoir fait leur parent.

« Déjà de Fiesole, Caponsacco était descendu dans le marché ; déjà parmi les bons citoyens se trouvaient Giuda et Infangato.

« Je vais dire une chose incroyable, vraie pourtant : on pénétrait dans la petite enceinte de la ville par une porte qui tirait son nom d'une simple famille de la Péra.

« Quiconque sur son écusson porte les glorieux insignes du grand baron dont la fête de Thomas ravive le nom et la gloire [17], tient de lui la chevalerie et le privilége, bien que celui qui borde d'or ses armoiries [18] se soit mis du côté du peuple.

« Déjà se montraient les Gualterotti et les Importuni, et leur demeure, le Borgo, serait plus paisible encore, s'il ne leur était venu de nouveaux voisins.

CANTO DECIMOSESTO.

La casa, di che nacque il vostro fleto,
   Per lo giusto disdegno, che v'ha morti,
   E posto fine al vostro viver lieto,

Era onorata essa, e suoi consorti.
   O Buondelmonte, quanto mal fuggisti
   Le nozze sue per gli altrui conforti!

Molti sarebber lieti, che son tristi,
   Se Dio t'avesse conceduto ad Ema
   La prima volta, ch'a città venisti.

Ma conveniasi a quella pietra scema,
   Che guarda'l ponte, che Fiorenza fesse
   Vittima nella sua pace postrema.

Con queste genti, e con altre con esse,
   Vid'io Fiorenza in sì fatto riposo,
   Che non avea cagione, onde piangesse.

Con queste genti vid'io glorioso,
   E giusto'l popol suo tanto, che'l giglio
   Non era ad asta mai posto a ritroso,

Nè per division fatto vermiglio.

« Alors était honorée avec tout son parentage cette maison d'où naquirent vos infortunes, à la suite de ce juste ressentiment qui vous a été si funeste et a mis fin à votre vie heureuse.

« O Buondelmonte, que bien à tort, cédant à des instigations étrangères, tu as fui son alliance !

« Que de gens sont tristes qui seraient bien joyeux, si la première fois que tu vins à la ville, Dieu t'eût livré aux flots de l'Ema ! Mais sur cette pierre rompue qui garde le pont, une victime devait être immolée par Florence, aux derniers jours de la paix.

« Gouvernée par de telles familles et bien d'autres avec elles, j'ai vu Florence jouir d'un repos si profond, qu'elle n'avait nul sujet de pleurs ; j'ai vu alors ses citoyens si justes et si glorieux, que jamais il n'arriva que le lis fût porté renversé au fer de la lance, ou teint en rouge par nos discordes. »

CANTO DECIMOSETTIMO

Qual venne a Climenè, per accertarsi
   Di ciò, ch'aveva incontro a se udito,
   Quei, ch'ancor fa li padri a' figli scarsi,

Tale era io, e tale era sentito,
   E da Beatrice, e dalla santa lampa,
   Che pria per me avea mutato sito.

Perchè mia donna : Manda fuor la vampa
   Del tuo disio, mi disse, sì ch'ell'esca
   Segnata bene della 'nterna stampa :

Non perchè nostra conoscenza cresca
   Per tuo parlare, ma perchè t'aùsi
   A dir la sete, sì che l'uom ti mesca.

O cara pianta mia, che sì t'insusi,
   Che, come veggion le terrene menti
   Non capere in triangolo du' ottusi,

CHANT DIX-SEPTIÈME

Tel vint vers Climène, pour éclaircir un doute qui lui faisait injure [1], celui dont le sort a rendu les pères moins complaisants pour leurs fils; tel j'étais : tel me virent et Béatrix et la sainte lumière qui pour moi s'était déplacée.

Et alors ma Dame : « Laisse s'exhaler au dehors, dit-elle, la flamme de ton désir, et qu'elle s'échappe portant la plus secrète empreinte de ton âme; non pas que tes paroles puissent aider à notre intelligence, mais afin que, t'enhardissant à confesser ta soif, un autre te donne à boire. »

— « O ma tige bien-aimée, aussi clairement que les esprits terrestres voient qu'un triangle ne peut contenir deux angles obtus, toi, de la hauteur où tu es, tu vois,

Così vedi le cose contingenti
  Anzi che sieno in se, mirando 'l punto,
  A cui tutti li tempi son presenti.

Mentre ch' i' era a Virgilio congiunto
  Su per lo monte, che l'anime cura,
  E discendendo nel mondo defunto,

Dette mi fur di mia vita futura
  Parole gravi; avvegna ch'io mi senta
  Ben tetragono a i colpi di ventura.

Perchè la voglia mia saria contenta
  D'intender qual fortuna mi s'appressa;
  Che saetta previsa vien più lenta.

Così diss'io a quella luce stessa,
  Che pria m'avea parlato, e come volle
  Beatrice, fu la mia voglia confessa.

Nè per ambage, in che la gente folle
  Già s'invescava pria che fosse anciso
  L'Agnél di Dio, che le peccata tolle:

Ma per chiare parole, e con preciso
  Latin rispose quell'amor paterno,
  Chiuso, e parvente del suo proprio riso:

La contingenza, che fuor del quaderno
  Della vostra materia non si stende,
  Tutta è dipinta nel cospetto eterno.

avant qu'elles soient, les choses contingentes, dans la contemplation de l'être en qui tous les temps sont présents.

« Tandis que, sous la conduite de Virgile, je descendais dans le monde des morts, et qu'ensuite je parcourais la montagne où se purifient les âmes, des paroles sur ma vie future m'ont été dites qui m'accablent, bien que je me sente solidement² affermi contre les coups du sort.

« C'est pourquoi mon désir serait satisfait d'apprendre quelle fortune s'apprête pour moi : flèche qu'on voit venir va moins vite. »

Ainsi dis-je à la sainte lumière qui m'avait d'abord parlé, et mon désir, comme le voulait Béatrix, se trouva confessé.

Alors, sans user de ces paroles ambiguës auxquelles se laissait prendre le monde insensé, avant que fût immolé l'agneau qui efface les péchés, cet amour paternel, enfermé dans l'enveloppe transparente de son sourire, me fit dans le langage le plus clair une réponse précise.

« Toute contingence qui ne dépasse pas les limites de votre monde matériel se peint dans l'œil éternel, sans devenir par là plus nécessaire que ne l'est, pour avoir été

Necessità però quindi non prende,
 Se non come dal viso in che si specchia
Nave, che per corrente giù discende.

Da indi, sì come viene ad orecchia
 Dolce armonia da organo, mi viene
 A vista'l tempo, che ti s'apparecchia.

Qual si partì Ipolito d'Atene
 Per la spietata e perfida noverca,
 Tal di Fiorenza partir ti conviene.

Questo si vuole, e questo già si cerca;
 E tosto verrà fatto a chi ciò pensa
 Là dove Cristo tutto dì si merca.

La colpa seguirà la parte offensa
 In grido, come suol: ma la vendetta
 Fia testimonio al ver, che la dispensa.

Tu lascerai ogni cosa diletta
 Più caramente: e questo è quello strale,
 Che l'arco dell'esilio pria saetta.

Tu proverrai sì come sa di sale
 Lo pane altrui, e com'è duro calle
 Lo scendere, e'l salir per l'altrui scale.

E quel, che più ti graverrà le spalle,
 Sarà la compagnia malvagia e scempia,
 Con la qual tu cadrai in questa valle:

visible au regard, la course du navire qui descend un courant ³.

« C'est de là qu'arrivent à ma vue les temps qui pour toi s'apprêtent, ainsi que vient à l'oreille la douce harmonie de l'orgue.

« En butte à la perfidie d'une marâtre sans pitié, Hippolyte partit d'Athènes : de même il te faudra partir de Florence.

« On le veut ainsi : déjà l'on y travaille, et bientôt ils y réussiront, ceux qui s'en occupent là où, chaque jour, on trafique du Christ.

« Comme de coutume, c'est le parti vaincu que le cri public accusera ⁴ ; mais la vengeance, toujours suscitée par elle, viendra en témoignage à la vérité.

« Tout ce que tu auras le plus chèrement aimé, il te faudra le quitter ; c'est là le premier trait que décoche l'arc de l'exil.

« Tu éprouveras combien a d'amertume le pain d'autrui, et quel rude chemin c'est de monter et de descendre par l'escalier d'autrui.

« Et ce qui te pèsera le plus, ce sera cette foule stupide et méchante avec qui tu tomberas dans cette vallée, et qui, dans son ingratitude, sa folie et son impiété, se

Che tutta ingrata, tutta matta ed empia
   Si farà contra te : ma poco appresso
   Ella, non tu, n'avrà rossa la tempia.

Di sua bestialitate il suo processo
   Farà la pruova, sì ch'a te fia bello
   Averti fatta parte per te stesso.

Lo primo tuo rifugio, e'l primo ostello
   Sarà la cortesia del gran Lombardo,
   Che'n su la Scala porta il santo uccello :

Ch'avrà in te sì benigno riguardo,
   Che del fare e del chieder, tra voi due,
   Fia prima quel, che tra gli altri è più tardo.

Con lui vedrai colui, che impresso fue,
   Nascendo, sì da questa stella forte,
   Che notabili fien l'opere sue.

Non se ne sono ancor le genti accorte
   Per la novella età, che pur nove anni
   Son queste ruote intorno di lui torte.

Ma pria che'l Guasco l'alto Arrigo inganni,
   Parran faville della sua virtute,
   In non curar d'argento, nè d'affanni.

Le sue magnificenze conosciute
   Saranno ancora, sì che i suoi nimici
   Non ne potran tener le lingue mute.

tournera contre toi : mais bientôt après, c'est elle, et non pas toi, qui en aura la rougeur au front.

« Dans toute sa conduite elle fera preuve de bestialité, et il sera beau pour toi d'avoir été à toi seul ton parti tout entier.

« A la courtoisie du grand Lombard qui sur l'échelle porte le saint oiseau, tu devras l'hospitalité d'un premier refuge : il te regardera d'un œil si bienveillant, qu'entre vous deux le bienfait, qui d'ordinaire est moins pressé que la demande, prendra les devants [5].

« Près de lui tu verras celui qui reçut, en naissant, de cette valeureuse planète, une telle influence, que toutes ses actions en deviendront mémorables. Le monde encore n'en a rien vu, à cause de son jeune âge, puisque autour de lui ces sphères n'ont tourné que neuf années. Mais, n'ayant cure ni de l'argent ni de la fatigue, il fera briller les étincelles de sa vertu, avant l'époque où l'illustre Henri sera trompé par le Gascon [6].

« Ses magnificences auront un tel éclat, que ses ennemis mêmes n'en feront taire leurs langues. Aie foi en lui, et compte sur ses bienfaits : grâce à lui sera trans-

A lui t'aspetta, ed a' suoi benifici:
Per lui fia trasmutata molta gente,
Cambiando condizion, ricchi e mendici:

E porterane scritto nella mente
Di lui, ma nol dirai: e disse cose
Incredibili a quei, che fia presente.

Poi giunse: Figlio, queste son le chiose
Di quel, che ti fu detto: ecco le 'nsidie,
Che dietro a pochi giri son nascose.

Non vo' però, ch' a' tuo' vicini invidie,
Poscia che s'infutura la tua vita,
Via più là, che 'l punir di lor perfidie.

Poichè tacendo si mostrò spedita
L'anima santa di metter la trama
In quella tela, ch'io le porsi ordita,

Io cominciai, come colui, che brama,
Dubitando, consiglio da persona,
Che vede, e vuol dirittamente, ed ama:

Ben veggio, padre mio, sì come sprona
Lo tempo verso me per colpo darmi
Tal, ch'è più grave a chi più s'abbandona:

Perchè di provedenza è buon, ch'io m'armi,
Sì che se luogo m'è tolto più caro,
Io non perdessi gli altri per miei carmi.

formée plus d'une condition, et souvent changeront de place richesse et pauvreté.

« Emporte, écrit en ta mémoire, ce que je dis de lui; mais ne le répète pas. » Et à ce sujet, il me révéla des choses incroyables à ceux-là mêmes qui les verront.

Puis il ajouta : « Voilà, mon fils, l'explication des paroles qui te furent dites; voilà les embûches qui se cachent derrière un petit nombre d'années. Je n'entends pas cependant que tu portes envie à tes concitoyens, puisque ta vie doit s'étendre dans l'avenir bien au delà du châtiment réservé à leurs perfidies. »

Dès que l'âme sainte eut montré, en se taisant, qu'elle avait achevé la trame de la toile que je lui avais présentée ourdie, je repris, semblable à celui qui, plein de doutes, recherche les conseils d'une personne clairvoyante, affectueuse et voulant le bien :

« Je vois bien, mon père, comment le temps hâte sa course vers moi pour me porter un de ces coups d'autant plus rudes, que l'on s'en défend moins : j'ai donc à m'armer sagement de prévoyance afin que, privé un jour du lieu qui m'est le plus cher, je ne me ferme pas les autres par mes vers.

CANTO DECIMOSETTIMO.

Giù per lo mondo senza fine amaro,
   E per lo monte, del cui bel cacume
   Gli occhi della mia donna mi levaro,

E poscia per lo Ciel di lume in lume,
   Ho io appreso quel, che s'io ridico,
   A molti fia savor di forte agrume:

E s'io al vero son timido amico,
   Temo di perder vita tra coloro,
   Che questo tempo chiameranno antico.

La luce, in che rideva il mio tesoro,
   Ch'io trovai lì, si fè prima corrusca,
   Quale a raggio di Sole specchio d'oro:

Indi rispose: Coscienza fusca,
   O della propria, o dell'altrui vergogna,
   Pur sentirà la tua parola brusca.

Ma nondimen, rimossa ogni menzogna,
   Tutta tua vision fa manifesta,
   E lascia pur grattar dov'è la rogna:

Che se la voce tua sarà molesta
   Nel primo gusto, vital nutrimento
   Lascerà poi, quando sarà digesta.

Questo tuo grido farà come vento,
   Che le più alte cime più percuote:
   E ciò non fa d'onor poco argomento.

« Là-bas, dans ce monde d'une amertume sans fin, puis sur les sommets de la belle montagne d'où m'ont enlevé les yeux de ma Dame pour me porter dans ce ciel, d'étoile en étoile, j'ai appris des choses qui, si je les redisais, seraient pour beaucoup d'une saveur bien âcre; et si je suis un ami timide de la vérité, j'ai à craindre que mon nom ne vive pas parmi les hommes pour qui ce temps présent sera le temps antique. »

La lumière où se tenait souriant le trésor que je venais d'y rencontrer, devint resplendissante comme un miroir d'or aux rayons du soleil; puis elle me répondit :

« Toute conscience noircie de sa propre honte ou de la honte d'autrui, sera sensible à ta rude parole. Cependant écarte tout mensonge; révèle ta vision tout entière; où est la gale, laisse qu'on se gratte. Si ta parole est fâcheuse à qui commence d'y goûter, bien digérée, elle deviendra une nourriture vivifiante.

« Ton cri fera comme le vent qui frappe plus fortement les cimes les plus hautes : et ce ne sera pas pour toi un mince sujet de gloire.

Però ti son mostrate in queste ruote,
Nel monte, e nella valle dolorosa
Pur l'anime, che son di fama note:

Che l'animo di quel, ch'ode, non posa,
Nè ferma fede per esemplo, ch'haja
La sua radice incognita e nascosa,

Nè per altro argomento, che non paja.

« Aussi dans ces sphères, de même que sur la montagne et dans la vallée des douleurs, il ne t'a été montré que les âmes à qui s'attache la renommée ; car, pour arrêter l'esprit et affermir la confiance de qui nous entend, il ne faut ni exemples dont la racine reste inconnue et cachée, ni arguments qui ne se fassent pas voir. »

CANTO DECIMOTTAVO

Già si godeva solo del suo verbo
   Quello spirto beato, ed io gustava
   Lo mio, temprando 'l dolce con l'acerbo:

E quella donna, ch'a Dio mi menava,
   Disse, Muta pensier, pensa ch'io sono
   Presso a colui, ch'ogni torto disgrava.

Io mi rivolsi all'amoroso suono
   Del mio conforto: e quale io allor vidi
   Negli occhi santi amor, qui l'abbandono:

Non perch'io pur del mio parlar diffidi,
   Ma per la mente, che non può reddire
   Sovra se tanto, s'altri non la guidi.

Tanto poss'io di quel punto ridire,
   Che, rimirando lei, lo mio affetto
   Libero fu da ogni altro disire.

CHANT DIX-HUITIÈME

Déjà cet esprit bienheureux goûtait, rentré en soi-même, la joie de ses pensées, et moi, des miennes aussi je jouissais, tempérant l'amertume par la douceur[1], lorsque la Dame qui me conduisait à Dieu : « Change ta pensée, dit-elle; pense que je suis près de celui qui allége le poids de toute faute. »

Je me retournai au doux accent de celle qui était mon confort. Dire ce que je vis d'amour dans ses yeux de sainte, je ne saurais, me défiant non pas seulement de mes paroles, mais encore de mon esprit qui ne peut redire, sans aide, ce qui est tant au-dessus de lui.

Tout ce que je puis dire, c'est qu'en la regardant, ce qui est amour en moi restait libre de tout autre désir.

Fin che-'l piacere eterno, che diretto
　Raggiava in Beatrice, dal bel viso
　Mi contentava col secondo aspetto,

Vincendo me col lume d'un sorriso,
　Ella mi disse : Volgiti, ed ascolta,
　Che non pur ne' mie' occhi è Paradiso.

Come si vede qui alcuna volta
　L'affetto nella vista, s'ello è tanto,
　Che da lui sia tutta l'anima tolta;

Così nel fiammeggiar del fulgór santo,
　A cui mi volsi, conobbi la voglia
　In lui di ragionarmi ancora alquanto.

E cominciò : In questa quinta soglia
　Dell'albero, che vive della cima,
　E frutta sempre, e mai non perde foglia,

Spiriti son beati, che giù prima
　Che venissero al Ciel, fur di gran voce,
　Sì ch'ogni Musa ne sarebbe opima.

Però mira ne' corni della Croce :
　Quel, ch'io or nomerò, lì farà l'atto,
　Che fa in nube il suo fuoco veloce.

Io vidi per la Croce un lume tratto,
　Dal nomar Josuè : com' ei si feo :
　Nè mi fu noto il dir prima che 'l fatto.

Tandis que l'éternelle joie qui rayonnait en Béatrix, réfléchie par son beau visage, me rendait si heureux, elle me dit, en me subjuguant par l'éclat d'un sourire :

« Tourne-toi et sois attentif ; car tout le Paradis n'est pas dans mes yeux. »

Il arrive que la passion se peint dans le regard, quand elle est assez vive pour que l'âme tout entière en soit émue ; ainsi dans le rayonnement de la sainte splendeur vers qui je me tournai, je discernai la volonté de m'entretenir encore. »

Aussi elle commença : « A ce cinquième étage de l'arbre qui, vivant par sa cime, toujours se couvre de fruits et jamais ne perd ses feuilles[2], se trouvent les esprits bienheureux qui, là-bas, avant de monter au ciel, firent si grand bruit, que de leurs œuvres toute muse ferait sa richesse.

« Mais regarde aux bras de la croix : celui que je vais nommer fera ce que dans la nue fait le rapide éclair. »

Le nom de Josué prononcé, je vis une lumière passer sur la croix, sans savoir qui vint le premier, le nom ou la lumière.

Ed al nome dell' alto Maccabeo
  Vidi muoversi un' altro roteando:
  E letizia era ferza del paléo

Così per Carlo Magno, e per Orlando
  Duo ne seguì lo mio attento sguardo,
  Com' occhio segue suo falcon volando.

Poscia trasse Guiglielmo, e Rinoardo,
  E 'l duca Gottifredi la mia vista,
  Per quella Croce, e Roberto Guiscardo.

Indi tra l'altre luci *mota* e mista
  Mostrommi l'alma, che m'avea parlato,
  Qual' era tra i cantor del Cielo artista.

Io mi rivolsi dal mio destro lato,
  Per vedere in Beatrice il mio dovere,
  O per parole, o per atto segnato:

E vidi le sue luci tanto mere,
  Tanto gioconde, che la sua sembianza
  Vinceva gli altri, e l'ultimo solere.

E come, per sentir più dilettanza,
  Bene operando l'uom, di giorno in giorno
  S'accorge, che la sua virtute avanza;

Sì m'accors'io che 'l mio girare intorno
  Col Cielo 'nsieme, avea cresciuto l'arco,
  Veggendo quel miracolo più adorno.

Puis au nom du grand Machabée, je vis se mouvoir une autre lumière tournant sur elle-même ; on eût dit une toupie fouettée par la joie.

De même pour deux autres, Charlemagne et Roland ; mon regard attentif les suivit, comme l'œil du chasseur suit son faucon qui vole.

Puis sur cette croix attirèrent ma vue Guillaume et Rinoard, et le duc Godefroy et Robert Guiscard ³.

Alors, se mêlant au mouvement des autres lumières, l'âme qui m'avait parlé me montra quelle artiste elle était parmi les chanteurs du ciel.

Je me tournai à ma droite, pour qu'une parole ou un signe de Béatrix m'apprît mon devoir, et je vis ses yeux si purs, si pleins de joie, que, se surpassant elle-même, jamais, pas même tout à l'heure, elle ne m'était apparue si belle.

Et comme à mesure qu'il jouit davantage à bien faire, l'homme de jour en jour s'aperçoit du progrès de sa vertu ; ainsi je m'aperçus, en voyant plus brillant ce miracle de beauté, que le cercle où je tournais dans le ciel avait élargi son arc ; et aussi vite que le visage d'une femme reprend sa blancheur, dès qu'elle s'est dégagée du poids de la honte, à mes yeux s'offrit, dès que je me

E quale è il trasmutare in picciol varco
  Di tempo in bianca donna, quando'l volto
  Suo si discarchi di vergogna il carco;

Tal fu negli occhi miei, quando fu volto
  Per lo candor della temprata stella
  Sesta, che dentro a se m'avea ricolto.

Io vidi in quella Giovial facella
  Lo sfavillar dell'amor, che lì era,
  Segnare agli occhi miei nostra favella.

E come augelli surti di riviera,
  Quasi congratulando a lor pasture,
  Fanno di se or tonda, or lunga schiera,

Sì dentro a' lumi sante creature,
  Volitando cantavano, e facénsi
  Or D. or I. or L. in sue figure.

Prima cantando a sua nota moviensi:
  Poi, diventando l'un di questi segni,
  Un poco s'arrestavano, e tacénsi.

O diva Pegasea, che gl'ingegni
  Fai gloriosi, e rendigli longevi,
  Ed essi teco le cittadi e i regni,

Illustrami di te, sì ch'io rilevi
  Le lor figure, com'io l'ho concette:
  Paja tua possa in questi versi brevi.

CHANT DIX-HUITIÈME.

retournai, la blancheur adoucie de la sixième planète qui me recevait en elle.

Dans ce flambeau de Jupiter, je vis le rayonnement d'amour dont il brille figurer à mes yeux les signes de notre langage.

On voit, s'élevant au-dessus d'un fleuve, une troupe d'oiseaux s'éjouir entre eux de leur pâture, et dans leur vol, s'allonger en file ou se courber en cercle; ainsi, enveloppées de lumière, ces saintes créatures s'en allaient chantant, et, dans leurs ébats, elles figuraient tantôt un D, tantôt un I, tantôt un L.

D'abord elles se mouvaient aux accords de leur chant; puis prenant la forme d'une de ces lettres, elles s'arrêtaient un moment en silence.

O Déesse à qui Pégase obéit, toi à qui les esprits doivent la gloire et l'immortalité qu'ils donnent eux-mêmes, favorisés par toi, aux cités et aux empires; inspire-moi; fais que je répète ces figures telles que je les ai comprises; fais que dans ce peu de vers éclate ta puissance.

Mostrarsi dunque in cinque volte sette
　Vocali e consonanti: ed io notai
　Le parti sì, come mi parver dette.

Diligite Justitiam, primai
　Fur verbo e nome di tutto 'l dipinto:
　Qui judicatis Terram, fur sezzai.

Poscia nell'M. del vocabol quinto
　Rimasero ordinate, sì che Giove
　Pareva argento lì d'oro distinto.

E vidi scendere altre luci, dove
　Era 'l colmo dell'M, e lì quetarsi
　Cantando, credo, il ben, ch'a se le muove.

Poi come nel percuoter de' ciocchi arsi
　Surgono innumerabili faville,
　Onde gli stolti sogliono agurarsi,

Risurger parver quindi più di mille
　Luci, e salir quali assai, e qua' poco,
　Sì come 'l Sol, che l'accende, sortille:

E quietata ciascuna in suo loco,
　La testa e 'l collo d'un' Aquila vidi
　Rappresentare a quel distinto foco.

Quei, che dipinge lì, non ha chi 'l guidi;
　Ma esso guida, e da lui si rammenta
　Quella virtù, ch'è forma per li nidi.

Donc à mes yeux se montrèrent cinq fois sept voyelles et consonnes, et je lus les mots tels qu'ils me parurent arrangés. *Diligite justitiam!* Tels, furent et le premier verbe et le premier nom de tout ce qui était figuré ; *qui judicatis terram*, étaient les derniers.

Dans l'M du dernier mot, les lumières s'élevaient ordonnées de telle sorte, que Jupiter paraissait être d'argent brodé d'or.

Et je vis descendre et se poser sur le sommet de l'M d'autres lumières ; leur chant célébrait, je crois, le bien suprême qui vers soi les attire.

Puis, comme du choc de tisons enflammés s'échappent d'innombrables étincelles, où la sottise a coutume de voir des présages, des milliers de lumières semblèrent jaillir, s'élevant, l'une plus haut, l'autre moins haut, selon que les avaient réparties le soleil qui les allume.

Et chacune d'elles restant en repos à sa place, je m'aperçus que ce nouveau foyer représentait la tête et le cou d'un aigle.

Celui qui peint de la sorte n'a d'autre guide que soi-même, et s'inspire de la vertu créatrice qui donne leur forme à tous les nids [4].

L'altra beatitudo, che contenta
　Pareva in prima d'ingigliarsi all'emme,
　Con poco moto, seguitò la 'mprenta.

O dolce stella, quali e quante gemme
　Mi dimostraron, che nostra giustizia
　Effetto sia del Ciel, che tu ingemme!

Perch'io prego la mente, in che s'inizia
　Tuo moto e tua virtute, che rimiri
　Ond' esce 'l fummo, che 'l tuo raggio vizia:

Sì ch'un'altra fiata omai s'adiri
　Del comperare e vender dentro al templo,
　Che si murò di segni, e di martiri.

O milizia del Ciel, cu'io contemplo,
　Adora per color, che sono in terra
　Tutti sviati dietro al malo esemplo.

Già si solea con le spade far guerra:
　Ma or si fa togliendo or qui, or quivi
　Lo pan, che 'l pio padre a nessun serra.

Ma tu, che sol, per cancellare, scrivi,
　Pensa che Pietro e Paolo, che moriro
　Per la vigna, che guasti, ancor son vivi.

Ben puoi tu dire: Io ho fermo 'l disiro
　Sì a colui, che volle viver solo,
　E che per salti fu tratto a martiro,
Ch'io non conosco il Pescator, nè Polo.

CHANT DIX-HUITIÈME.

Un simple mouvement des autres bienheureux, qui se contentaient d'abord de former autour de l'M comme une guirlande de lis, termina la figure de l'aigle.

O douce étoile! combien de précieux joyaux me firent voir que notre justice est un rayon du ciel dont tu es l'ornement!

Je prie la souveraine intelligence où tu puises ton principe et ta vertu, de regarder d'où s'échappe la fumée qui ternit tes rayons, afin qu'une fois encore sa colère s'allume contre ceux qui vendent et achètent dans le temple édifié par les miracles et le sang des martyrs.

O milice du ciel que je contemple, adore et prie pour ceux qui sont sur la terre, tous égarés par le mauvais exemple!

C'était la coutume de faire la guerre avec l'épée : à présent elle se fait en enlevant, tantôt ici, tantôt là, le pain qu'à personne ne refuse le père compatissant[5].

Et toi qui n'écris que pour effacer, souviens-toi qu'ils sont encore vivants, Pierre et Paul, qui moururent pour la vigne que tu ravages.

Tu peux dire avec vérité : « J'ai tant convoité l'effigie[6] de celui qui rechercha la solitude et qui, pour des danses, fut conduit au martyre, que je ne connais plus ni le Pêcheur ni Paul[7]. »

CANTO DECIMONONO

Parea dinanzi a me, con l'ale aperte,
  La bella image, che, nel dolce frui,
  Liete faceva l'anime conserte.

Parea ciascuna rubinetto, in cui
  Raggio di sole ardesse sì acceso,
  Che ne' miei occhi rifrangesse lui.

E quel che mi convien ritrar testeso,
  Non portò voce mai, nè scrisse inchiostro,
  Nè fu per fantasia giammai compreso;

Ch'io vidi, e anche udî parlar lo rostro,
  E sonar nella voce ed Io, e Mio,
  Quand'era nel concetto Noi e Nostro.

E cominciò: Per esser giusto e pio,
  Son'io qui esaltato a quella gloria,
  Che non si lascia vincere a disio:

CHANT DIX-NEUVIÈME

Devant moi, les ailes déployées, paraissait la belle image qui rendait si joyeúses ces âmes entrelacées dans la jouissance du bien.

Chacune d'elles était comme un rubis embrasé par un rayon si ardent du soleil, qu'il le réfléchissait tout entier dans mes yeux.

Et ce qu'il me faut maintenant raconter, jamais voix ne le répéta, jamais encre ne l'écrivit, jamais imagination ne le conçut.

Car je vis et j'entendis parler le bec de l'oiseau d'une voix qui disait *moi* et *mien*, pour exprimer *nous* et *nôtre*.

« Je fus juste et pieux, commença-t-il à dire ; c'est pourquoi je suis parvenu ici à ce comble de gloire qui ne se laisse surpasser par aucun désir. Telle est la mé-

Ed in terra lasciai la mia memoria
  Sì fatta, che le genti lì malvage
  Commendan lei, ma non seguon la storia.

Così un sol calor di molte brage
  Si fa sentir, come di molti amori
  Usciva solo un suon di quella image.

Ond'io appresso : O perpetui fiori
  Dell'eterna letizia, che pur uno
  Sentir mi fate tutti i vostri odori,

Solvetemi, spirando, il gran digiuno,
  Che lungamente m'ha tenuto in fame,
  Non trovandoli in terra cibo alcuno.

Ben so io, che se in Cielo altro reame
  La divina giustizia fa suo specchio,
  Che 'l vostro non l'apprende con velame.

Sapete, come attento io m'apparecchio
  Ad ascoltar : sapete quale è quello
  Dubbio, che m'è digiun cotanto vecchio.

Quasi falcone, ch'esce di cappello,
  Muove la testa, e con l'ale s'applaude,
  Voglia mostrando, e faccendosi bello,

Vid'io farsi quel segno, che di laude
  Della divina grazia era contesto,
  Con canti, quai si sa, chi lassù gaude.

moire qui de moi est restée sur la terre, que les plus pervers, refusant de m'imiter, m'accordent leurs éloges. »

Comme de plusieurs charbons enflammés, une seule chaleur se dégage ; ainsi de cette image, foyer de tant d'amours, une seule voix sortait.

Alors je dis à mon tour : « O fleurs impérissables de la joie éternelle qui, dans un seul parfum, m'embaumez de tous vos parfums, faites cesser, en les exhalant, ce long jeûne, qui m'a tenu en si grande faim, la terre ne m'offrant aucune nourriture.

« Si, dans le ciel, un autre royaume fait de la justice un miroir, je sais bien qu'elle ne vous apparaît pas à travers un voile.

« Vous savez quelle attention j'apporte à l'écouter, et quel est ce doute qui fut la cause d'un si long jeûne. »

On voit un faucon, dégagé de son chaperon, secouer la tête, s'applaudir de ses ailes, s'empresser et faire le beau : ainsi, avec des chants compris des seuls esprits qui se réjouissent là-haut, se montrait à moi ce signe lumineux où s'entrelaçaient les louanges de la grâce divine.

Poi cominciò : Colui, che volse il sesto
  Allo stremo del mondo, e dentro ad esso
  Distinse tanto occulto, e manifesto,

Non potéo suo valor sì fare impresso
  In tutto l'universo, che'l suo Verbo
  Non rimanesse in infinito eccesso.

E ciò fa certo, che'l primo superbo,
  Che fu la somma d'ogni creatura,
  Per non aspettar lume, cadde acerbo.

E quinci appar, ch'ogni minor natura
  È corto recettacolo a quel bene,
  Che non ha fine, e se in se misura.

Dunque nostra veduta, che conviene
  Essere alcun de' raggi della mente,
  Di che tutte le cose son ripiene,

Non può di sua natura esser possente
  Tanto, che suo principio non discerna
  Molto di là, da quel ch'egli è, parvente.

Però nella giustizia sempiterna
  La vista, che riceve il vostro mondo,
  Com' occhio per lo mare entro, s'interna :

Che benchè dalla proda veggia il fondo,
  In pelago nol vede : e nondimeno
  Egli è, ma cela lui l'esser profondo.

Puis il commença : « Celui qui, tournant son compas [1] vers l'extrémité des mondes, enserra dans ses branches tant de choses occultes et visibles, ne put marquer tout cet univers d'une si forte empreinte de sa vertu, que son verbe ne restât encore infiniment au-dessus.

« Il en est une preuve certaine, ce premier des orgueilleux, lui en qui était l'excellence de toute créature, et qui tomba, encore imparfait, pour n'avoir pas attendu la lumière.

« Il est manifeste alors que toute nature d'un ordre inférieur est incapable de contenir ce bien infini qui n'a de mesure que soi-même.

« Donc notre vue, véritable rayon de l'intelligence qui remplit toutes choses, est trop imparfaite de sa nature, pour que son principe ne se montre pas à elle moins splendide qu'il ne l'est réellement.

« Votre vue mortelle pénètre dans la justice éternelle, seulement comme l'œil qui, sondant les eaux de la mer, près du rivage, en découvre le fond, et ne le voit plus en haute mer, quoique ce fond existe, caché par la profondeur [2].

CANTO DECIMONONO.

Lume non è, se non vien dal sereno,
   Che non si turba mai, anzi è tenébra,
   Od ombra della carne, o suo veneno.

Assai t'è mo aperta la latébra,
   Che t'ascondeva la giustizia viva,
   Di che facei quistion cotanto crebra:

Che tu dicevi, Un' uom nasce alla riva
   Dell' Indo, e quivi non è chi ragioni
   Di Cristo, nè chi legga, nè chi scriva:

E tutti suoi voleri e atti buoni
   Sono, quanto ragione umana vede,
   Sanza peccato in vita, od in sermoni:

Muore non battezzato e senza fede;
   Ov'è questa giustizia, che'l condanna?
   Ov'è la colpa sua, sed ei non crede?

Or tu chi se', che vuoi sedere a scranna,
   Per giudicar da lungi mille miglia,
   Con la veduta corta d'una spanna?

Certo a colui, che meco s'assottiglia,
   Se la scrittura sovra voi non fosse,
   Da dubitar sarebbe a maraviglia.

O terreni animali, o menti grosse,
   La prima volontà ch'è per se buona,
   Da se, ch'è sommo ben, mai non si mosse.

« Hormis la vraie lumière émanant de la sereine clarté qui jamais ne se trouble, tout est ténèbres, ombres de la chair ou son venin.

« Voilà que s'ouvre pour toi le seul asile qui te cachait la justice vivante sur laquelle tu faisais tant et tant de questions.

« Ainsi, disais-tu, un homme naît au rivage de l'Indus, et là personne pour parler du Christ, rien d'écrit, rien à lire sur lui ; toutes les actions, toutes les volontés de cet homme sont bonnes, et, autant que le peut voir la raison humaine, nul péché dans sa vie ni dans ses paroles ; il meurt sans baptême et hors de la foi : où est la justice qui le condamne? S'il n'a pas cru, quelle est sa faute[3]?

« Mais qui donc es-tu, toi, pour juger du haut de ton tribunal, à des milliers de milles, avec une vue pas plus longue qu'un empan?

« Certes pour qui subtilise ainsi avec moi, il y aurait lieu au doute et à l'étonnement, si la sainte Écriture ne vous éclairait pas.

« O animaux terrestres! ô esprits grossiers! la première volonté, toujours bonne en soi, ne s'écarta jamais de soi en qui est le souverain bien. Rien n'est juste

Cotanto è giusto, quanto a lei consuona:
   Nullo creato bene a se la tira,
   Ma essa, radiando, lui cagiona.

Quale sovr'esso'l nido si rigira,
   Poi che ha pasciuto la cicogna i figli,
   E come quei, ch'è pasto, la rimira,

Cotal si fece, e sì levai li cigli.
   La benedetta immagine, che l'ali
   Movea sospinta da tanti consigli.

Roteando cantava, e dicea: Quali
   Son le mie note a te, che non le'ntendi,
   Tal'è il giudicio eterno a voi mortali.

Poi seguitaron quei lucenti incendj
   Dello Spirito Santo ancor nel segno,
   Che fè i Romani al mondo reverendi.

Esso ricominciò: A questo regno
   Non salì mai, chi non credette in CRISTO
   Nè pria, nè poi che'l si chiavasse al legno.

Ma vedi, molti gridan CRISTO, CRISTO,
   Che saranno in giudicio assai men *prope*
   A lui, che tal, che non conobbe CRISTO:

E tai Cristian dannerà l'Etiópe,
   Quando si partiranno i duo collegi,
   L'uno in eterno ricco, e l'altro inópe.

CHANT DIX-NEUVIÈME.

que ce qui est en harmonie avec elle ; nul des biens créés ne l'attire à soi, puisque, par son rayonnement, elle est leur raison d'être. »

Comme la cigogne tourne autour de son nid, quand elle a donné la pâture à ses petits, et comme la regarde à son tour celui qui s'est repu ; ainsi fit l'image bénie qui remuait ses ailes agitées par tant d'inspirations, et ainsi sur elle je levai les yeux.

En tournant elle chantait et disait : « Telles que sont mes notes à qui ne les entend point ; telle est pour vous, mortels, l'éternelle justice. »

Puis les étincelantes ardeurs de l'Esprit saint se reposant encore dans le signe qui fit des Romains la terreur du monde, l'aigle recommença :

« Jamais à ce royaume ne monta quiconque ne crut pas au CHRIST, ni avant, ni après qu'il fut cloué sur la croix.

« Regarde combien sont criant : CHRIST ! CHRIST ! qui, le jour du jugement, seront moins près de lui, que tel qui n'eut pas connaissance du CHRIST [4].

« Et de pareils chrétiens, l'Éthiopien les condamnera, quand se sépareront les deux colléges, l'un dans l'abondance, l'autre dans l'indigence pour l'éternité.

Che potran dir li Persi a i vostri regi,
  Com'e' vedranno quel volume aperto,
  Nel qual si scrivon tutti suoi dispregi?

Lì si vedrà tra l'opere d'Alberto
  Quella, che tosto moverà la penna,
  Perchè 'l regno di Praga fia deserto.

Lì si vedrà il duol, che sopra Senna
  Induce, falseggiando la moneta,
  Quei, che morrà di colpo di cotenna.

Lì si vedrà la superbia, ch'asseta,
  Che fa lo Scotto, e l'Inghilese folle,
  Sì che non può soffrir dentro a sua meta.

Vedrassi la lussuria, e 'l viver molle
  Di quel di Spagna, e di quel di Buemme,
  Che mai valor non conobbe, nè volle.

Vedrassi al Ciotto di Gerusalemme
  Segnata con un I la sua bontate,
  Quando 'l contrario segnerà un'emme.

Vedrassi l'avarizia, e la viltate
  Di quel, che guarda l'isola del fuoco,
  Dove Anchise finì la lunga etate:

E a dare ad intender quanto è poco;
  La sua scrittura fien lettere mozze,
  Che noteranno molto in parvo loco.

« Que ne diront pas les Perses à vos rois, en voyant ouvert ce livre où sont écrites toutes leurs iniquités?

« Là parmi les œuvres d'Albert [5], on verra celle (la plume la tracera bien, vite) qui du royaume de Prague ne fera qu'un désert.

« Là se verra la réprobation qu'excite, aux bords de la Seine, en falsifiant les monnaies, celui qui périra blessé par un sanglier.

« Là se verra cet orgueil qui enivre l'Anglais et l'Écossais, troublant à ce point leur raison, qu'ils ne peuvent ni l'un ni l'autre souffrir leurs frontières.

« On y verra la luxure et la vie molle de ce roi d'Espagne et de ce roi de Bohême qui ne sut ni ne voulut avoir du courage.

« On y verra le boiteux de Jérusalem, avec la marque d'un I pour sa bonté, marqué d'un M pour tout le reste.

« On y verra l'avarice et la vilenie de celui à qui est soumise l'île de feu, où Anchise termina ses vieux jours [6] : et, pour qu'on ne se trompe pas sur son peu de valeur, ce qu'on dira de lui sera écrit en lettres abrégées tenant beaucoup de choses en peu d'espace.

E parranno a ciascun l'opere sozze
 Del Barba, e del Fratel, che tanto egregia
 Nazione, e duo corone han fatte bozze.

E quel di Portogallo, e di Norvegia
 Lì si conosceranno, e quel di Rascia,
 Che male aggiustò 'l conio di Vinegia.

O beata Ungheria, se non si lascia
 Più malmenare! e beata Navarra,
 Se s'armasse del monte, che la fascia!

E creder dee ciascun, che già per arra
 Di questo, Nicosìa, e Famagosta,
 Per la lor bestia si lamenti e garra,

Che dal fianco dell'altre non si scosta.

« Et aux yeux de tous apparaîtront les sales œuvres de l'oncle et du frère, qui furent la honte d'une si noble nation et le déshonneur de deux couronnes.

« Là se feront connaître et le roi de Portugal et celui de Norvége et celui de Rascia qui contrefit le coin de Venise.

« O heureuses et la Hongrie, si elle ne se laisse pas mal conduire, et la Navarre, si elle sait se faire une défense de son rempart de montagnes[7] !

« Et pour preuve (ne le voit-on pas bien?) déjà Nicosie et Fagamouste se plaignent et murmurent contre la brute qui les gouverne et qui marche côte à côte avec les autres. »

CANTO VIGESIMO

Quando colui, che tutto 'l mondo alluma,
   Dell'emisperio nostro si discende,
   E 'l giorno d'ogni parte si consuma,

Lo Ciel, che sol di lui prima s'accende,
   Subitamente si rifà parvente
   Per molte luci, in che una risplende.

E questo atto del Ciel mi venne a mente,
   Come 'l segno del mondo, e de' suoi duci,
   Nel benedetto rostro fu tacente:

Però che tutte quelle vive luci,
   Vie più lucendo, cominciaron canti
   Da mia memoria labili e caduci.

O dolce Amor, che di riso t'ammanti,
   Quanto parevi ardente in que' favilli,
   Ch'aveano spirto sol di pensier santi!

CHANT VINGTIÈME

Au moment où celui qui est la lumière du monde s'abaisse au-dessous de notre hémisphère, et que de toutes parts le jour s'éteint, le ciel, qui n'était d'abord éclairé que par lui, reparaît soudain brillant de mille clartés, dans lesquelles une seule resplendit.

Cet aspect du ciel me revint à la pensée, lorsque le signe du monde et de ses maîtres se tut en refermant son bec sacré, car toutes ses vives splendeurs plus brillantes encore commencèrent des chants que n'a pas su garder ma fragile mémoire.

O doux amour, tout paré de sourires, que tu me paraissais ardent au milieu de ces esprits lumineux qui ne s'animent que de saintes pensées!

CANTO VIGESIMO.

Poscia che i cari e lucidi lapilli,
   Ond'io vidi 'ngemmato il sesto lume,
   Poser silenzio agli angelici squilli,

Udir mi parve un mormorar di fiume,
   Che scende chiaro giù di pietra in pietra,
   Mostrando l'ubertà del suo cacume.

E come suono al collo della cetra
   Prende sua forma, e sì come al pertugio
   Della sampogna vento, che penétra,

Così rimosso d'aspettare indugio
   Quel mormorar dell'Aquila salissi,
   Su per lo collo, come fosse bugio.

Fecesi voce quivi, e quindi uscissi
   Per lo suo becco, in forma di parole,
   Quali aspettava 'l cuore, ov'io le scrissi.

La parte in me, che vede, e pate il sole
   Nell'aguglie mortali, incominciommi,
   Or fisamente riguardar si vuole:

Perchè de' fuochi, ond'io figura fommi,
   Quelli, onde l'occhio in testa mi scintilla,
   E di tutti lor gradi son li sommi:

Colui, che luce in mezzo per pupilla,
   Fu il cantor dello Spirito Santo,
   Che l'arca traslatò di villa in villa:

CHANT VINGTIÈME.

Lorsque ces chers et brillants joyaux que je voyais enchâssés dans la sixième planète eurent fait taire les sons angéliques, il me sembla entendre comme le murmure d'un fleuve qui descendrait limpide de rocher en rocher, en montrant l'abondance de sa source.

De même que se forme le son près du col de la lyre; de même que l'air pénètre dans les trous du chalumeau; ainsi tout aussitôt ce murmure de l'Aigle s'échappa de son col comme par une ouverture.

Une voix s'y forma et par elle des paroles qui sortirent de son bec, telles que les souhaitait le cœur où je les ai gravées :

« Cet organe qui, dans les aigles mortels, regarde et peut supporter l'éclat du soleil, il faut qu'en moi tu le considères attentivement; car de tous les feux dont je prends forme, ceux dont l'œil étincelle dans ma tête sont du degré le plus éminent. Celui qui scintille au milieu, à la place de la pupille, chanta l'Esprit saint en transportant l'arche de ville en ville. Il sait maintenant les mérites de ses chants où il s'inspirait de son pieux dessein, par l'étendue de la récompense qui en égale la valeur.

Ora conosce 'l merto del suo canto,
  In quanto affetto fu del suo consiglio,
  Per lo remunerar, ch'è altrettanto.

De' cinque, che mi fan cerchio per ciglio,
  Colui, che più al becco mi s'accosta,
  La vedovella consolò del figlio:

Ora conosce quanto caro costa
  Non seguir Cristo, per l'esperienza
  Di questa dolce vita, e dell'opposta.

E quel, che segue in la circonferenza,
  Di che ragiono, per l'arco superno,
  Morte indugiò per vera penitenza:

Ora conosce che 'l giudicio eterno
  Non si trasmuta, perchè degno preco
  Fa crastino laggiù dell'odierno.

L'altro, che segue, con le leggi, e meco,
  Sotto buona 'ntenzion, che fè mal frutto,
  Per cedere al pastor si fece Greco:

Ora conosce come 'l mal dedutto
  Dal suo bene operar non gli è nocivo,
  Avvegna che sia 'l mondo indi distrutto.

E quel, che vedi nell'arco declivo,
  Guiglielmo fu, cui quella terra plora,
  Che piange Carlo e Federigo vivo:

« Des cinq autres qui, groupés en cercle, me forment un sourcil, le plus rapproché de mon bec consola la veuve pleurant son fils[1]. Il sait maintenant par la comparaison de cette douce vie à celle qui lui est si opposée, combien il en coûte de ne suivre pas le Christ.

« Celui qui remonte l'arc au-dessus de la circonférence dont je parle, sut retarder la mort par une sincère pénitence[2]. Il sait maintenant que l'éternel jugement est immuable, bien que là-bas une prière méritoire d'aujourd'hui fasse demain[3].

« L'autre qui vient après, dans de bonnes intentions qui mal fructifièrent, partit avec moi, emportant les lois de son pays, et se fit Grec pour céder sa ville au Pasteur[4]. Il sait maintenant que le mal, sorti de sa bonne œuvre, ne lui est point imputé, quoique la ruine du monde s'en soit suivie.

« Et celui que tu vois où l'arc s'incline, il fut Guillaume[5], regretté de cette terre qui pleure vivants Charles et Frédéric. Il sait maintenant combien le ciel se com-

Ora conosce come s'innamora
  Lo Ciel del giusto rege, ed al sembiante
  Del suo fulgóre il fa vedere ancora.

Chi crederebbe giù nel mondo errante,
  Che Riféo Trojano in questo tondo
  Fosse la quinta delle luci sante?

Ora conosce assai di quel, che 'l mondo
  Veder non può della divina grazia;
  Benchè sua vista non discerna il fondo.

Qual lodoletta, ch'n aere si spazia
  Prima cantando, e poi tace contenta
  Dell' ultima dolcezza, che la sazia,

Tal mi sembiò l'imago della 'mprenta
  Dell' eterno piacere, al cui disio
  Ciascuna cosa, quale ell' è, diventa.

E avvegna ch'io fossi al dubbiar mio
  Lì, quasi vetro allo color, che 'l veste;
  Tempo aspettar tacendo non patío:

Ma della bocca: Che cose son queste?
  Mi pinse con la forza del suo peso:
  Perch'io di coruscar vidi gran feste.

Poi appresso con l'occhio più acceso
  Lo benedetto segno mi rispose,
  Per non tenermi in ammirar sospeso:

plaît en un roi juste, et il le manifeste par l'éclat de sa splendeur.

« Qui pourrait croire là-bas dans ce monde plein d'erreurs, que le Troyen Riphée⁶ fût dans ce même arc la cinquième des saintes lumières? Il sait maintenant, bien que sa vue n'en découvre pas le fond, beaucoup plus de choses de la grâce divine que n'en peut connaître votre monde. »

Telle que l'alouette, qui dans l'air prend son essor en chantant et puis, contente, se tait, comme enivrée de sa dernière mélodie ; telle me parut l'image de ce signe où s'empreint l'éternelle volonté par qui toute chose devient ce qu'elle est.

Bien que le doute se révélât chez moi aussi clairement qu'une couleur à travers le cristal qui la couvre, mon impatience ne sut garder le silence ; et comme cédant à son propre poids, ce cri tomba de ma bouche : « Quelles sont donc ces choses? » C'est que je voyais la grande fête resplendir d'un nouvel éclat.

Aussitôt, l'œil encore plus ardent, le signe béni, pour ne me pas laisser en suspens dans le doute, répondit :

Io veggio, che tu credi queste cose,
  Perch'io le dico, ma non vedi come:
  Sì che se son credute, sono ascose.

Fai come quei, che la cosa per nome
  Apprende ben : ma la sua quiditate
  Veder non puote, s'altri non la prome.

Regnum Cœlorum violenzia pate
  Da caldo amore, e da viva speranza,
  Che vince la divina volontate,

Non a guisa che l'uomo all'uom sovranza :
  Ma vince lei, perchè vuole esser vinta :
  E vinta vince con sua beninanza.

La prima vita del ciglio e la quinta
  Ti fa maravigliar, perchè ne vedi
  La region degli Angeli dipinta.

De' corpi suoi non uscir, come credi,
  Gentili, ma Cristiani, in ferma fede,
  Quel de' passuri, e quel de' passi piedi :

Che l'una dallo 'nferno, u' non si riede
  Giammai a buon voler, tornò all' ossa,
  E ciò di viva speme fu mercede :

Di viva speme, che mise sua possa
  Ne' prieghi fatti a Dio per suscitarla,
  Sì che potesse sua voglia esser mossa.

« Tu crois ces choses, je le vois, parce que je les affirme ; mais le pourquoi elles sont, tu ne le sais, et bien que tu les croies, elles restent mystérieuses. Ainsi fait celui qui connaît la chose par son nom, mais qui n'en peut voir l'essence sans un secours étranger.

« *Le royaume des cieux* » se laisse faire violence par un ardent amour et une vive espérance qui triomphent de la volonté divine, non à la manière de l'homme qui subjugue l'homme ; mais ils la dominent parce qu'elle veut être dominée et, dominée, elle domine par sa bonté [7].

« A ton grand étonnement tu vois la première âme du sourcil [8] et la cinquième [9] briller dans la région des anges ; ces âmes ne sortirent point de leurs corps païennes, comme tu le crois, mais bien chrétiennes et affermies, l'une dans la foi des pieds qui devaient souffrir, l'autre dans la foi des pieds qui avaient souffert [10].

« L'une, pour reprendre ses os, sortit de l'enfer d'où on ne revient jamais au bon vouloir ; ce fut la récompense d'une vive espérance, d'une vive espérance [11] qui, pour ressusciter cette âme, devint si puissante par les prières faites à Dieu, qu'elle put ébranler sa volonté.

L'anima gloriosa, onde si parla,
  Tornata nella carne, in che fu poco,
  Credette in lui, che poteva ajutarla.

E credendo s'accese in tanto fuoco
  Di vero amor, ch'alla morte seconda
  Fu degna di venire a questo giuoco.

L'altra, per grazia, che da sì profonda
  Fontana stilla, che mai creatura
  Non pinse l'occhio insino alla prim'onda,

Tutto suo amor laggiù pose a drittura:
  Perchè di grazia in grazia Dio gli aperse
  L'occhio alla nostra redenzion futura:

Onde credette in quella, e non sofferse
  Da indi 'l puzzo più del paganesmo,
  E riprendeane le genti perverse.

Quelle tre donne gli fur per battesmo,
  Che tu vedesti dalla destra ruota,
  Dinanzi al battezzar più d'un millesmo.

O predestinazion, quanto rimota
  È la radice tua da quegli aspetti,
  Che la prima cagion non veggion *tota!*

E voi mortali tenetevi stretti
  A giudicar: che noi, che Dio vedemo,
  Non conosciamo ancor tutti gli eletti:

CHANT VINGTIÈME.

« L'âme glorieuse dont je parle, retournée dans la chair où elle resta peu, eut foi en celui qui pouvait l'assister ; et, dans sa croyance, elle s'enflamma des feux du véritable amour à ce point, qu'elle se trouva digne, à la seconde mort, de venir en cette joie. »

« L'autre, par une grâce qui jaillit d'une source si profonde, que nulle créature n'enfonça jamais son regard jusqu'à la première onde, mit là-bas tout son amour dans la justice, et Dieu lui accordant grâce sur grâce, lui ouvrit les yeux à notre future rédemption ; elle y eut foi, et ne put dès lors tolérer la corruption du Paganisme dont elle détourna les esprits pervertis.

« Ces trois femmes que tu as vues à la roue droite du char [12], pour baptême lui furent données, plus de mille ans avant qu'on baptisât.

« O Prédestination ! combien ta racine est cachée aux yeux qui ne voient pas la cause première *Iota* [13].

« Soyez donc réservés dans vos jugements, ô mortels, car nous-mêmes qui voyons Dieu, nous ne connaissons pas tous les élus ; et une telle ignorance nous est douce,

Ed enne dolce così fatto scemo :
   Perchè 'l ben nostro in questo ben s'affina,
   Che quel, che vuole Dio, e noi volemo.

Così da quella immagine divina,
   Per farmi chiara la mia corta vista,
   Data mi fu soave medicina.

E come a buon cantor buon citarista
   Fa seguitar lo guizzo della corda,
   In che più di piacer lo canto acquista,

Sì mentre che parlò, mi si ricorda
   Ch'io vidi le duo luci benedette,
   Pur come batter d'occhi si concorda,

Con le parole muover le fiammette.

puisque nos joies prennent leur achèvement dans la joie de vouloir ce que Dieu veut. »

Ainsi cette divine image remédiait doucement à la faiblesse de ma vue par ses claires révélations.

Et de même qu'un bon cithariste accompagne un habile chanteur par les modulations de ses cordes, si bien que la mélodie en a plus de charme; ainsi (je m'en souviens) tandis qu'elle parlait, je vis les deux lumières bénies, au son de ses paroles agiter leurs flammes de concert, comme se lèvent et s'abaissent deux paupières.

CANTO VIGESIMOPRIMO

Già eran gli occhi miei rifissi al volto
   Della mia donna, e l'animo con essi,
   E da ogni altro intento s'era tolto:

Ed ella non ridea: ma, S'io ridessi,
   Mi cominciò, tu ti faresti quale
   Semele fu, quando di cener fessi:

Che la bellezza mia, che per le scale
   Dell' eterno palazzo più s'accende,
   Com' hai veduto, quanto più si sale,

Se non si temperasse, tanto splende,
   Che 'l tuo mortal podere al suo fulgóre
   Parrebbe fronda, che trono scoscende.

Noi sem levati al settimo splendore,
   Che sotto 'l petto del Lione ardente
   Raggia mo misto giù del suo valore.

CHANT VINGT-UNIÈME

Déjà mes yeux se fixaient de nouveau sur le visage de ma Dame, et avec eux mon âme, détournée de tout autre soin.

Cependant elle ne souriait plus. « Si je souriais, dit-elle, tu deviendrais tel que devint Sémélé quand elle fut consumée [1] ; car ma beauté qui, tu l'as vu, par les degrés de l'éternel palais s'illumine de plus en plus, à mesure que nous montons, devient si resplendissante, que si elle ne se tempérait, à son éclat ta nature mortelle serait comme un rameau brisé par le tonnerre.

« Nous voici parvenus à la septième splendeur qui, sous l'ardente poitrine du Lion, participant à son influence, darde maintenant ses rayons. Que derrière tes

Ficca dirietro agli occhi tuoi la mente,
　E fa di quegli specchio alla figura,
　Che 'n questo specchio ti sarà parvente.

Qual savesse qual'era la pastura
　Del viso mio nell'aspetto beato,
　Quand'io mi trasmutai ad altra cura,

Conoscerebbe quanto m'era a grato
　Ubbidire alla mia celeste scorta,
　Contrappesando l'un con l'altro lato.

Dentro al cristallo, che 'l vocabol porta,
　Cerchiando 'l mondo del suo caro duce,
　Sotto cui giacque ogni malizia morta,

Di color d'oro, in che raggio traluce,
　Vid'io uno scaléo eretto in suso,
　Tanto che nol seguiva la mia luce.

Vidi anche per li gradi scender giuso
　Tanti splendor, ch'io pensai, ch'ogni lume
　Che par nel Ciel, quindi fosse diffuso.

E come per lo natural costume
　Le pole insieme al cominciar del giorno
　Si muovono a scaldar le fredde piume;

Poi altre vanno via senza ritorno,
　Altre rivolgon se, onde son mosse,
　E altre roteando fan soggiorno,

yeux ton esprit se dirige et que tes yeux deviennent des miroirs où se réfléchisse l'image qui t'apparaîtra dans cet autre miroir. »

Qui saurait comme mes regards se repaissaient de ce bienheureux aspect, au moment où un autre soin m'attira, connaîtrait, compensant ainsi un plaisir avec l'autre, combien m'était douce l'obéissance à mon céleste guide.

Dans la planète qui tourne autour du monde, portant le nom du roi bien-aimé sous qui toute malice était morte sur la terre[2], je découvris une échelle : elle était de la couleur de l'or que fait reluire un rayon de soleil, et s'élevait si haut que ma vue ne la pouvait suivre.

Par les échelons je vis descendre des splendeurs en si grand nombre, qu'il me sembla que là s'épandaient toutes les lumières qui brillent au ciel.

On voit les corneilles, au point du jour, par un mouvement instinctif, s'agiter toutes à la fois pour réchauffer leurs ailes refroidies; puis les unes s'en aller sans retour, les autres revenir à la place d'où elles étaient parties; d'autres rester en tournoyant; ainsi faisaient, me parut-il, ces esprits étincelants, lorsque, venant ensemble, chacun d'eux atteignait un certain échelon.

Tal modo parve a me, che quivi fosse
 In quello sfavillar, che 'nsieme venne,
 Sì come in certo grado si percosse :

E quel, che presso più ci si ritenne,
 Si fè sì chiaro, ch'io dicea, pensando,
 Io veggio ben l'amor, che tu m'accenne.

Ma quella, ond'io aspetto il come, e 'l quando
 Del dire, e del tacer, si sta ; ond'io
 Contra 'l disio fo ben, ch'io non dimando.

Perch'ella, che vedeva il tacer mio
 Nel veder di colui, che tutto vede,
 Mi disse : Solvi il tuo caldo disio.

Ed io incominciai : La mia mercede
 Non mi fa degno della tua risposta,
 Ma per colei, che 'l chieder mi concede :

Vita beata, che ti stai nascosta
 Dentro alla tua letizia, fammi nota
 La cagion, che sì presso mi t'accosta :

E dì perchè si tace in questa ruota
 La dolce sinfonia di Paradiso,
 Che giù per l'altre suona sì devota.

Tu hai l'udir mortal sì come 'l viso,
 Rispose a me : però qui non si canta
 Per quel, che Beatrice non ha riso.

CHANT VINGT-UNIÈME.

Celui qui se posa le plus près devint si brillant, que par la pensée je me disais : Oh! je vois bien l'amour que tu me montres! Mais celle dont j'attends le signe, pour parler ou me taire à propos, reste immobile ; aussi, malgré tout mon désir, bien m'en prend de ne rien demander.

Sur quoi, elle, qui, dans la contemplation de celui qui voit tout, voyait la cause de mon silence : « Laisse échapper ton brûlant désir », me dit-elle, et je parlai ainsi :

« Nul mérite ne me rend digne de ta réponse ; mais au nom de celle qui autorise ma demande, âme bienheureuse sous ce voile qui t'enveloppe, dis-moi quelle cause te rapproche ainsi de moi, et pourquoi fait silence dans cette sphère la douce symphonie du Paradis, dont les pieux accents résonnent dans les autres. »

— « Tu as, aussi bien que la vue, l'ouïe d'un mortel, me répondit-elle ; ici le chant se tait par la même raison que Béatrix ne sourit pas. Je n'ai descendu jusqu'ici les

Giù per li gradi della scala santa
  Discesi tanto sol per farti festa
  Col dire e con la luce, che m'ammanta:

Nè più amor mi fece esser più presta:
  Che più e tanto amor quinci su ferve,
  Sì come 'l fiammeggiar ti manifesta.

Ma l'alta carità, che ci fa serve
  Pronte al consiglio, che 'l mondo governa,
  Sorteggia qui, sì come tu osserve.

Io veggio ben, diss'io, sacra lucerna,
  Come libero amore in questa Corte
  Basta a seguir la providenza eterna.

Ma quest'è quel, ch'a cerner mi par forte;
  Perchè predestinata fosti sola
  A questo uficio, tra le tue consorte.

Non venni prima all'ultima parola,
  Che del suo mezzo fece il lume centro,
  Girando se come veloce mola.

Poi rispose l'amor, che v'era dentro,
  Luce divina sovra me s'appunta,
  Penetrando per questa, ond'io m'inventro:

La cui virtù col mio veder congiunta
  Mi leva sovra me tanto, ch'io veggio
  La somma essenzia, della quale è munta.

degrés de la sainte échelle, que pour te fêter et par mes paroles et par la lumière qui m'enveloppe : ce n'est pas que plus d'amour m'ait rendue plus empressée, car là-haut, tu peux le voir au rayonnement, on est embrasé d'un amour égal au mien ou plus vif encore.

« Mais la suprême charité qui fait de nous les servantes dociles à la volonté qui gouverne le monde, nous range ici dans l'ordre que tu remarques. »

— « Je vois bien, dis-je, ô lampe sacrée, qu'il suffit dans cette cour d'un amour libre pour suivre les voies de la Providence éternelle, mais il me paraît difficile à comprendre que seule, entre tes compagnes, tu aies été prédestinée à cet office. »

Je n'avais pas dit ma dernière parole, que la splendeur, se faisant comme un centre de son milieu, tourna comme une meule rapide; puis de son amour intérieur, elle répondit :
« A travers mon enveloppe de lumière, la lumière divine pénètre jusqu'à moi; et telle est sa vertu que, jointe à ma vision, elle m'élève jusqu'à la contemplation de la suprême essence d'où elle découle. De là vient qu'égalant la clarté de mes rayons à la clarté de ma vue, je rayonne de tant d'allégresse.

Quinci vien l'allegrezza, ond'io fiammeggio,
  Perchè alla vista mia, quant'ella è chiara,
  La chiarità della fiamma pareggio.

Ma quell'alma nel Ciel, che più si schiara,
  Quel Serafin, che 'n Dio più l'occhio ha fisso,
  Alla dimanda tua non soddisfara:

Perocchè sì s'innoltra nell'abisso
  Dell'eterno statuto quel, che chiedi,
  Che da ogni creata vista è scisso.

E al mondo mortal quando tu riedi,
  Questo rapporta, sì che non presumma
  A tanto segno più muover li piedi.

La mente, che qui luce, in terra fumma:
  Onde riguarda come può laggiúe
  Quel, che non puote, perchè 'l Ciel l'assumma.

Sì mi prescrisser le parole sue,
  Ch'io lasciai la quistione, e mi ritrassi
  A dimandarla umilmente chi fue.

Tra duo liti d'Italia surgon sassi,
  E non molto distanti alla tua patria,
  Tanto che i tuoni assai suonan più bassi:

E fanno un gibbo, che si chiama Catria,
  Disotto al quale è consecrato un'ermo,
  Che suol'esser disposto a sola latria.

« Mais ni l'âme qui le plus resplendit dans le ciel, ni le séraphin dont l'œil pénètre en Dieu le plus avant, ne répondrait à ta question, car ce que tu demandes s'enfonce dans l'abîme des décrets éternels à une profondeur impénétrable à toute vue créée.

« A ton retour dans le monde mortel, aie soin de le redire, afin qu'on n'ait pas la témérité de tendre à un but si élevé. L'esprit qui est lumière ici, sur la terre n'est que fumée : comment pourrait-il là-bas ce qu'il ne peut ici où le ciel le favorise ? »

Je fus si frappé de ses paroles, que je laissai là ma question, me bornant à lui demander avec humilité qui elle était.

« Entre les deux rivages d'Italie, et pas très-loin de ta patrie, des rochers s'élèvent à une telle hauteur, que souvent le tonnerre gronde à leur pied[3]; ils forment une crête qu'on appelle Catria; au-dessous est un ermitage réservé au seul culte de Dieu. »

Così ricominciommi 'l terzo sermo:
 E poi continuando disse: Quivi
 Al servigio di Dio mi fei sì fermo,

Che pur con cibi di liquor d'ulivi
 Lievemente passava caldi e gieli,
 Contento ne' pensier contemplativi.

Render solea quel chiostro a questi Cieli
 Fertilemente: ed ora è fatto vano,
 Sì che tosto convien, che si riveli.

In quel loco fu' io Pier Damiano:
 E Pietro peccator fui nella casa
 Di Nostra Donna in sul lito Adriano.

Poca vita mortal m'era rimasa,
 Quand'io fu' chiesto, e tratto a quel cappello,
 Che pur di male in peggio si travasa.

Venne Cephas, e venne il gran vasello
 Dello Spirito Santo, magri e scalzi,
 Prendendo 'l cibo di qualunque ostello:

Or voglion quinci, e quindi chi rincalzi
 Gli moderni pastori, e chi gli meni,
 Tanto son gravi, e chi dirietro gli alzi.

Cuopron de' manti lor gli palafreni,
 Sì che duo bestie van sott'una pelle,
 O pazienzia, che tanto sostieni!

L'esprit, qui me répondait pour la troisième fois, continua ainsi : « Là je devins si ferme dans le service de Dieu, que, nourri d'aliments assaisonnés du seul suc de l'olive, et recueilli dans mes pensées contemplatives, je supportais facilement les chaleurs et les frimas.

« Ce cloître, si fertile autrefois pour le ciel où nous sommes, est devenu si stérile qu'on ne tardera pas à s'en apercevoir.

« Là je fus Pierre Damien [4], et dans le couvent de Notre-Dame, sur le rivage de l'Adriatique, je fus Pierre le pécheur.

« Peu de vie mortelle me restait, au moment où je fus appelé et attiré à ce chapeau [5] qui, se transmettant, va toujours de mal en pis.

« Céphas et le grand Vase d'élection du Saint-Esprit [6] s'en allaient maigres, et pieds nus, en quête de leur nourriture. Mais pour les pasteurs de nos jours, il faut, tant ils sont gras, qu'on les soutienne d'ici et de là, qu'on les conduise et que par derrière on relève leur robe [7]. Ils couvrent de leurs manteaux leurs palefrois, et ainsi vont deux bêtes sous une même peau. Quelle patience qui supporte tout cela ! »

A questa voce vid'io più fiammelle
  Di grado in grado scendere e girarsi,
  Ed ogni giro le facea più belle.

Dintorno a questa vennero, e fermarsi,
  E fero un grido di sì alto suono,
  Che non potrebbe qui assomigliarsi:

Nè io lo 'ntesi, sì mi vinse il tuono.

A ces paroles, je vis un grand nombre de petites flammes descendre en tournoyant d'échelon en échelon, et à chaque tour devenir plus belles.

Elles vinrent se poser près de celle qui m'avait parlé, en poussant un cri si retentissant que rien ici-bas n'y pourrait être comparé. Assourdi par un tel tonnerre, je n'entendis plus rien.

CANTO VIGESIMOSECONDO

Oppresso di stupore alla mia guida
  Mi volsi come parvol, che ricorre
  Sempre colà, dove più si confida.

E quella, come madre, che soccorre
  Subito al figlio pallido ed anelo,
  Con la sua voce, che 'l suol ben disporre,

Mi disse: Non sa' tu, che tu se 'n Cielo,
  E non sa' tu, che 'l Cielo è tutto santo,
  E ciò che ci si fa, vien da buon zelo?

Come t'avrebbe trasmutato il canto;
  (Ed io, ridendo: mo pensar lo puoi)
  Poscia che 'l grido t'ha mosso cotanto?

Nel qual se 'nteso avessi i prieghi suoi,
  Già ti sarebbe nota la vendetta,
  La qual vedrai innanzi che tu muoi.

CHANT VINGT-DEUXIÈME

Frappé de stupeur, je me retournai vers celle qui me guidait, comme fait le petit enfant toujours prompt à se réfugier là où plus de confiance l'attire ; et celle-ci, semblable à une mère qui, de sa voix toujours bienfaisante, rassure en un instant son fils tout pâle et hors d'haleine : « Ne sais-tu pas que tu es dans le ciel ? me dit-elle ; ne sais-tu pas que tout y est sainteté, que tout ce qui s'y fait vient d'un bon zèle ?

« A quel point t'eussent mis hors de toi le chant des splendeurs et le rayonnement de mon sourire, tu peux le comprendre maintenant, puisque ce cri t'a si fort troublé. Et si tu avais pu entendre quelles prières il exprimait, dès à présent tu saurais la vengeance dont tu seras témoin avant de mourir[1].

La spada di quassù non taglia in fretta,
  Nè tardo, mache al parer di colui,
  Che desiando, o temendo l'aspetta.

Ma rivolgiti omai inverso altrui:
  Ch'assai illustri spiriti vedrai,
  Se com'io dico la vista ridui.

Com'a lei piacque, gli occhi dirizzai,
  E vidi cento sperule, che'nsieme
  Più s'abbellivan con mutui rai.

Io stava come quei, che 'n se ripreme
  La punta del disio, e non s'attenta
  Del dimandar, sì del troppo si teme:

E la maggiore, e la più luculenta
  Di quelle margherite innanzi fessi,
  Per far di se la mia voglia contenta.

Poi dentro a lei udî: Se tu vedessi,
  Com'io, la carità, che tra noi arde,
  Li tuoi concetti sarebbero espressi;

Ma perchè tu aspettando non tarde
  All'alto fine, io ti farò risposta
  Pure al pensier, di che sì ti riguarde.

Quel monte, a cui Cassino è nella costa,
  Fu frequentato già in su la cima
  Dalla gente ingannata, e mal disposta.

« L'épée d'en haut n'est prompte ou tardive qu'aux yeux de celui qui, dans l'attente de ses coups, s'effraie ou désire.

« Mais tourne-toi maintenant vers d'autres lumières, et si ton regard se dirige comme je l'entends, tu verras les esprits les plus illustres. »

J'obéis à ses paroles et mes yeux, se détournant, aperçurent cent petites sphères qui, groupées ensemble, s'embellissaient de l'éclat mutuel de leurs rayons.

Je restais immobile, comme celui qui retient en lui l'aiguillon du désir, et ne se permet pas d'interroger, par crainte d'abuser. La plus brillante de ces perles se détacha et vint s'offrir à contenter mon souhait, et de son sein s'échappa cette parole : « Si comme moi tu voyais quelle charité nous embrase, tu oserais exprimer tes pensées, mais afin que par cette hésitation ta marche vers le noble but ne soit pas retardée, je ferai d'avance ma réponse à la pensée qui te met en émoi.

« Cette montagne, sur la pente de laquelle on voit Cassin[2], eut autrefois son sommet habité par une race pleine d'erreurs et de mauvais penchants : c'est moi qui

Ed io son quel, che 'su vi portai prima
 Lo nome di colui, che 'n terra addusse
 La verità, che tanto ci sublima:

E tanta grazia sovra me rilusse,
 Ch'io ritrassi le ville circonstanti
 Dall'empio colto, che 'l mondo sedusse.

Questi altri fuochi tutti contemplanti
 Uomini furo, accesi di quel caldo,
 Che fa nascere i fiori, e i frutti santi.

Qui è Maccario: qui è Romoaldo:
 Qui son li frati miei, che dentro a' chiostri
 Fermar li piedi, e tennero 'l cuor saldo.

Ed io a lui: L'affetto, che dimostri
 Meco parlando; e la buona sembianza,
 Ch'io veggio e noto in tutti gli ardor vostri,

Così m'ha dilatata mia fidanza,
 Come 'l Sol fa la rosa, quando aperta
 Tanto divien, quant'ell'ha di possanza.

Però ti prego, e tu, padre, m'accerta,
 S'io posso prender tanta grazia, ch'io
 Ti veggia con immagine scoverta.

Ond'egli: Frate, il tuo alto disio
 S'adempierà in su l'ultima spera,
 Ove s'adempion tutti gli altri, e 'l mio.

pour la première fois y portai le nom de Celui par qui cette vérité, cause de notre grandeur, fut connue sur la terre, et en moi tant de grâce éclata, que je parvins à retirer les cités d'alentour du culte impie qui séduisit le monde.

« Toutes ces autres splendeurs furent des hommes contemplatifs, enflammés de cette chaleur qui fait naître les fleurs et les fruits de la sainteté [3].

« Voici Macaire [4], voici Romuald [5] ; voici mes frères dont le cloître arrêta les pas et qui s'y fixèrent d'un cœur ferme. »

Et moi : « A l'affection que ton langage me montre, à la bienveillance si marquée que je vois dans toutes vos splendeurs, ma confiance se dilate comme fait la rose aux rayons du soleil, quand elle s'ouvre dans tout l'éclat de son épanouissement.

« Mais je t'en prie (et dis-moi si une telle grâce m'est due), père, que je te voie avec ta figure à découvert. »

Et lui : « Ton ardent désir, frère, sera exaucé dans la dernière sphère, là-haut où tous les désirs, le mien aussi, sont exaucés. Là chaque désir atteint sa parfaite

Ivi è perfetta matura ed intera
　Ciascuna disianza: in quella sola
　È ogni parte là, dove sempr'era:

Perchè non è in luogo, e non s'impola:
　E nostra scala infino ad essa varca:
　Onde così dal viso ti s'invola.

Infin lassù la vide il Patriarca
　Jacob isporger la superna parte,
　Quando gli apparve d'Angeli sì carca.

Ma per salirla mo nessun diparte
　Da terra i piedi: e la regola mia
　Rimasa è giù per danno delle carte.

Le mura, che soleano esser badìa,
　Fatte sono spelonche, e le cocolle
　Sacca son, piene di farina ria.

Ma grave usura tanto non si tolle
　Contra 'l piacer di Dio, quanto quel frutto,
　Che fa il cuor de' monaci sì folle.

Che quantunque la Chiesa guarda, tutto
　È della gente, che per Dio dimanda,
　Non di parente, nè d'altro più brutto.

La carne de' mortali è tanto blanda,
　Che giù non basta buon cominciamento,
　Dal nascer della quercia al far la ghianda.

et pleine maturité ; là seulement chaque partie est là où toujours elle fut ; ni lieu, ni pôles ne la limitent[6] : jusqu'à cette hauteur atteint notre échelle, dont l'extrémité échappe ainsi à ta vue ; c'est là-haut que le Patriarche Jacob la vit porter ses derniers échelons, lorsqu'elle lui apparut si chargée d'Anges[7].

« Pour la gravir, nul maintenant ne détache seulement son pied de la terre ; et là-bas ma règle n'est plus que lettre morte. Les abbayes d'autrefois sont autant de cavernes, et les frocs des sacs pleins de farine gâtée.

« Non, la lourde usure ne brave point le déplaisir de Dieu comme le brave ce lucre, dont s'affole le cœur de vos moines[8]. Car dans les épargnes de l'Église, tout est pour ceux qui demandent au nom de Dieu, rien pour les parents ou pour d'autres encore plus indignes.

« Mais (telles sont les séductions de la chair), ce qui commence si bien ne dure pas plus qu'il ne faut de temps au chêne qui vient de naître pour porter des

Pier cominciò sanz'oro e sanza argento,
  Ed io con orazione e con digiuno,
  E Francesco umilmente il suo convento.

E se guardi al principio di ciascuno,
  Poscia riguardi là, dov'è trascorso,
  Tu vederai del bianco fatto bruno.

Veramente Giordan volto è retrorso:
  Più fu il mar fuggir, quando Dio volse,
  Mirabile a veder, che qui il soccorso.

Così mi disse: e indi si ricolse
  Al suo collegio, e 'l collegio si strinse:
  Poi come turbo in su tutto s'accolse.

La dolce donna dietro a lor mi pinse
  Con un sol cenno su per quella scala,
  Sì sua virtù la mia natura vinse:

Nè mai quaggiù, dove si monta e cala,
  Naturalmente fu sì ratto moto,
  Ch'agguagliar si potesse alla mia ala.

S'io torni mai, Lettore, a quel devoto
  Trionfo, per lo quale io piango spesso
  Le mie peccata, e 'l petto mi percuoto,

Tu non avresti in tanto tratto e messo
  Nel fuoco il dito, in quanto io vidi 'l segno,
  Che segue 'l Tauro, e fui dentro da esso.

glands. Pierre se mit à l'œuvre sans or et sans argent⁹, moi, avec la prière et le jeûne, et François avec l'humilité qui fut la loi de son ordre.

« Regarde bien à l'origine de chacun, regarde ensuite où il en est venu, tu verras qu'il a passé du blanc au noir. Mais le Jourdain a bien rebroussé chemin ; et la mer, fuyant à l'ordre de Dieu, fut une plus grande merveille que ne le serait ici un secours efficace. »

Il dit, et se retirant vers les autres, la troupe des esprits se resserra et comme un tourbillon s'élança tout entière.

La douce Dame, d'un seul signe dont la vertu triompha de ma nature, me poussa sur cette échelle à leur suite. Et ici-bas, soit qu'on monte ou qu'on descende, jamais mouvement naturel, si rapide qu'il fût, n'égala celui de mon aile.

Que je ne revienne jamais, Lecteur, à ce pieux triomphe pour lequel je pleure souvent mes péchés, en me battant la poitrine, s'il n'est vrai qu'en moins de temps qu'il ne t'en faudrait pour mettre ton doigt au feu et l'en retirer, je vis le signe qui suit le Taureau[10], et pénétrai dans son sein.

O gloriose stelle, o lume pregno
  Di gran virtù, dal quale io riconosco
  Tutto (qual che si sia) il mio ingegno:

Con voi nasceva, e s'ascondeva vosco
  Quegli, ch'è padre d'ogni mortal vita,
  Quand'io sentî da prima l'aer Tosco:

E poi quando mi fu grazia largita
  D'entrar nell'alta ruota, che vi gira,
  La vostra region mi fu sortita.

A voi divotamente ora sospira
  L'anima mia, per acquistar virtute
  Al passo forte, che a se la tira.

Tu se' sì presso all'ultima salute,
  Cominciò Beatrice, che tu dei
  Aver le luci tue chiare e acute.

E però prima che tu più t'inlei,
  Rimira in giuso, e vedi quanto mondo,
  Sotto li piedi già esser ti fei:

Sì che'l tuo cuor, quantunque può giocondo,
  S'appresenti alla turba trionfante,
  Che lieta vien per questo etera tondo.

Col viso ritornai per tutte quante
  Le sette spere, e vidi questo globo
  Tal ch'io sorrisi del suo vil sembiante:

O glorieuses étoiles, ô lumière, à la puissante vertu de laquelle je dois tout ce que je puis avoir de génie [11], celui qui est le père de toute vie mortelle [12] naissait et se cachait avec vous, au moment où, pour la première fois, je sentis l'air Toscan ; puis, quand me fut accordée la grâce de m'élever dans la sphère dont le mouvement vous emporte, il me fut donné de traverser votre région : vers vous maintenant mon âme ne cesse de soupirer, afin d'acquérir de la force pour le difficile passage où elle est attirée.

« Te voilà si près de la dernière félicité, me dit Béatrix, qu'il te faut une vue claire et perçante. Ainsi, avant d'y pénétrer davantage, regarde en bas, et vois quelle vaste partie du monde j'ai déjà placée sous tes pieds, afin que ton cœur, avec toute la joie qu'il peut ressentir, se présente à la foule triomphante qui, pleine d'allégresse, s'avance par cette route éthérée. »

Retournant mon regard à travers toutes les sept sphères, je découvris notre globe et je ne pus que sourire de sa pauvre apparence [13] : aussi meilleure me paraît être la pensée

E quel consiglio per migliore appróbo,
  Che l'ha per meno : e chi ad altro pensa,
  Chiamar si puote veramente probo.

Vidi la figlia di Latona incensa
  Senza quell'ombra, che mi fu cagione,
  Perchè già la credetti rara e densa.

L'aspetto del tuo nato, Iperione,
  Quivi sostenni, e vidi com' si muove
  Circa, e vicino a' lui Maja e Dione,

Quindi m'apparve il temperar di Giove
  Tra 'l padre e 'l figlio : e quindi mi fu chiaro
  Il variar, che fanno di lor dove :

E tutti e sette mi si dimostraro
  Quanto son grandi, e quanto son veloci,
  E come sono in distante riparo.

L'ajuola, che ci fa tanto feroci,
  Volgendom'io con gli eterni Gemelli,
  Tutta m'apparve da' colli alle foci :

Poscia rivolsi gli occhi agli occhi belli.

qui le rabaisse le plus, comme il faut tenir pour sage celui qui pense à l'autre monde.

Je vis la fille de Latone tout enflammée, et dégagée de cette ombre qui auparavant me la faisait croire tout à la fois rare et dense.

Là je pus supporter l'aspect de ton fils, ô Hypérion, en voyant autour et près de lui se mouvoir Maïa et Dione [14].

De là m'apparut Jupiter modérant son père et son fils [15], et je pus m'expliquer leurs variations de lieu.

Toutes les sept planètes me montrèrent et leur grandeur, et la vitesse qui les emporte, et les distances qui les séparent.

Ce petit coin de terre dont nous sommes si fiers, au moment où je tournais avec les éternels Gémeaux, m'apparut tout entier, avec ses mers et ses montagnes, et je reportai mes yeux vers les beaux yeux.

CANTO VIGESIMOTERZO

Come l'augello, intra l'amate fronde,
   Posato al nido de' suoi dolci nati,
   La notte, che le cose ci nasconde,

Che per veder gli aspetti desiati,
   E per trovar lo cibo, onde gli pasca,
   In che i gravi labór gli sono aggrati,

Previene 'l tempo in su l'aperta frasca,
   E con ardente affetto il Sole aspetta,
   Fiso guardando, pur che l'alba nasca;

Così la donna mia si stava eretta,
   E attenta rivolta inver la plaga,
   Sotto la quale il Sol mostra men fretta:

Sì che veggendola io sospesa e vaga,
   Fecimi quale è quei, che disiando
   Altro vorria, e sperando s'appaga.

CHANT VINGT-TROISIÈME

Comme l'oiseau qui, dans le feuillage bien-aimé, pendant la nuit qui nous cache toute chose, repose près du nid de ses doux nouveau-nés, impatient de jouir de leur vue désirée, et pour leur chercher la pâture, avec les dures fatigues qui lui seront un plaisir, devance le temps sur la branche découverte, attendant le soleil avec un ardent désir, et le regard fixé vers l'aube qui va naître [1]; ainsi se tenait ma Dame, debout et attentive, les yeux tournés vers la région où la marche du soleil se montre moins rapide.

La voyant ainsi pensive et soucieuse, je devins comme celui qui, voulant ce qu'il n'a pas, désire et s'apaise en espérant.

Ma poco fu tra uno ed altro quando,
　Del mio attender dico, e del vedere
　Lo Ciel venir più e più rischiarando.

E Beatrice disse: Ecco le schiere
　Del trionfo di Cristo, e tutto 'l frutto
　Ricolto del girar di queste spere.

Parcami, che 'l suo viso ardesse tutto:
　E gli occhi avea di letizia sì pieni,
　Che passar mi convien senza costrutto.

Quale ne' plenilunii sereni
　Trivia ride tra le Ninfe eterne,
　Che dipingono 'l Ciel per tutti i seni,

Vid' io, sopra migliaja di lucerne,
　Un Sol, che tutte quante l'accendea,
　Come fa 'l nostro le viste superne:

E per la viva luce trasparea
　La lucente sustanzia tanto chiara,
　Nel viso mio, che non la sostenea.

O Beatrice dolce guida e cara!
　Ella mi disse: Quel, che ti sobranza,
　È virtù, da cui nulla si ripara.

Quivi è la sapienza, e la possanza,
　Ch' aprì le strade tra 'l Cielo e la Terra,
　Onde fu già sì lunga disianza.

Mais entre l'un et l'autre l'intervalle fut court ; je veux dire entre mon attente et la vue du ciel s'illuminant de plus en plus.

Et Béatrix dit : « Voici les légions du Christ triomphant et tout le fruit recueilli du roulement de ces sphères ! »

Son visage me parut tout enflammé, et une telle joie débordait de ses yeux, que je dois passer sans essayer de l'exprimer.

Telle que, dans la sérénité des pleines lunes, Phœbé sourit au milieu des nymphes éternelles qui parsèment de leurs clartés toutes les régions du ciel ; tel m'apparut, par delà des milliers de lueurs, un soleil qui les faisait briller toutes, comme brillent, par l'éclat du nôtre, les beautés du firmament ; et à travers la vive splendeur se montrait une substance si éblouissante, que je n'en pouvais supporter la vue.

O Béatrix ! ô douce et chère conductrice ! Elle me dit : « Tu es vaincu par une vertu contre laquelle il n'est point de défense. C'est la sagesse, c'est la puissance qui ouvrit la route entre le ciel et la terre, en mettant fin à une si longue attente. »

Come fuoco di nube si disserra
  Per dilatarsi, sì che non vi cape,
  E fuor di sua natura in giù s'atterra,

Così la mente mia tra quelle dape
  Fatta più grande, di se stessa uscìo,
  E che si fesse rimembrar non sape.

Apri gli occhi, e riguarda qual son' io:
  Tu hai vedute cose, che possente
  Se' fatto a sostener lo riso mio.

Io era come quei, che si risente
  Di visione obblita, e che s'ingegna
  Indarno di riducerlasi a mente,

Quando io udî questa profferta degna
  Di tanto grado, che mai non si stingue
  Del libro, che 'l preterito rassegna.

Se mo sonasser tutte quelle lingue,
  Che Polinnia con le suore fero
  Del latte lor dolcissimo più pingue,

Per ajutarmi, al millesmo del vero
  Non si verria, cantando 'l santo riso,
  E quanto 'l santo aspetto facea mero.

E così figurando 'l Paradiso
  Convien saltar lo sagrato poema,
  Come chi truova suo cammin reciso.

Le feu, se dilatant, perce la nue qui ne peut plus le contenir, et, contrariant sa nature, se précipite vers la terre ; ainsi mon esprit, nourri de tels aliments, s'agrandit, s'élança hors de lui-même ; et ce qu'il devint, il est impuissant à se le rappeler [2].

« Ouvre les yeux, regarde comme je suis maintenant : après ce que tu as vu, tu es assez fort pour soutenir mon éclat. »

A cette offre si digne d'une gratitude qui la conserve ineffaçable dans le livre où je recueille le passé, je devins semblable à celui qui garde l'impression d'une vision oubliée, et s'ingénie en vain pour la faire revenir en sa mémoire.

Quand maintenant résonneraient pour m'aider, toutes les langues que Polymnie et ses sœurs, de leur lait le plus doux, rendirent fécondes, je n'arriverais pas à la millième partie de la vérité, en chantant le saint sourire et son pur rayonnement sur le saint visage. Mon poëme sacré, où se peint le Paradis, franchira donc ce passage comme on franchit un chemin rompu.

Ma chi pensasse il ponderoso tema,
　E l'omero mortal, che se ne carca,
　Nol biasmerebbe, se sott'esso trema.

Non è poleggio da picciola barca
　Quel, che fendendo va l'ardita prora,
　Nè da nocchier, ch'a se medesmo parca.

Perchè la faccia mia sì t'innamora,
　Che tu non ti rivolgi al bel giardino,
　Che sotto i raggi di Cristo s'infiora?

Quivi è la rosa, in che'l Verbo Divino
　Carne si fece : quivi son li gigli,
　Al cui odor si prese'l buon cammino.

Così Beatrice : ed io, ch'a' suoi consigli
　Tutto era pronto, ancora mi rendei
　Alla battaglia de' debili cigli.

Come a raggio di Sol, che puro mei
　Per fratta nube, già prato di fiori
　Vider coperti d'ombra gli occhi miei,

Vid'io così più turbe di splendori
　Fulgurati di su, di raggi ardenti,
　Sanza veder principio di fulgóri.

O benigna virtù, che sì gl'imprenti,
　Su t'esaltasti per largirmi loco
　Agli occhi lì, che non eran possenti.

Mais en pensant à ce lourd fardeau, comment reprocherait-on de fléchir à l'épaule mortelle qui s'en charge? Ce n'est point à faire à une nacelle ni à un nocher qui se ménage, de fendre les flots où s'aventure ma proue audacieuse.

« Tu es donc bien épris de mon visage, que tu ne tournes point ta vue vers ce beau jardin qui, sous les rayons du Christ, se couvre de fleurs? Là est la rose au sein de laquelle le Verbe divin se fit chair; là sont les lis³ dont le parfum dirige vers le droit chemin. »

Ainsi parla Béatrix; et moi, tout soumis à ses conseils, je livrai mes paupières débiles à l'épreuve d'une lutte nouvelle. Parfois, sous un pur rayon de soleil se glissant à travers une nue déchirée, j'ai vu, couvert d'ombre moi-même, une prairie émaillée de fleurs. Ainsi je vis une multitude de splendeurs comme foudroyées d'en haut par des rayons ardents, sans apercevoir le foyer de leurs éclairs. O bénigne vertu dont elles portent l'empreinte, tu t'élevas plus haut, afin de laisser la liberté de voir à mes yeux qui manquaient de puissance.

Il nome del bel fior, ch'io sempre invoco
  E mane e sera, tutto mi ristrinse
  L'animo ad avvisar lo maggior foco.

E com'ambo le luci mi dipinse
  Il quale, e'l quanto della viva stella,
  Che lassù vince, come quaggiù vinse,

Perentro'l Cielo scese una facella,
  Formata in cerchio a guisa di corona,
  E cinsela, e girossi intorno ad ella.

Qualunque melodia più dolce suona
  Quaggiù, e più a se l'anima tira
  Parrebbe nube, che squarciata tuona,

Comparata al sonar di quella lira,
  Onde si coronava il bel zaffiro,
  Del quale il Ciel più chiaro s'inzaffira.

Io sono amore angelico, che giro
  L'alta letizia, che spira del ventre,
  Che fu albergo del nostro disiro :

E girerommi, Donna del Ciel, mentre
  Che seguirai tuo Figlio, e farai dia
  Più la spera suprema, perchè lì entre.

Così la circulata melodia
  Si sigillava, e tutti gli altri lumi
  Facén sonar lo nome di MARIA.

Le nom de la belle fleur que j'invoque toujours et le matin et le soir arrêta toute mon âme sur le feu le plus brillant ; et aussitôt que par mes deux yeux me furent révélés l'éclat et la grandeur de la vivante étoile, qui triomphe là-haut comme ici-bas elle triompha, des profondeurs du ciel descendit une flamme en forme de cercle, qui semblait, tournant autour d'elle, la ceindre d'une couronne.

La mélodie qui le plus doucement résonne ici-bas et attire à soi les âmes, ressemblerait au déchirement de la nue par le tonnerre, comparée au son de cette lyre qui couronne le beau saphir dont s'azure le ciel le plus serein.

« Je suis l'amour angélique[4], et j'entoure de mon vol la suprême allégresse qui s'exhale du sein où reposa notre Désiré ; et mon vol ne cessera, Reine du Ciel, tant que tu accompagneras ton fils, et que la première sphère deviendra plus divine par ta présence. »

Dans ces paroles se fixait[5] le chant de l'anneau mélodieux, et toutes les autres lumières faisaient retentir le nom de Marie.

Lo real manto di tutti i volumi
   Del mondo, che più ferve, e più s'avviva
   Nell' alito di Dio e ne' costumi,

Avea sovra di noi l'interna riva
   Tanto distante, che la sua parvenza,
   Là dov' i' era, ancor non m'appariva:

Però non ebber gli occhi miei potenza
   Di seguitar la coronata fiamma,
   Che si levò appresso sua semenza.

E come fantolin, che 'nver la mamma
   Tende le braccia, poi che 'l latte prese,
   Per l'animo, che 'n fin di fuor s'infiamma,

Ciascun di quei candori in su si stese
   Con la sua cima, sì che l'alto affetto,
   Che egli aveano a Maria, mi fu palese.

Indi rimaser lì nel mio cospetto,
   Regina Cœli cantando sì dolce,
   Che mai da me non si partì 'l diletto.

Oh quanta è l'ubertà, che si soffolce
   In quell' arche ricchissime, che foro
   A seminar quaggiù buone bobolce!

Quivi si vive, e gode del tesoro,
   Che s'acquistò piangendo nell' esilio
   Di Babillonia, ove si lasciò l'oro.

Le vêtement royal, enveloppé de tous les cercles du monde [6], qui, sous l'haleine de Dieu et dans son intime communication, surabonde de chaleur et de vie, avait son bord intérieur si éloigné au-dessus de nous, qu'au lieu où j'étais, il ne se découvrait pas encore à moi.

Aussi mes yeux n'eurent pas la puissance de suivre la flamme couronnée qui monta vers son fils.

Par un tendre instinct, qui éclate au dehors, le petit enfant tend les bras vers sa mère qui vient de l'allaiter; ainsi chacune de ces lumières tient sa cime haute et dressée, en témoignage évident de la profonde affection qu'elle porte à Marie. Toutes restèrent ainsi en ma présence, chantant *Regina Cœli*, d'un accent si suave, que le charme dure à jamais pour moi.

O de quelle abondance regorgent ces coffres pleins de richesses qui répandirent ici-bas de si fécondes semences! Là-haut on jouit du trésor acquis par des pleurs dans l'exil de Babylone, où l'or fut abandonné.

Quivi trionfa sotto l'alto Filio
  Di Dio e di Maria, di sua vittoria,
  E con l'antico e col nuovo concilio

Colui, che tien le chiavi di tal gloria.

Là, au-dessous du Fils très-haut de Dieu et de Marie, au milieu de l'ancienne et de la nouvelle assemblée, triomphe, dans sa victoire, celui qui tient les clefs de cette gloire [7].

CANTO VIGESIMOQUARTO

O sodalizio eletto alla gran cena
   Del benedetto Agnello, il qual vi ciba
   Sì, che la vostra voglia è sempre piena :

Se per grazia di Dio questi preliba
   Di quel, che cade della vostra mensa,
   Anzi che morte tempo gli prescriba,

Ponete mente alla sua voglia immensa,
   E roratelo alquanto : voi bevete
   Sempre del fonte, onde vien quel, ch'ei pensa.

Così Beatrice : e quelle anime liete
   Si fero spere sopra fissi poli,
   Fiammando forte, a guisa di comete.

E come cerchi in tempra d'oriuoli
   Si giran, sì che 'l primo, a chi pon mente,
   Quieto pare, e l'ultimo che voli,

CHANT VINGT-QUATRIÈME

« O vous, les conviés à la grande cène de l'Agneau béni, qui vous nourrit à ce point que vous n'avez plus jamais à désirer, si, par la grâce de Dieu, celui-ci, avant que la mort en ait marqué le moment, goûte aux miettes qui tombent de votre table, ayez égard à l'immensité de son désir, et qu'un peu de votre rosée se répande sur lui; car tout ce qu'il pense vient de la fontaine où vous buvez. »

Ainsi dit Béatrix, et ces âmes joyeuses devinrent autant de sphères avec des pôles fixes, flamboyant comme eussent fait des comètes.

Pour qui observe le mouvement d'une horloge, les roues tournent de telle sorte que la première paraît immobile, tandis que la dernière semble voler; ainsi ces

Così quelle carole differentemente danzando, della sua ricchezza
Mi si facean stimar veloci e lente.

Di quella, ch'io notai di più bellezza,
   Vid'io uscire un fuoco sì felice,
   Che nullo vi lasciò di più chiarezza:

E tre fiate, intorno di Beatrice
   Si volse con un canto tanto divo,
   Che la mia fantasia nol mi ridice:

Però salta la penna, e non lo scrivo:
   Che l'immaginar nostro a cotai pieghe,
   Non che 'l parlare, è troppo color vivo.

O santa suora mia, che sì ne preghe,
   Devota, per lo tuo ardente affetto,
   Da quella bella spera mi disleghe,

Poscia fermato il fuoco benedetto,
   Alla mia donna dirizzò lo spiro,
   Che favellò così com'io ho detto.

Ed ella: O luce eterna del gran viro,
   A cui Nostro Signor lasciò le chiavi,
   Ch'ei portò giù di questo gaudio miro,

Tenta costui de' punti lievi e gravi,
   Come ti piace, intorno della Fede,
   Per la qual tu su per lo mare andavi.

rondes lumineuses, dans la diversité de leur danse, me donnaient, par leur lenteur ou leur vitesse, la mesure de leur félicité[1].

De celle dont je remarquais le plus la beauté, je vis sortir un feu si éclatant de béatitude que, parmi les autres, nul ne le surpassait. Par trois fois, il tourna autour de Béatrix avec un chant si divin, que mon imagination même ne peut me le redire ; qu'ainsi la plume saute et renonce à l'écrire : car pour une telle peinture, le langage et l'imagination elle-même n'ont pas de nuances assez douces.

« O sainte sœur, par la fervente prière que t'inspire un ardent amour, tu me détaches de cette belle sphère. »

La flamme bénie, s'arrêtant, dirigea vers ma Dame le souffle qui venait d'exhaler ces paroles.

Et Béatrix : « O lumière éternelle du grand homme à qui Notre-Seigneur laissa les clefs de cette joie merveilleuse qu'il apporta sur la terre, éprouve celui-ci sur des points, légers ou graves, suivant qu'il te plaira, touchant la foi qui te fit marcher sur la mer [2].

S'egli ama bene, e bene spera, e crede,
  Non t'è occulto, perchè'l viso hai quivi,
  Ov'ogni cosa dipinta si vede.

Ma perchè questo regno ha fatto civi,
  Per la verace fede a gloriarla,
  Di lei parlare è buon ch'a lui arrivi.

Sì come il baccellier s'arma, e non parla,
  Fin che'l maestro la quistion propone,
  Per approvarla, non per terminarla,

Così m'armava io d'ogni ragione,
  Mentre ch'ella dicea, per esser presto
  A tal querente, e a tal professione.

Dî, buon Cristiano : fatti manifesto :
  Fede che è? ond'io levai la fronte
  In quella luce, onde spirava questo.

Poi mi volsi a Beatrice, e quella pronte
  Sembianze femmi, perchè io spandessi
  L'acqua di fuor del mio interno fonte.

La grazia, che mi dà, ch'io mi confessi,
  Cominciai' io, dall'alto primipilo,
  Faccia li miei concetti essere espressi :

E seguitai : Come'l verace stilo
  Ne scrisse, padre, del tuo caro frate,
  Che mise Roma teco nel buon filo,

« Qu'il possède bien la Charité, l'Espérance et la Foi, certes tu ne l'ignores pas, car ta vue pénètre là où se voit l'image de toute chose.

« Mais puisque la vraie foi a fait des citoyens à ce royaume, il convient que, pour la glorifier, tu viennes lui parler d'elle. »

Comme le bachelier s'arme et attend en silence que le maître ait posé la question dont il doit, non discuter, mais justifier la solution ; ainsi pendant qu'elle parlait, je m'armais de tous mes arguments pour être prêt à subir un tel examen devant un tel juge [3].

« Réponds, vrai chrétien, fais tes preuves, qu'est-ce que la Foi ? »

À ces paroles, je levai la tête vers la lumière d'où elles s'échappaient, puis, me tournant vers Béatrix, je la vis s'empressant de m'inviter par signes à verser au dehors l'eau de ma source intérieure.

« Fasse la grâce, commençai-je à dire, puisque je me confesse devant le grand Primipile, que ma pensée s'exprime clairement. »

Et je continuai : « Ainsi que l'a écrit, Père, la plume véridique de ton cher frère qui, avec toi, mit Rome dans la bonne voie, la Foi est la substance des choses espé-

Fede è sustanzia di cose sperate,
   E argomento delle non parventi:
   E questa pare a me sua quiditate.

Allora udî: Dirittamente senti,
   Se bene intendi, perchè la ripose
   Tra le sustanze, e poi tra gli argomenti.

Ed io appresso: Le profonde cose,
   Che mi largiscon qui la lor parvenza,
   Agli occhi di laggiù son sì nascose,

Che l'esser loro v'è in sola credenza,
   Sovra la qual si fonda l'alta spene:
   E però di sustanzia prende intenza:

E da questa credenza ci conviene
   Sillogizzar senza avere altra vista:
   Però intenza d'argomento tiene.

Allora udî: Se quantunque s'acquista
   Giù per dottrina, fosse così 'nteso,
   Non v'avria luogo ingegno di sofista:

Così spirò da quell'amore acceso:
   Indi soggiunse: Assai bene è trascorsa
   D'esta moneta già la lega e 'l peso:

Ma dimmi se tu l'hai nella tua borsa.
   Ed io: Sì ho sì lucida, e sì tonda,
   Che nel suo conio nulla mi s'inforsa.

rées et l'argument des choses invisibles[4] : telle me paraît être son essence. »

Et alors j'entendis : « Ton opinion est juste ; seulement comprends-tu bien pourquoi il mit la Foi parmi les substances et ensuite parmi les arguments? »

Et je continuai : « Les choses mystérieuses qu'il m'est donné de contempler ici, là-bas se dérobent aux yeux ; elles n'y ont d'être que dans la croyance, fondement sur lequel s'élève l'Espérance ; cette croyance a donc une énergie vraiment *substantielle ;* et comme en même temps nous devons raisonner d'après elle, sans être éclairés d'ailleurs, elle a bien la force d'un argument[5]. »

Alors j'entendis : « Si tout ce qui s'enseigne là-bas était aussi bien compris, l'art des sophistes n'aurait qu'y faire. »

Ces paroles exhalées, la flamme brûlante d'amour ajouta : « Rien ne manque à l'épreuve ; la monnaie a bien l'alliage et le poids ; dis-moi seulement, l'as-tu dans ta bourse? »

« Oui, répondis-je, et si brillante et si ronde, que le coin m'en semble irréprochable. »

Appresso uscì della luce profonda,
  Che lì splendeva, Questa cara gioja,
  Sovra la quale ogni virtù si fonda,

Onde ti venne? ed io : La larga ploja
  Dello Spirito Santo, ch'è diffusa
  In su le vecchie, e'n su le nuove cuoja,

È sillogismo, che la mi ha conchiusa
  Acutamente, sì che'n verso d'ella
  Ogni dimostrazion mi pare ottusa.

Io udî poi : L'antica e la novella
  Proposizione, che sì ti conchiude,
  Perchè l'hai tu per divina favella?

Ed io : La pruova, che'l ver mi dischiude,
  Son l'opere seguite, a che natura
  Non scaldò ferro mai, ne battè ancude.

Risposto fummi : Dì, chi t'assicura
  Che quell'opere fosser quel medesmo,
  Che vuol provarsi? non altri il ti giura.

Se'l Mondo si rivolse al Cristianesmo,
  Diss'io, senza miracoli, quest'uno
  È tal, che gli altri non sono'l centesmo :

Che tu entrasti povero e digiuno
  In campo a seminar la buona pianta,
  Che fu già vite, ed ora è fatta pruno.

Alors du fond de la lumière qui étincelait j'entendis :
« Ce joyau si précieux sur lequel toute vertu se fonde, de
qui le tiens-tu ? »

Et moi : « L'abondante pluie de l'Esprit Saint, répandue sur les pages de l'Ancien et du Nouveau Testament, fut le syllogisme qui, pour moi, en fit une preuve si pénétrante, qu'à côté d'elle toute démonstration me semble obtuse. »

Puis il me fut dit : « L'ancienne et la nouvelle proposition qui t'a donné cette preuve, d'où vient que tu la tiens pour parole divine ? »

Et moi : « La preuve qui me démontre le vrai, je la vois dans les œuvres qui suivirent cette parole et pour lesquelles jamais la nature ne chauffa son fer, ne battit son enclume. »

Il me fut répondu : « Qui t'assure, dis-moi, ce que furent ces œuvres, sinon la parole même qu'il s'agit de prouver ? Elle seule te l'affirme. »

« Si le monde s'est donné au christianisme sans miracles, c'est là un miracle tel que les autres n'en valent pas le centième [6] : n'es-tu pas entré pauvre et à jeun dans le champ pour semer la bonne plante qui fut vigne d'abord, et devint ronce depuis ? »

Finito questo, l'alta Corte santa
  Risonò per le spere, Un Dio lodiamo
  Nella melóde, che lassù si canta.

E quel baron, che sì di ramo in ramo
  Esaminando, già tratto m'avea,
  Che all'ultime fronde appressavamo,

Ricominciò : La grazia, che donnéa
  Con la tua mente, la bocca t'aperse
  Insino a qui, com'aprir si dovea;

Sì ch'io appruovo ciò, che fuori emerse :
  Ma or conviene esprimer quel, che credi,
  E onde alla credenza tua s'offerse.

O santo padre, e spirito, che vedi
  Ciò che credesti, sì che tu vincesti,
  Ver lo sepolcro, più giovani piedi,

Comincia' io : tu vuoi ch'io manifesti
  La forma qui del pronto creder mio,
  Ed anche la cagion di lui chiedesti.

Ed io rispondo : Io credo in uno Dio
  Solo ed eterno, che tutto 'l Ciel muove
  Non moto, con amore e con disio :

Ed a tal creder non ho io pur pruove
  Fisice, e metafisice, ma dalmi
  Anche la verità, che quinci piove,

Cela dit, la sublime et sainte cour retentit à travers les sphères d'un « Louons Dieu » avec cette mélodie qui ne s'entend que là-haut.

Puis ce Baron dont les questions m'avaient attiré de branche en branche, jusqu'aux rameaux les plus élevés, reprit en ces termes : « La grâce, qui caresse ton esprit, t'a jusqu'à présent ouvert la bouche, autant qu'il le fallait : je suis content de tes paroles : mais il te reste à expliquer ce que tu crois, et l'origine de ta croyance. »

« O Saint Père, commençai-je, esprit qui vois ce que tu as cru si fermement, que tes pieds, courant vers le sépulcre, ont dépassé de plus jeunes pieds [7], tu veux que je confesse ici le symbole de ma vive croyance, en même temps que tu en demandes la raison.

« Je crois [8] en un Dieu unique et éternel, qui, sans se mouvoir, met en mouvement tout le ciel par la puissance de l'amour et du désir.

« Et cette croyance ne s'appuie pas seulement sur des preuves physiques et métaphysiques ; je la dois aussi à la vérité qui, coulant d'ici, a passé par Moïse et les Pro-

Per Moisè, per profeti, e per salmi,
   Per l'evangelio, e per voi, che scriveste,
   Poichè l'ardente spirto vi fece almi.

E credo in tre persone eterne, e queste
   Credo una essenza sì una, e sì trina,
   Che soffera congiunto sono et este.

Della profonda condizion divina,
   Ch'io tocco mo, la mente mi sigilla
   Più volte l'evangelica dottrina.

Quest'è'l principio : quest'è la favilla,
   Che si dilata in fiamma poi vivace,
   E, come stella in Cielo, in me scintilla.

Come'l signor, ch'ascolta quel, che piace,
   Da indi abbraccia'l servo, gratulando,
   Per la novella, tosto ch'e' si tace;

Così benedicendomi cantando,
   Tre volte cinse me, sì com'io tacqui,
   L'appostolico lume, al cui comando

Io avea detto; sì nel dir gli piacqui.

phètes, par les Psaumes, par l'Évangile et par vous, qui avez écrit sous l'inspiration vivifiante de l'esprit ardent.

« Je crois en trois personnes éternelles, et je crois que leur essence est une et triple à la fois, au point qu'on en peut dire également elles sont ou elle est.

« La doctrine évangélique a gravé dans mon esprit plus d'un trait de cette mystérieuse nature divine, dont s'approchent mes paroles.

« C'est là le principe, c'est là l'étincelle, qui se dilate, devient flamme vive et brille en moi, comme brille l'étoile aux cieux. »

Le maître à qui un de ses serviteurs annonce une nouvelle agréable, embrasse et remercie le messager dès qu'il a fini de parler : ainsi, dès que j'eus cessé, par trois fois la lumière apostolique, qui m'avait ordonné de parler, tourna autour de moi, chantant et bénissant, tant elle s'était plu à mes discours.

CANTO VIGESIMOQUINTO

Se mai continga che'l poema sacro,
   Al quale ha posto mano e Cielo e Terra,
   Sì che m'ha fatto per più anni macro,

Vinca la crudeltà, che fuor mi serra
   Del bello ovile, ov'io dormî agnello
   Nimico a' lupi, che gli danno guerra;

Con altra voce omai, con altro vello
   Ritornerò poeta, ed in sul fonte
   Del mio battesmo prenderò 'l cappello:

Perocchè nella fede, che fa conte
   L'anime a Dio, quiv' entra' io, e poi
   Pietro per lei sì mi girò la fronte.

Indi si mosse un lume verso noi
   Di quella schiera, ond' uscì la primizia,
   Che lasciò Cristo de' vicarj suoi.

CHANT VINGT-CINQUIÈME

Viendra-t-il jamais le jour où ce poëme sacré, auquel le Ciel et la Terre ont mis la main, et qui m'a fait maigrir durant tant d'années, triomphera de la cruauté qui me ferme l'entrée de ce beau bercail où je dormis, agneau, dans la haine des loups qui lui font la guerre?

C'est alors qu'avec une autre voix, avec une autre toison, je reviendrai poëte, et sur les fonts de mon baptême je prendrai la couronne [1].

Car dans ce lieu, je fus admis au sein de la foi qui rend les âmes chères à Dieu, de cette foi qui disposa Pierre à tourner ainsi autour de mon front.

A la suite de ce premier des vicaires laissés par le Christ, et se détachant du même groupe, une autre lumière se dirigea vers nous. Et ma Dame, pleine de joie,

E la mia donna, piena di letizia,
  Mi disse: Mira, mira: ecco 'l barone,
  Per cui laggiù si visita Galizia.

Sì come quando 'l colombo si pone
  Presso al compagno, l'uno e l'altro pande,
  Girando e mormorando, l'affezione,

Così vid'io l'un dall'altro grande
  Principe glorioso essere accolto,
  Laudando il cibo, che lassù si prande.

Ma poi che 'l gratular si fu assolto,
  Tacito, *coram me*, ciascun s'affisse,
  Ignito sì, che vinceva 'l mio volto.

Ridendo allora Beatrice disse:
  Inclita vita, per cui l'allegrezza
  Della nostra basilica si scrisse,

Fa risonar la speme in questa altezza:
  Tu sai che tante volte la figuri,
  Quanto Jesù a' tre fè più chiarezza.

Leva la testa, e fa che t'assicuri:
  Che ciò, che vien quassù dal mortal mondo.
  Convien ch'a' nostri raggi si maturi.

Questo conforto del fuoco secondo
  Mi venne: ond'io levai gli occhi a' monti,
  Che gl'incurvaron pria col troppo pondo.

s'écria : « Regarde donc, regarde; c'est le Baron pour qui là-bas on visite la Galice ². »

Parfois on voit une colombe se poser tout près de sa compagne, et toutes deux, en témoignage d'affection, tourner et roucouler à l'envi. Ainsi je vis les deux grands et glorieux princes se faire accueil et vanter l'aliment dont on se nourrit là-haut.

Quand leurs compliments eurent pris fin, chacun d'eux, silencieux, se fixa devant moi : flammes ardentes, trop vives pour mes regards.

Alors Béatrix, avec un sourire : « Illustre vie, qui célèbres en tes écrits la fécondité de notre Eglise ³, que par toi sur ces hauteurs retentisse l'Espérance; autant de marques d'amour données par Jésus aux trois disciples, autant de fois, tu le sais, l'Espérance a été représentée en toi. »

« Lève la tête et prends courage ; ce qui du monde mortel vient jusqu'ici doit se mûrir à nos rayons. »

Ainsi m'enhardit la seconde flamme, et mon regard, qu'avait accablé leur grandeur, se releva vers ces sommets.

Poichè per grazia vuol, che tu t'affronti
  Lo nostro Imperadore, anzi la morte,
  Nell'aula più segreta, co' suoi Conti,

Sì che veduto 'l ver di questa Corte,
  La speme, che laggiù bene innamora,
  In te ed in altrui di ciò conforte:

Dî quel, che ell'è, e come se ne 'nfiora
  La mente tua, e dî onde a te venne:
  Così seguío 'l secondo lume ancora.

E quella pia, che guidò le penne
  Delle mie ali a così alto volo,
  Alla risposta così mi prevenne.

La Chiesa militante alcun figliuolo
  Non ha, con più speranza, com'è scritto
  Nel Sol, che raggia tutto nostro stuolo:

Però gli è conceduto, che d'Egitto
  Vegna in Gerusalemme per vedere,
  Anzi che 'l militar gli sia prescritto.

Gli altri duo punti, che non per sapere,
  Son dimandati, ma perch'ei rapporti
  Quanto questa virtù t'è in piacere,

A lui lasc'io: che non gli saran forti,
  Nè di jattanzia: ed elli a ciò risponda,
  E la grazia di Dio ciò gli comporti.

« Puisque notre Empereur [4] te fait cette faveur de t'admettre, avant la mort, dans le secret de son Palais, en face de ses Comtes, et de t'y montrer dans sa pleine vérité ce qui doit soutenir, chez toi et chez les autres, l'Espérance d'où naît là-bas le saint amour ; réponds, quelle est cette Espérance ? Comment fleurit-elle dans ton âme, et d'où l'as-tu reçue ? »

Ainsi continua la deuxième lumière. Et la sainte, qui vers des régions si élevées avait dirigé le vol de mes ailes, prévint ainsi ma réponse :

« L'Église militante n'a point de fils doué de plus d'espérance ; c'est ce qu'on voit écrit dans le soleil qui brille sur toute notre troupe, et c'est pour cela qu'il lui est permis, avant le terme de son service, de sortir de l'Egypte pour contempler Jérusalem.

« Quant aux deux autres points que tu lui as proposés, non pour t'instruire, mais pour qu'il redise combien cette vertu d'espérance t'est précieuse, je le laisse faire : il n'y trouvera ni difficulté ni sujet de jactance ; ainsi qu'il réponde, et que la grâce de Dieu lui vienne en aide ! »

Come discente, ch'a dottor seconda
　Pronto e libente in quel, ch'egli è esperto,
　Perchè la sua bontà si disasconda:

Speme, diss'io, è uno attender certo
　Della gloria futura, il qual produce
　Grazia divina e precedente merto:

Da molte stelle mi vien questa luce:
　Ma quei la distillò nel mio cor pria,
　Che fu sommo cantor del sommo duce.

Sperino in te, nella sua Teodía,
　Dice, color, che sanno 'l nome tuo:
　E chi nol sa, s'egli ha la fede mia?

Tu mi stillasti, con lo stillar suo,
　Nella pistola poi, sì ch'io son pieno,
　Ed in altrui vostra pioggia replúo.

Mentr'io diceva, dentro al vivo seno
　Di quello 'ncendio tremolava un lampo
　Subito, e spesso, a guisa di baleno:

Indi spirò: L'amore, ond'io avvampo
　Ancor, ver la virtù, che mi seguette
　Infin la palma, ed all'uscir del campo,

Vuol ch'io respiri a te, che ti dilette
　Di lei: ed emmi a grato, che tu diche
　Quello, che la speranza ti promette.

CHANT VINGT-CINQUIÈME.

Semblable à l'écolier qui, avec assurance, s'empresse de répondre au maître sur ce qu'il sait, pour faire preuve de son habileté :

« L'Espérance, dis-je, est une sûre attente de la gloire future. La grâce divine et les mérites acquis la font naître [5].

« De plus d'une étoile cette lumière se réfléchit sur moi ; mais celui-là le premier la versa dans mon cœur qui fut le chantre souverain du souverain Maître.

« Qu'en toi ils espèrent, dit-il, dans son sublime cantique, ceux qui savent ton nom : et qui peut l'ignorer, s'il a ma foi ? »

« Sur mon âme, ainsi arrosée, tu as répandu dans ton épître une nouvelle rosée si abondante, qu'elle déborde et s'épanche sur d'autres. »

Je parlais, et, du sein de ce feu vivant, scintillait une lueur d'un jet soudain et répété comme celui de l'éclair.

Puis s'exhalèrent ces paroles : « L'amour dont m'embrase encore la vertu qui m'accompagna jusqu'à la palme du martyre et jusqu'à la sortie du combat, m'excite à te parler encore à toi qui la chéris, et me fait souhaiter de t'entendre dire ce que te promet l'Espérance. »

Ed io : Le nuove e le scritture antiche
  Pongono 'l segno, ed esso lo m'addita,
  Dell'anime, che Dio s'ha fatte amiche.

Dice Isaia, che ciascuna vestita
  Nella sua terra fia di doppia vesta :
  E la sua terra è questa dolce vita.

E 'l tuo fratello assai vie più digesta,
  Là, dove tratta delle bianche stole,
  Questa rivelazion ci manifesta.

E prima, e presso 'l fin d'este parole,
  Sperent in te, disopra noi s'udì,
  A che risposer tutte le carole :

Poscia tra esse un lume si schiarì,
  Sì che, se 'l Cancro avesse un tal cristallo,
  Il verno avrebbe un mese d'un sol dì.

E come surge, e va, ed entra in ballo
  Vergine lieta, sol per fare onore
  Alla novizia, non per alcun fallo,

Così vid'io lo schiarato splendore
  Venire a' due, che si volgeano a ruota,
  Qual conveniasi al loro ardente amore.

Misesi lì nel canto e nella nota :
  E la mia donna in lor tenne l'aspetto,
  Pur come sposa tacita ed immota.

Et moi : « L'Ancien et le Nouveau Testament marquent bien, comme je le vois à présent, le terme où tendent les âmes en qui Dieu a mis ses complaisances. Isaïe dit que chacune d'elles, arrivée dans sa patrie, sera couverte d'un double vêtement [6], et sa patrie est cette douce vie. Même révélation, et bien plus distincte encore, nous est faite par ton frère, à l'endroit où il parle de robes blanches [7]. »

Ces Paroles à peine dites, au-dessus de nous s'entonna le chant « *Sperent in te* », auquel tous les chœurs répondirent. Puis au milieu d'eux parut une lumière si resplendissante, que, si le Cancer brillait d'un tel éclat, l'hiver aurait un mois d'un seul jour [8].

On voit une jeune fille se lever, marcher et entrer en danse, toute joyeuse, non qu'elle pense à mal, mais pour faire honneur à la jeune épouse ; ainsi je vis cette splendeur étincelante venir vers les deux autres, qui, tournant sur elles-mêmes comme des roues, témoignaient de leur ardent amour. Pendant qu'elle s'unit à la mélodie et à la parole chantée, ma Dame tint ses yeux fixés sur elle, semblable à une épouse silencieuse et immobile.

Questi è colui, che giacque sopra'l petto
  Del nostro Pellicano: e questi fue
  Di su la croce al grande uficio eletto:

La donna mia così, nè però piúe
  Mosse la vista sua di stare attenta,
  Poscia che prima, alle parole sue.

Quale è colui, ch'adocchia, e s'argomenta
  Di vedere eclissar lo Sole un poco,
  Che per veder non vedente diventa,

Tal mi fec'io a quell'ultimo fuoco,
  Mentrechè detto fu, Perchè t'abbagli
  Per veder cosa, che qui non ha loco?

In terra è terra il mio corpo, e saragli
  Tanto con gli altri, che'l numero nostro
  Con l'eterno proposito s'agguagli.

Con le duo stole nel beato chiostro
  Son le duo luci sole, che saliro:
  E questo apporterai nel mondo vostro.

A questa voce lo 'nfiammato giro
  Si quietò, con esso 'l dolce mischio,
  Che si facea del suon nel trino spiro;

Sì come, per cessar fatica o rischio,
  Gli remi, pria nell'acqua ripercossi,
  Tutti si posano al sonar d'un fischio.

« Voilà celui qui reposa sur le sein de notre Pélican [9]; voilà le glorieux envoyé qui fut désigné du haut de la croix. » Elle dit, et quand elle eut achevé, sa vue attentive comme auparavant s'arrêta sur le même point.

Tel que celui qui, s'attendant à voir le soleil s'éclipser un peu, y attache son regard, et, à force de regarder, finit par ne plus voir; tel me rendit l'aspect de cette dernière flamme; et j'entendais ces paroles : « Pourquoi t'éblouir à chercher une chose dont la place n'est pas ici? Mon corps est dans la terre, terre lui-même; et il y restera, avec les autres, jusqu'à ce que notre nombre atteigne le nombre fixé par les décrets éternels. Dans notre cloître bienheureux, le double vêtement n'est porté que par les deux lumières qui se sont envolées [10] : aie soin de le redire dans votre monde. »

A ces mots, la danse de ce chœur brillant cessa et, avec elle, le doux accord qui de trois voix ne faisait qu'un son. Ainsi, soit par lassitude, soit par crainte d'un écueil, les rames qui frappaient l'eau s'arrêtent en même temps, à un coup de sifflet.

Ahi quanto nella mente mi commossi,
　Quando mi volsi per veder Beatrice,
　Per non poter vederla, ben ch'io fossi

Presso di lei, e nel mondo felice!

Ah! quel trouble dans mon esprit, lorsque, me retournant, mes regards cherchèrent Béatrix sans la trouver, bien que je fusse près d'elle et dans le monde bienheureux!

CANTO VIGESIMOSESTO

Mentr' io dubbiava, per lo viso spento
  Della fulgida fiamma, che lo spense,
  Uscì un spiro, che mi fece attento,

Dicendo : In tanto che tu ti risense
  Della vista, che hai in me consunta,
  Ben' è, che ragionando la compense.

Comincia dunque, e dî, ove s'appunta
  L'anima tua, e fa ragion che sia
  La vista in te smarrita e non defunta :

Perchè la donna, che per questa dia
  Region ti conduce, ha nello sguardo
  La virtù, ch'ebbe la man d'Anania.

Io dissi : Al suo piacere e tosto e tardo
  Vegna rimedio agli occhi, che fur porte,
  Quand' ella entrò col fuoco, ond' io sempr' ardo.

CHANT VINGT-SIXIÈME

Ma vue troublée me tenait dans cette anxiété, lorsque, de la vive flamme qui m'avait ébloui, une voix sortit qui me fit tout attentif; elle disait :

« Jusqu'à ce que te revienne la vue que mon éclat a consumée, il est bien que par la parole tu t'en dédommages. Commence donc; dis où s'applique ton esprit, et sache que si ta vue est égarée, elle n'est point perdue. Car la Dame, qui te guide à travers cette région divine, a dans son regard la puissance qu'eut la main d'Ananias [1]. »

Et je dis : « Qu'elle vienne à son gré, ou bientôt ou plus tard, la guérison de ces yeux, de ces portes qui lui donnèrent passage, à elle et à la flamme dont je brûle encore.

Lo ben, che fa contenta questa Corte,
  Alfa ed Omega è di quanta scrittura
  Mi legge amore o lievemente, o forte.

Quella medesma voce, che paura
  Tolta m'avea del subito abbarbaglio,
  Di ragionare ancor mi mise in cura:

E disse: Certo a più angusto vaglio
  Ti conviene schiarar: dicer convienti,
  Chi drizzò l'arco tuo a tal berzaglio.

Ed io: Per filosofici argomenti,
  E per autorità, che quinci scende,
  Cotale amor convien, che 'n me s'imprenti:

Che 'l bene, in quanto ben, come s'intende,
  Così accende amore, e tanto maggio,
  Quanto più di bontate in se comprende.

Dunque all'essenzia, ov'è tanto avvantaggio,
  Che ciascun ben, che fuor di lei si truova,
  Altro non è che di suo lume un raggio;

Più che in altro convien, che si muova
  La mente, amando, di ciascun, che cerne
  Lo vero, in che si fonda questa pruova.

Tal vero allo 'ntelletto mio sterne
  Colui, che mi dimostra 'l primo amore
  Di tutte le sustanzie sempiterne.

CHANT VINGT-SIXIÈME.   351

« Le bien qui fait la félicité de cette cour est l'Alpha et l'Oméga² du langage, doux et rude tour à tour, que me parle l'amour. »

La même voix qui m'avait rassuré sur mon soudain éblouissement m'invita, en ces termes, à continuer l'entretien : « Ta pensée a besoin d'être passée à un crible plus serré : il faut que tu dises par qui ta flèche fut dirigée vers un tel but. »

Et moi : « C'est aux arguments philosophiques, c'est à l'autorité venue d'ici que je dois l'empreinte de cet amour³ : car plus le bien est connu comme tel, plus il excite d'amour ; et cet amour s'accroît de la perfection de son objet.

« C'est pourquoi l'Essence qui a ce privilége de produire, par un rejaillissement de sa splendeur, tout le bien qui se trouve hors d'elle, doit, plus qu'aucune autre, attirer par son amour l'esprit qui discerne le vrai sur qui se fonde cette preuve.

« Cette vérité, mon intelligence la découvre chez celui qui me révèle le premier amour de toutes les substances éternelles. Je la découvre dans les paroles du père de

Sternel la voce del verace autore,
  Che dice a Moisè, di se parlando,
  Io ti farò vedere ogni valore.

Sternilmi tu ancora, incominciando
  L'alto preconio, che grida l'arcano
  Di qui laggiù, sovra ad ogni alto bando.

Ed io udî : Per intelletto umano,
  E per autoritade, a lui concorde,
  De'tuoi amori a Dio, guarda 'l sovrano.

Ma dî ancor se tu senti altre corde
  Tirarti verso lui, sì che tu suone,
  Con quanti denti questo amor ti morde.

Non fu latente la santa intenzione
  Dell'aguglia di Cristo, anzi m'accorsi,
  Ove menar volea mia professione :

Però ricominciai : Tutti quei morsi,
  Che posson far lo cuor volgere a Dio,
  Alla mia caritate son concorsi :

Che l'essere del mondo, e l'esser mio,
  La morte, ch'el sostenne, perch'io viva,
  E quel, che spera ogni fedel, com'io,

Con la predetta conoscenza viva,
  Tratto m'hanno del mar dell'amor torto,
  E del diritto m'han posto alla riva.

toute vérité, qui dit à Moïse en parlant de lui-même :
« Par moi tout bien te sera connu⁴. » Enfin je la découvre au début de ton sublime Évangile⁵, dans cette proclamation des mystères d'en haut, la plus éclatante qui ait retenti sur terre.

Et j'entendis : « Au nom de l'intelligence humaine, au nom de l'autorité qui s'accorde avec elle, de tes amours garde à Dieu le plus grand. Mais continue; n'est-il pas d'autres attaches par où te prend cet amour, d'autres pointes aiguës qu'il t'enfonce au cœur? »

Sans me méprendre à la pieuse intention de l'Aigle chrétien, je vis bien où il voulait amener ma confession, et je repris : « Autant de morsures capables de tourner le cœur vers Dieu, autant je ressens d'excitations à la charité.

« L'existence de l'univers, ma propre existence, la mort qu'Il subit pour me donner la vie, le bien que tout fidèle espère comme moi et les vivants témoignages dont je parlais, m'ont sauvé des flots de l'amour trompeur, pour me déposer sur les rives de l'amour pur.

Le fronde, onde s'infronda tutto l'orto
 Dell'ortolano eterno, am'io cotanto,
 Quanto da lui a lor di bene è porto.

Sì com'io tacqui, un dolcissimo canto
 Risonò per lo Cielo, e la mia donna
 Dicea con gli altri, Santo, Santo, Santo.

E come al lume acuto si disonna,
 Per lo spirto visivo, che ricorre
 Allo splendor, che va di gonna in gonna,

E lo svegliato ciò, che vede abborre,
 Sì nescia è la sua subita vigilia,
 Fin che la stimativa nol soccorre;

Così degli occhi miei ogni quisquilia
 Fugò Beatrice col raggio de' suoi,
 Che rifulgeva più di mille milia:

Onde me', che dinanzi, vidi poi,
 E quasi stupefatto dimandai
 D'un quarto lume, ch'io vidi con noi.

E la mia donna: Dentro da quei rai
 Vagheggia il suo fattor l'anima prima,
 Che la prima virtù creasse mai.

Come la fronda, che flette la cima
 Nel transito del vento, e poi si leva
 Per la propria virtù, che la sublima,

« Les feuilles dont se pare le jardin du jardinier éternel [6] me sont toutes chères à proportion du bien qui leur est communiqué. »

Je me tus, et à travers le ciel résonna le chant le plus suave : « *Saint, Saint, Saint!* » répétaient ma Dame et tous avec elle.

On s'éveille soudain si un vif rayon de lumière vient, frappant le sens de la vue qui se précipite vers la clarté, le pénétrer de tissu en tissu; et, dans le premier émoi d'un réveil subit, encore privé de l'aide du jugement, ce jour qu'on voit excite l'aversion [7].

Tel le rayonnement des regards de Béatrix, lumineux plus que mille et mille lumières, chassa de mes yeux toute souillure; et, dans la surprise de cet éblouissement, je m'enquis d'une quatrième lumière que je vis près de nous.

« Du milieu de ces rayons, me répondit ma Dame, la première âme qui fut créée par la première vertu regarde avec amour son créateur. »

Courbée sous le vent qui passe, la cime d'un rameau se relève aussitôt, par la force de sa nature qui la porte en haut; de même, saisi d'étonnement à cette réponse,

Fec'io in tanto, in quanto ella diceva,
　Stupendo, e poi mi rifece sicuro
　Un disio di parlare ond'io ardeva:

E cominciai : O pomo, che maturo
　Solo prodotto fosti, o padre antico,
　A cui ciascuna sposa è figlia e nuro,

Devoto, quanto posso, a te supplico,
　Perchè mi parli: tu vedi mia voglia;
　E, per udirti tosto, non la dico.

Tal volta un animal coverto broglia,
　Sì che l'affetto convien, che si paja,
　Per lo seguir, che face a lui la 'nvoglia:

E similmente l'anima primaja
　Mi facea trasparer per la coverta,
　Quant'ella a compiacermi venía gaja.

Indi spirò : Sanz' essermi profferta
　Da te la voglia tua, discerno meglio,
　Che tu, qualunque cosa t'è più certa:

Perch'io la veggio nel verace speglio,
　Che fa di se pareglio all'altre cose,
　E nulla face lui di se pareglio.

Tu vuoi udir quant' è che Dio mi pose
　Nell' eccelso giardino, ove costei
　A così lunga scala ti dispose:

je me sentis raffermi par un ardent désir de parler, et je commençai : « O fruit, qui, seul, en naissant, reçus la maturité ; ô antique père, pour qui chaque épouse est fille et bru à la fois, je t'implore de toute ma piété, parle-moi : ce que je veux, tu le vois bien ; te le dire retarderait ta réponse. »

Sous l'enveloppe qui le couvre un animal s'agite, et l'instinct qui l'anime se manifeste au dehors par des mouvements correspondants. Ainsi, sous son voile transparent, l'âme primordiale fit voir tout son joyeux empressement à me complaire. Puis, d'un souffle de sa voix : « Tu ne m'as pas exprimé ton désir, et pourtant j'en suis plus assuré que tu ne l'es de ta plus ferme certitude. C'est qu'il m'apparaît dans ce fidèle miroir, dans ce soleil qui reflète son image sur toutes choses, sans être le reflet d'aucune.

« Tu veux savoir combien de temps a passé depuis que Dieu me plaça dans ce jardin élevé, où celle-ci t'a conduit dans ta longue ascension : combien de temps il resta

E quanto fu diletto agli occhi miei,
 E la propria cagion del gran disdegno,
 E l'idioma, ch'usai, e ch'io fei.

Or, figliuol mio, non il gustar del legno
 Fu per se la cagion di tanto esilio,
 Ma solamente il trapassar del segno.

Quindi, onde mosse tua donna Virgilio,
 Quattromila trecento e duo volumi
 Di sol desiderai questo concilio:

E vidi lui tornare a tutti i lumi
 Della sua strada novecento trenta
 Fiate, mentre ch'io in terra fumi.

La lingua, ch'io parlai, fu tutta spenta,
 Innanzi che all'ovra inconsumabile
 Fosse la gente di Nembrotte attenta:

Che nullo affetto mai razionabile,
 Per lo piacere uman, che rinnovella,
 Seguendo 'l cielo, sempre fu durabile.

Opera naturale è, ch'uom favella:
 Ma, così o così, natura lascia
 Poi fare a voi, secondo che v'abbella.

Pria ch'io scendessi alla 'nfernale ambascia,
 UN s'appellava in terra il sommo Bene,
 Onde vien la letizia, che mi fascia:

le plaisir de mes yeux ; quelle fut la vraie cause du grand courroux ; quel était l'idiome que je parlais et que je composai.

« Sache-le donc, mon fils, la cause de mon long exil, ce ne fut pas d'avoir goûté à l'arbre défendu, mais d'avoir violé la défense. Au lieu même d'où Béatrix t'envoya Virgile, durant quatre millè trois cent deux révolutions de soleil, j'aspirai à ce séjour : et le soleil visita neuf cent trente fois tous les signes lumineux de sa route, pendant que la terre fut ma demeure.

« La langue que je parlais se perdit tout à fait longtemps avant que la postérité de Nemrod entreprît son œuvre interminable [8]. C'est qu'il n'est effort de l'intelligence humaine qui résiste à cette fantaisie de nouveauté, mobile comme les influences du ciel. Que l'homme ait un langage, c'est la nature qui le veut ; mais que ce langage soit tel ou tel, c'est ce que la nature laisse à votre bon plaisir [9].

« Avant que je descendîsse aux angoisses de l'enfer, *Un* était le nom terrestre du souverain bien, cause de la joie qui m'enveloppe. Depuis on l'a nommé *Éli* [10] ; quoi

ELI si chiamò poi : e ciò conviene :
　Che l'uso de'mortali è come fronda
　In ramo, che sen'va, ed altra viene.

Nel monte, che si leva più dall'onda,
　Fu'io con vita pura e disonesta
　Dalla prim'ora, a quella, ch'è seconda,

Come'l sol muta quadra, all'ora sesta.

d'étonnant à cela? Une feuille tombe de la branche, une autre la remplace ; ainsi va l'humaine coutume [11]. Sur la montagne qui s'élève le plus au-dessus des eaux [12], je menai une vie, pure d'abord, coupable ensuite, pendant l'intervalle qui sépare la première heure de l'heure qui suit celle où le soleil achève le premier quart de sa course, c'est-à-dire la sixième [13].

CANTO VIGESIMOSETTIMO

Al Padre, al Figlio, allo Spirito Santo
  Cominciò gloria tutto 'l Paradiso,
  Sì che m'innebbriava il dolce canto.

Ciò, ch'io vedeva, mi sembrava un riso
  Dell'Universo: perchè mia ebbrezza
  Entrava per l'udire e per lo viso.

O gioja! o ineffabile allegrezza!
  O vita intera d'amore e di pace!
  O, sanza brama, sicura ricchezza!

Dinanzi agli occhi miei le quattro face
  Stavano accese, e quella, che pria venne,
  Incominciò a farsi più vivace:

E tal nella sembianza sua divenne,
  Qual diverrebbe Giove, s'egli e Marte
  Fossero augelli, e cambiassersi penne.

CHANT VINGT-SEPTIÈME

« Gloire au Père, au Fils, au Saint-Esprit; » ainsi tout d'une voix chanta le Paradis; chant si délicieux que j'en fus enivré. Tout l'univers me semblait un sourire, tant l'ivresse me pénétrait et par l'ouïe et par la vue. O joie! ô ineffable allégresse! ô vie toute d'amour et de paix! Plus de désirs, et tous les trésors assurés!

Devant mes yeux flamboyaient les quatre lumières, et celle qui était arrivée la première prenait des teintes plus vives; tel serait l'aspect de Jupiter, si, devenant oiseau en même temps que Mars [1], il échangeait avec lui son plumage.

La provedenza, che quivi comparte
   Vice e uficio, nel beato coro,
   Silenzio posto avea da ogni parte,

Quand'io udî : Se io mi trascoloro,
   Non ti maravigliar : che, dicend'io,
   Vedrai trascolorar tutti costoro.

Quegli, ch'usurpa in terra il luogo mio,
   Il luogo mio, il luogo mio, che vaca
   Nella presenza del Figliuol di Dio,

Fatto ha del cimiterio mio cloaca
   Del sangue e della puzza, onde 'l perverso,
   Che cadde di quassù, laggiù si placa.

Di quel color, che, per lo sole avverso,
   Nube dipinge da sera e da mane,
   Vid'io allora tutto 'l Ciel cosperso.

E come donna onesta, che permane
   Di se sicura, e, per l'altrui fallanza,
   Pure ascoltando timida si fane,

Così Beatrice trasmutò sembianza :
   E tale eclissi credo, che 'n Ciel fue.
   Quando patì la suprema Possanza :

Poi procedetter le parole sue,
   Con voce tanto da se transmutata
   Che la sembianza non si mutò piùe :

La Providence qui là-haut assigne à chacun sa place et son emploi, avait de toute part imposé silence au chœur bienheureux, lorsque j'entendis : « Si je change de couleur, ne t'émerveille pas ; car, à mes paroles, tu vas le voir, tous ceux-là en changeront aussi.

« Là-bas, sur la terre, ma place, ma place, oui, ma place [2] est vacante, au yeux du fils de Dieu [3], et l'usurpateur, lui, a fait de ma sépulture un cloaque de sang et d'immondices ; douce consolation pour l'esprit pervers qui, des hauteurs du ciel, fut précipité là-bas. »

Alors je vis la teinte dont les nuées se colorent le matin et le soir à l'opposite du soleil, se répandre sur tout le ciel.

Toute sûre qu'elle se sent d'elle-même, une femme vertueuse, rien qu'à entendre parler de la faute d'une autre, se montre tout embarrassée ; ainsi Béatrix changea de visage ; la lumière du ciel ne s'éclipsa pas autrement, j'en suis sûr, alors que souffrit la suprême puissance [4]. Puis la voix (elle aussi n'avait pas éprouvé un moindre changement) reprit ainsi :

Non fu la Sposa di Cristo allevata
  Del sangue mio, di Lin, di quel di Cleto,
  Per essere ad acquisto d'oro usata :

Ma per acquisto d'esto viver lieto
  E Sisto, e Pio, Calisto, e Urbano
  Sparser lo sangue, dopo molto fleto.

Non fu nostra 'ntenzion, ch'a destra mano
  De' nostri successor parte sedesse,
  Parte dall'altra del popol Cristiano :

Nè che le chiavi, che mi fur concesse,
  Divenisser segnacolo in vessillo,
  Che contra i battezzati combattesse :

Nè ch'io fossi figura di sigillo
  A' privilegi venduti e mendaci,
  Ond'io sovente arrosso e disfavillo.

In vesta di pastor lupi rapaci
  Si veggion di quassù per tutti i paschi.
  O difesa di Dio, perchè pur giaci!

Del sangue nostro Caorsini e Guaschi
  S'apparecchian di bere : o buon principio,
  A che vil fine convien che tu caschi!

Ma l'alta providenza, che con Scipio
  Difese a Roma la gloria del mondo,
  Soccorrà tosto, sì com'io concipio :

« Non, ce n'est point pour être dressée à gagner de l'or, que l'épouse du Christ fut nourrie de mon sang, de celui de Lin et de Clet ; c'est pour gagner cette félicité céleste que Sixte, Pie, Calixte et Urbain[5] n'épargnèrent ni leurs pleurs ni leur sang.

« Loin de nous l'idée que nos successeurs dussent voir à leurs côtés le peuple chrétien divisé, moitié à droite, moitié à gauche ; que les clefs qui me furent confiées pussent devenir sur un étendard un signe de guerre contre des combattants baptisés[6] ; que mon image devînt le sceau de priviléges vendus et menteurs, honte qui si souvent me fait rougir et m'enflamme !

« Plus de pâturages là-bas, où les loups rapaces ne se couvrent de l'habit du berger[7]. Pourquoi dors-tu, protection divine ? Cahorsins et Gascons[8] s'apprêtent à boire de notre sang. Un si bon commencement déchoir jusqu'à une telle fin ! Mais cette souveraine Providence qui, par le bras de Scipion, sauva dans Rome la gloire du monde, va prêter son secours ; elle se hâte ; je la vois.

E tu figliuol, che per lo mortal pondo
  Ancor giù tornerai, apri la bocca,
  E non nasconder quel, ch'io non nascondo.

Sì come di vapor gelati fiocca
  In giuso l'aer nostro, quando'l corno
  Della Capra del ciel col sol si tocca;

In su vid' io così 'etere adorno
  Farsi, e fioccar di vapor trionfanti,
  Che fatto avén con noi quivi soggiorno.

Lo viso mio seguiva i suo' sembianti,
  E seguì, fin che'l mezzo, per lo molto,
  Gli tolse'l trapassar del più avanti:

Onde la donna, che mi vide asciolto
  Dell' attendere in su, mi disse: Adima
  Il viso, e guarda come tu se' volto.

Dall' ora, ch'io avea guardato prima,
  I' vidi mosso me per tutto l'arco,
  Che fa dal mezzo al fine il primo clima,

Sì ch'io vedea di là da Gade il varco
  Folle d'Ulisse, e di quà presso il l'to,
  Nel qual si fece Europa dolce carco:

E più mi fora discoverto il sito
  Di questa ajuola; ma'l sol procedea,
  Sotto i miei piedi un segno e più partito.

« Et toi, mon fils, qui, chargé de ce poids mortel, dois retourner là-bas, ouvre la bouche, et, ce que je ne t'ai point caché, ne le cache pas davantage. »

Quand la corne de la Chèvre céleste [9] et le soleil se touchent, on voit tomber en flocons les vapeurs congelées dans l'air; ainsi je vis s'élever les vapeurs triomphantes qui s'étaient arrêtées près de nous et le ciel s'embellir de leurs flocons.

Ma vue les suivait, et continua de les suivre, jusqu'à ce que la distance, devenue trop grande, lui défendît d'aller plus avant.

Ma Dame, s'apercevant que j'en avais détaché mes regards, me dit : « Abaisse ta vue; vois comme tu as tourné. »

Je reconnus que depuis l'heure où je commençai de regarder, j'avais parcouru l'arc tout entier que forme, du milieu à la fin, le premier climat [10] : ainsi je voyais par delà Gadès, le passage tenté follement par Ulysse, et, à l'opposite, plus près de moi, le rivage où Europe devint un doux fardeau. Cette région m'aurait apparu plus distincte, si le soleil n'eût, sous mes pieds, avancé d'un signe ou de plus encore.

La mente innamorata, che donnéa
  Con la mia donna sempre, di ridure
  Ad essa gli occhi più che mai ardea.

E se natura, o arte fè pasture
  Da pigliare occhi per aver la mente,
  In carne umana, o nelle sue pinture,

Tutte adunate parrebber niente,
  Ver lo piacer divin, che mi rifulse,
  Quando mi volsi al suo viso ridente.

E la virtù, che lo sguardo m'indulse,
  Del bel nido di Leda mi divelse,
  E nel Ciel velocissimo m'impulse.

Le parti sue vivissime ed eccelse
  Sì uniformi son, ch'io non so dire
  Qual Beatrice, per luogo, mi scelse.

Ma ella, che vedeva il mio disire,
  Incominciò, ridendo, tanto lieta,
  Che Dio parea nel suo volto gioire:

La natura del moto, che quieta
  Il mezzo, e tutto l'altro intorno muove,
  Quinci comincia, come da sua meta.

E questo cielo non ha altro dove,
  Che la mente divina, in che s'accende
  L'amor, che'l volge, e la virtù, ch'ei piove.

CHANT VINGT-SEPTIÈME.

Mon esprit amoureux, assidu courtisan de ma Dame, plus que jamais brûlait de ramener mes yeux vers elle. Tout ce que la nature et l'art peuvent donner d'appâts soit aux formes humaines, soit aux œuvres de la peinture, pour s'emparer de l'âme en surprenant les yeux, tout cela réuni serait comme rien au prix du ravissement divin dont je fus ébloui, en rencontrant son sourire.

La force que je trouvai dans ce regard, m'enlevant hors du doux nid de Léda[11], m'emporta dans le ciel le plus rapide[12].

Sur laquelle de ses parties Béatrix me dirigea-t-elle de préférence, je ne le saurais dire, tant ces parties sont uniformes en mouvement et en hauteur.

Elle savait bien ce que je désirais, et, avec toute la grâce de son sourire (la béatitude de Dieu y semblait visible), elle dit :

« Ici commence, ici trouve son point de départ le principe du mouvement qui, autour d'un centre immobile, emporte tout le reste de l'univers[13].

« Le ciel où tu es n'a pas d'autre lieu que l'intelligence divine, foyer de l'amour qui le meut, source des influences qui en découlent. Comme il contient les autres

Luce ed amor d'un cerchio lui comprende,
  Sì come questo gli altri, e quel precinto
  Colui che 'l cinge, solamente intende.

Non è suo moto per altro distinto:
  Ma gli altri son misurati da questo,
  Sì come diece da mezzo e da quinto.

E come 'l tempo tenga in cotal testo
  Le sue radici, e negli altri le fronde,
  Omai a te puot' esser manifesto.

O cupidigia, che i mortali affonde
  Sì sotto te, che nessuno ha podere
  Di ritrar gli occhi fuor delle tu' onde!

Ben fiorisce negli uomini 'l volere:
  Ma la pioggia continua converte
  In bozzacchioni le susine vere.

Fede ed innocenzia son reperte
  Solo ne' pargoletti: poi ciascuna
  Pria fugge, che le guancie sien coperte.

Tale, balbuziendo ancor, digiuna,
  Che poi divora con la lingua sciolta
  Qualunque cibo, per qualunque luna:

E tal, balbuziendo, ama, ed ascolta
  La madre sua; che, con loquela intera,
  Disia poi di vederla sepolta.

cieux, lui-même est contenu par un cercle de lumière et d'amour ; et ce cercle, nul ne le conçoit, hors celui qui l'a décrit. Son mouvement n'est déterminé par aucun autre ; mais il est la mesure de tous les mouvements, comme deux et cinq donnent la mesure de dix.

« C'est ici le vase où le temps plonge ses racines ; c'est ailleurs qu'il épanouit ses feuilles : tu le comprends maintenant.

« O cupidité! sous toi, les mortels sont submergés à ce point, que nul n'a le pouvoir de lever les yeux hors de tes flots!

« La volonté de l'homme a bien ses fleurs ; mais la pluie ne cesse pas et tout bon fruit avorte. La foi et l'innocence ne se trouvent que chez les petits enfants ; le duvet n'est pas encore sur leurs joues, que l'une et l'autre sont déjà loin.

« Tel, bégayant encore, jeûne, qui, sa langue une fois déliée, dévore, en tout temps, toute nourriture ; tel autre, bégayant, aime sa mère et l'écoute qui, sachant parler, voudrait la voir dans la tombe.

Così si fa la pelle bianca, nera,
    Nel primo aspetto, della bella figlia
    Di quei, ch'apporta mane, e lascia sera.

Tu, perchè non ti facci maraviglia,
    Pensa che 'n terra non è chi governi:
    Onde si svia l'umana famiglia.

Ma prima che Gennajo tutto sverni,
    Per la centesma, ch'è laggiù negletta,
    Ruggeran sì questi cerchi superni,

Che la fortuna, che tanto s'aspetta,
    Le poppe volgerà, u' son le prore,
    Sì che la classe correrà diretta:

E vero frutto verrà dopo 'l fiore.

« Ainsi change la belle fille de celui qui apporte le matin et laisse le soir [14] : de blanche qu'elle était d'abord, sa peau devient noire.

« N'en sois pas surpris, et songe que la terre n'a personne qui la gouverne, et que la race humaine marche à l'aventure.

« Mais, avant que janvier soit tout entier hors de l'hiver (ce qui doit être à cause de ce centième de jour que vous ne calculez pas)[15], ces cercles supérieurs tourneront avec un tel fracas, que la fortune, si longtemps attendue, mettra les poupes là où sont les proues, et la flotte voguera dans la droite voie ;

« Et, après la fleur, viendra le bon fruit. »

CANTO VIGESIMOTTAVO

Poscia che 'ncontro alla vita presente
  De' miseri mortali aperse 'l vero
  Quella, che 'mparadisa la mia mente:

Come in ispecchio fiamma di doppiero
  Vede colui, che se n'alluma dietro,
  Prima che l'abbia in vista od in pensiero,

E se rivolve, per veder se 'l vetro
  Li dice 'l vero, e vede, ch' el s'accorda
  Con esso, come nota con suo metro.

Così la mia memoria si ricorda,
  Ch'io feci, riguardando ne' begli occhi,
  Onde a pigliarmi fece Amor la corda:

E com'io mi rivolsi, et furon tocchi
  Li miei da ciò, che pare in quel volume,
  Quandunque nel suo giro ben s'adocchi,

CHANT VINGT-HUITIÈME

Celle qui pour mon âme est un Paradis m'avait ainsi révélé les misères de la vie présente des mortels.

Alors, de même qu'on aperçoit dans un miroir la flamme d'un flambeau allumé derrière soi, avant que le flambeau lui-même soit présent à l'œil ou à la pensée, d'où vient qu'on se retourne pour voir si la glace dit vrai, et qu'on la trouve d'accord avec l'objet, comme la note s'accorde avec la mesure[1]; de même, il m'en souvient, quand j'eus fixé mes regards sur les beaux yeux où l'amour noua les liens qui m'enlacèrent, je me retournai, et tout ce qui apparaît, à la bien observer, dans cette céleste enceinte, vint frapper ma vue.

CANTO VIGESIMOTTAVO.

Un punto vidi, che raggiava lume
 Acuto sì, che'l viso, ch'egli affuoca,
 Chiuder conviensi, per lo forte acume.

E quale stella par quinci più poca,
 Parrebbe Luna locata con esso,
 Come stella con stella si collóca.

Forse cotanto, quanto pare appresso,
 Allo cigner la luce, che'l dipigne,
 Quando'l vapor, che'l porta, più è spesso,

Distante intorno al punto un cerchio d'igne
 Si girava sì ratto, ch'avria vinto
 Quel moto, che più tosto il mondo cigne:

E questo era d'un' altro circuncinto,
 E quel dal terzo, e'l terzo poi dal quarto,
 Dal quinto'l quarto, e poi dal sesto il quinto.

Sovra seguiva'l settimo sì sparto
 Già di larghezza, che'l messo di Juno
 Intero, a contenerlo, sarebbe arto:

Così l'ottavo, e'l nono: e ciascheduno
 Più tardo si movea, secondo ch'era
 In numero distante più dall'uno:

E quello avea la fiamma più sincera,
 Cui men distava la favilla pura,
 Credo perocchè più di lei s'invera.

CHANT VINGT-HUITIÈME. 379

Je vis un point² d'où s'échappaient des rayons d'une lumière si vive, que l'œil, sous leurs dards enflammés, est contraint de se fermer. Placée près de ce point, comme une étoile près d'une autre, la plus petite étoile que nous voyons d'ici semblerait une lune.

Telle peut être la distance entre un astre et la couronne de vapeurs où il se reflète, lorsque ces vapeurs sont le plus épaisses; tel était l'intervalle compris entre le point lumineux et un cercle enflammé, dépassant en rapidité le plus rapide des mouvements qui entraînent l'univers.

Un second cercle l'entourait; après celui-ci en venait un troisième; ensuite un quatrième; un cinquième le suivait, puis un sixième. Le septième embrassait un si large espace que la messagère de Junon ne pourrait le contenir dans son arc.

Il en était de même du huitième et du neuvième, et la révolution de chacun d'eux était plus lente, à mesure qu'il était désigné par un nombre plus éloigné de l'unité. Le plus rapproché de la pure étincelle, vivifié qu'il était sans doute par elle, répandait la flamme la plus claire.

La donna mia, che mi vedeva in cura
  Forte sospeso, disse : Da quel punto
  Depende il Cielo, e tutta la natura.

Mira quel cerchio, che più gli è congiunto,
  E sappi, che 'l suo muovere è sì tosto,
  Per l'affocato amore, ond'egli è punto.

Ed io a lei : Se 'l mondo fosse posto
  Con l'ordine, ch'io veggio in quelle ruote,
  Sazio m'avrebbe ciò, che m'è proposto.

Ma nel mondo sensibile si puote
  Veder le volte tanto più divine,
  Quant'elle son dal centro più remote.

Onde se 'l mio disio dee aver fine
  In questo miro ed angelico templo,
  Che solo amore e luce ha per confine;

Udir conviemmi ancor, come l'esemplo
  E l'esemplare non vanno d'un modo :
  Che io per me indarno a ciò contemplo.

Se li tuoi diti non sono a tal nodo
  Sufficienti, non è maraviglia,
  Tanto per non tentare è fatto sodo;

Così la donna mia, poi disse : Piglia
  Quel, ch'io ti dicerò, se vuoi saziarti,
  Ed intorno da esso t'assottiglia.

Me voyant en suspens et en grand souci, ma Dame me dit : « Au point que tu vois se rattachent le ciel et la nature tout entière.

« Regarde ce cercle qui est le plus voisin : il ne se meut si rapide, sache-le bien, que sous l'aiguillon d'un brûlant amour. »

Et moi à elle : « Si le monde était disposé suivant le même ordre que j'observe dans ces roues, cette explication aurait satisfait mon esprit; mais, dans le monde visible, les sphères sont d'essence plus divine, à mesure qu'elles s'éloignent du centre.

« Aussi, pour que mes désirs trouvent leur fin dans ce temple merveilleux et angélique qui n'a de limites que l'amour et la lumière, il me faut apprendre encore d'où vient ce désaccord entre le modèle et la copie; car, de moi-même, je m'y applique en vain. »

« A n'être point touché, ce nœud est devenu si dur, que si tes doigts n'y peuvent rien, ce n'est vraiment pas merveille. »

Ainsi parla ma Dame; puis, continuant : « Si tu veux être rassasié, saisis bien mes paroles, et que ta finesse s'y exerce. Les cercles matériels ont plus ou moins d'am-

Li cerchi corporai sono ampi ed arti,
   Secondo 'l più e 'l men della virtute,
   Che si distende per tutte lor parti.

Maggior bontà vuol far maggior salute:
   Maggior salute maggior corpo cape,
   S'egli ha le parti ugualmente compiute.

Dunque costui, che tutto quanto rape
   L'alto universo seco, corrisponde
   Al cerchio, che più ama, e che più sape.

Perchè se tu alla virtù circonde
   La tua misura, non alla parvenza
   Delle sustanzie, che t'appajon tonde,

Tu vederai mirabil convenenza
   Di maggio a più, e di minore a meno,
   In ciascun Cielo, a sua intelligenza.

Come rimane splendido e sereno
   L'emisperio dell'aere, quando soffia
   Borea da quella guancia, ond'è più leno;

Perchè si purga, e risolve la roffia,
   Che pria turbava, sì che 'l Ciel ne ride,
   Con le bellezze d'ogni sua parroffia;

Così fec'io, poi che mi provvide
   La donna mia del suo risponder chiaro,
   E come stella in Cielo il ver si vide.

pleur, selon qu'abonde ou diminue cette vertu qui s'épand sur toutes leurs parties. D'une plus grande bonté émane une puissance plus salutaire ; plus un corps est grand (s'il a toutes ses parties également parfaites), plus il contient de vie. C'est pourquoi ce ciel, dont le mouvement entraîne l'univers céleste tout entier, correspond au cercle qui est le premier en amour et en intelligence.

« Si donc tu apprécies selon leur perfection, et non selon leur apparence, ces substances de forme sphérique, tu verras se combiner admirablement, dans d'exactes proportions, chaque ciel et l'intelligence qui le régit[3]. »

Lorsque Borée gonfle la joue, d'où son haleine sort la plus douce, et purifie l'air, en dissipant le brouillard qui le troublait, la voûte éthérée reprend sa splendeur et sa sérénité, et toute la face du ciel sourit en ses beautés.

Ainsi ma Dame fit pour moi, par la grâce de sa claire réponse, où la vérité se montrait comme l'étoile au ciel. A la fin de ses paroles, les cercles se mirent à étin-

E poi che le parole sue restaro,
  Non altrimenti ferro disfavilla,
  Che bolle, come i cerchi sfavillaro.

Lo 'ncendio lor seguiva ogni scintilla:
  Ed eran tante, che 'l numero loro,
  Più che 'l doppiar degli scacchi, s'immilla.

Io sentiva osannar di coro in coro
  Al punto fisso, che gli tiene all'*ubi*,
  E terrà sempre, nel qual sempre foro:

E quella, che vedeva i pensier dubi
  Nella mia mente, disse: I cerchi primi
  T'hanno mostrato i Serafi e i Cherúbi.

Così veloci seguono i suoi vimi,
  Per simigliarsi al punto, quanto ponno,
  E posson, quanto a veder son sublimi.

Quegli altri amor, che dintorno gli vonno,
  Si chiaman Troni del divino aspetto,
  Perchè 'l primo ternaro terminonno.

E dei saver, che tutti hanno diletto,
  Quanto la sua veduta si profonda
  Nel vero, in che si queta ogn' intelletto.

Quinci si può veder, come si fonda
  L'esser beato nell' atto che vede,
  Non in quel ch'ama, che poscia seconda:

celer, comme étincelle le fer bouillant. Chaque étincelle s'embrasait, et tant il y en avait, que le nombre toujours doublé des cases de l'échiquier contient moins de milliers.

J'entendais les chœurs se renvoyant l'*Hosanna* de l'un à l'autre vers le point fixe qui les tient et les tiendra toujours aux lieux où ils n'ont jamais cessé d'être.

Béatrix, qui voyait des doutes s'élever dans ma pensée, dit : « Les premiers cercles t'ont montré les Séraphins et les Chérubins. S'ils cèdent ainsi aux attaches qui les entraînent, c'est que, de tout leur pouvoir, ils veulent devenir semblables au Point, et ce pouvoir augmente à mesure que leur vue s'élève davantage [4].

« Ces autres amours, qui se meuvent autour d'eux, se nomment les Trônes de la majesté divine, parce qu'en eux se termine le premier ternaire. Et tu n'ignores pas qu'ils ressentent plus d'ardeur, à mesure que leur vue s'enfonce plus avant dans la vérité, repos de toute intelligence.

« De là on peut comprendre que l'essence de la béatitude consiste dans l'action de voir, et non dans l'acte d'aimer, qui vient après [5]; la vision se mesure à la ré-

E del vedere è misura mercede,
 Che grazia partorisce, e buona voglia;
 Così di grado in grado si procede.

L'altro ternaro, che così germoglia
 In questa Primavera sempiterna,
 Che notturno Ariete non dispoglia,

Perpetualemente Osanna sverna
 Con tre melóde, che suonano in tree
 Ordini di letizia, onde s'interna.

In essa gerarchia son le tre Dee,
 Prima Dominazioni, e poi Virtudi:
 L'ordine terzo di Podestadi ee.

Poscia, ne' duo penultimi tripudi
 Principati ed Arcangeli si girano:
 L'ultimo è tutto d'Angelici ludi.

Questi ordini di su tutti rimirano,
 E di giù vincon sì, che verso Dio
 Tutti tirati sono, e tutti tirano.

E Dionisio, con tanto disio,
 A contemplar questi ordini si mise,
 Che li nomò, e distinse, com'io.

Ma Gregorio da lui poi si divise:
 Onde sì tosto, come gli occhi aperse
 In questo Ciel, di se medesmo rise.

compense produite par la grâce et la droite volonté, et l'on va ainsi de degré en degré.

« Le second ternaire qui s'épanouit au milieu de ce printemps sans fin, que respecte le Bélier nocturne [6], gazouille un éternel Hosanna; accord de trois mélodies chantées par les trois ordres de joie qu'il contient. Cette hiérarchie se partage en trois divines séries, les Dominations d'abord, puis les Vertus, et enfin les Puissances.

« Dans les deux avant-dernières rondes, tournent les Principautés et les Archanges; dans la dernière, ce ne sont que fêtes Angéliques.

« Tous ces ordres élèvent leurs regards en haut, exercent leur force en bas; tous vers Dieu sont attirés et attirent à leur tour. Denys mit tant d'ardeur à contempler ces ordres, qu'il les a nommés et distingués comme moi. Grégoire ensuite se sépara de lui, mais il n'eut pas plus tôt ouvert les yeux dans le ciel, qu'il se prit à rire de soi-même [7].

E se tanto segreto ver profferse
  Mortale in terra, non voglio ch'ammiri :
  Che chi 'l vide quassù, gliel discoverse,

Con altro assai del ver di questi giri.

« Qu'un mortel ait révélé à la terre une vérité si cachée, ne t'en étonne pas : celui qui l'avait vue ici [8], la lui rapporta de ces cercles avec bien d'autres vérités. »

CANTO VIGESIMONONO

Quando amboduo li figli di Latona
   Coverti del Montone, e della Libra,
   Fanno dell'orizzonte insieme zona,

Quant'è dal punto che'l zenit inlibra,
   Infin che l'uno e l'altro da quel cinto,
   Cambiando l'emisperio si dilibra,

Tanto, col volto di riso dipinto,
   Si tacque Beatrice, riguardando
   Fisso nel punto, che m'aveva vinto:

Poi cominciò: Io dico, non dimando
   Quel, che tu vuoi udir, perch'io l'ho visto,
   Ove s'appunta ogni *ubi* e ogni quando.

Non per avere a se di bene acquisto,
   Ch'esser non può, ma perchè suo splendore
   Potesse risplendendo dir, *Subsisto*:

CHANT VINGT-NEUVIÈME

Lorsque les deux enfants de Latone, couverts du Bélier et de la Balance, se font en même temps de l'horizon une ceinture[1], un moment ils restent en équilibre par rapport au zénith; puis, quittant cette ceinture, et perdant cet équilibre, ils changent d'hémisphère. Le silence de Béatrix ne dura pas davantage, tandis que, le sourire peint sur son visage, elle regardait fixement le Point qui avait triomphé de mon regard.

Puis elle commença : « Sans le demander, je te dirai ce que tu veux savoir : je l'ai vu là où se fixe le principe de tout lieu et de toute durée.

« Si, du fond de son éternité, hors du temps, hors de toute autre limite, il a plu à l'éternel amour de se répandre au dehors en d'autres amours, ce n'est pas pour

In sua eternità di tempo fuore,
　Fuor d'ogni altro comprender, com' ei piacque,
　S'aperse in nuovi amor l'eterno amore.

Nè prima quasi torpente si giacque:
　Che nè prima nè poscia procedette
　Lo discorrer di Dio sovra quest' acque.

Forma, e materia congiunte e purette
　Usciro ad atto, che non avea fallo,
　Come d'arco tricorde tre saette:

E come in vetro, in ámbra, od in cristallo
　Raggio risplende, sì che dal venire
　All' esser tutto non è intervallo,

Così 'l triforme effetto dal suo sire,
　Nell' esser suo, raggiò insieme tutto,
　Sanza distinzion nell' esordire.

Concreato fu ordine, e costrutto
　Alle sustanzie, e quelle furon cima
　Nel mondo, in che puro atto fu produtto.

Pura potenzia tenne la parte ima:
　Nel mezzo strinse potenzia con atto
　Tal vime, che giammai non si divima.

Jeronimo vi scrisse lungo tratto
　De' secoli, degli Angeli, creati
　Anzi che l'altro mondo fosse fatto.

ajouter quelque chose à sa propre perfection (que lui manque-t-il?); mais bien pour que sa splendeur, ainsi reflétée, lui fît dire : « Je suis ²! »

« Et ne crois pas qu'auparavant il restât comme enseveli dans l'oisiveté; la puissance créatrice de Dieu qui court sur les eaux ne connut ni avant ni après. D'un seul acte, avec une infaillible justesse, s'élancèrent, unies et intactes, la forme et la matière. Ainsi, d'un arc à trois cordes s'élancent trois flèches.

« Comme un rayon frappant une surface de verre, d'ambre ou de cristal, à peine la touche, qu'il s'y réfléchit tout entier; ainsi l'acte divin éclata tout entier dans son triple effet ³, sans distinction de commencement.

« Au moment de leur création, les substances reçurent l'ordre et l'harmonie. Celles en qui se manifestait l'acte pur, devinrent la cime de l'univers. En bas fut placée la puissance pure; au milieu, la puissance fut unie à l'acte par un lien que rien ne peut briser.

« Jérôme, dans ses écrits, parle bien de longues périodes séculaires entre la création des anges et celle du reste de l'univers; mais la vérité est écrite en plus d'un

Ma questo vero è scritto in molti lati
  Dagli scrittor dello Spirito Santo:
  E tu lo vederai, se ben ne guati:

E anche la ragion lo vede alquanto,
  Che non concederebbe, che i motori
  Sanza sua perfezion fosser cotanto.

Or sai tu dove, e quando questi amori
  Furon creati, e come; sì che spenti
  Nel tuo disio già son tre ardori.

Nè giugneriesi, numerando, al venti
  Sì tosto, come degli Angeli parte
  Turbò 'l suggetto de' vostri alimenti.

L'altra rimase, e cominciò quest'arte,
  Che tu discerni, con tanto diletto,
  Che mai da circuir non si diparte.

Principio del cader fu il maladetto
  Superbir di colui, che tu vedesti
  Da tutti i pesi del mondo costretto.

Quelli, che vedi qui, furon modesti
  A riconoscer se della bontate,
  Che gli avea fatti a tanto intender presti:

Perchè le viste lor furo esaltate
  Con grazia illuminante, e con lor merto,
  Sì ch'hanno piena e ferma volontate.

passage des œuvres inspirées par l'Esprit Saint; regarde bien et tu le verras. Déjà la raison t'en dit quelque chose ; admettrait-elle que les moteurs eussent attendu si longtemps leur perfection?

« Tu sais donc maintenant où, quand et comment ces amours furent créés; sur ces trois points l'ardeur de tes désirs est apaisée.

« Après moins de temps qu'il n'en faut pour compter jusqu'à vingt, une partie des anges alla troubler le monde soumis aux éléments. Les autres demeurèrent, se livrant à ces mouvements circulaires que tu vois, doux exercice qu'ils n'interrompent jamais.

« Le principe de la chute fut le maudit orgueil de celui que tu as vu, accablé de tout le poids de l'univers. Ici, tu as devant toi ceux qui, d'un cœur simple, se reconnurent l'œuvre de la Bonté qui les doua d'activité pour de si hautes conceptions.

« Aussi la grâce illuminante et leurs mérites, exaltant en eux la puissance de voir, ont rendu leur volonté pleine et ferme. N'en fais aucun doute, et tiens-le pour assuré :

E non voglio che dubbi, ma sie certo,
　Che ricever la grazia è meritoro,
　Secondo che l'affetto gli è aperto.

Omai dintorno a questo consistoro
　Puoi contemplare assai, se le parole
　Mie son ricolte, senz'altro ajutoro.

Ma perchè 'n terra, per le vostre scuole
　Si legge, che l'angelica natura
　È tal, che 'ntende, e si ricorda, e vuole;

Ancor dirò, perchè tu veggi pura
　La verità, che laggiù si confonde,
　Equivocando in sì fatta lettura.

Queste sustanzie poichè fur gioconde
　Della faccia di Dio, non volser viso
　Da essa, da cui nulla si nasconde:

Però non hanno vedere interciso
　Da nuovo obbietto, e però non bisogna
　Rimemorar, per concetto diviso.

Sì che laggiù non dormendo si sogna,
　Credendo e non credendo dicer vero:
　Ma nell'uno è più colpa e più vergogna.

Voi non andate giù per un sentiero,
　Filosofando; tanto vi trasporta
　L'amor dell'apparenza, e 'l suo pensiero.

recevoir la grâce est un mérite, et d'autant plus, que le cœur s'ouvre plus largement à elle.

« Maintenant, si tu as recueilli mes paroles, tu peux à ton aise et sans secours, trouver dans ce cénacle plus d'un objet de contemplation.

« Toutefois comme sur la terre vos écoles attribuent à la nature angélique l'intelligence, le souvenir et la volonté, je veux t'apprendre la vérité pure qui, là-bas, se dérobe sous l'équivoque d'un pareil enseignement.

« Tout éprises de joie en présence de Dieu, ces substances ne se détachèrent pas de cette face divine à qui rien n'est caché. Ainsi, nul changement d'objet qui interrompe leur vision, et par conséquent, nulle nécessité de diviser la pensée pour le souvenir.

« L'opinion qu'on a là-bas est rêve de gens éveillés, soit qu'on la tienne pour vraie, soit (faute plus lourde, honte plus grande) qu'on la donne faussement pour telle.

« Par plus d'un chemin votre philosophie tombe dans l'erreur, tant vous emporte le charme de l'apparence, tant elle possède votre jugement! Encore est-ce pour

Ed ancor questo quassù si comporta
  Con men disdegno, che quando è posposta
  La divina Scrittura, e quando è torta.

Non vi si pensa quanto sangue costa
  Seminarla nel mondo, e quanto piace
  Chi umilmente con essa s'accosta.

Per apparer ciascun s'ingegna, e face
  Sue invenzioni, e quelle son trascorse
  Da' predicanti, e 'l Vangelio si tace.

Un dice, che la Luna si ritorse
  Nella passion di Cristo, e s'interpose,
  Perchè 'l lume del Sol giù non si porse:

Ed altri, che la luce si nascose
  Da se: però agl'Ispani e agl'Indi,
  Com' a' Giudei, tale eclissi rispose.

Non ha Firenze tanti Lapi e Bindi,
  Quante sì fatte favole per anno
  In pergamo si gridan quinci e quindi:

Sì che le pecorelle, che non sanno,
  Tornan dal pasco pasciute di vento,
  E non le scusa non veder lor danno.

Non disse Cristo al suo primo convento,
  Andate, e predicate al mondo ciance,
  Ma diede lor verace fondamento:

nous un sujet d'indignation moindre, que de voir l'Écriture sainte rejetée ou torturée. On oublie donc ce qu'il en a coûté de sang pour la semer dans le monde, et combien se rend agréable celui qui humblement lui reste attaché? C'est à qui, pour paraître, s'ingéniera avec force inventions, qui sont autant de textes à sermons; et de l'Évangile, pas un mot !

« Celui-ci dira qu'au moment de la Passion du Christ, la lune s'écarta de sa voie, pour intercepter la lumière du soleil ; celui-là, que la lumière se cacha de soi-même, et pour preuve, que l'éclipse se fit dans l'Espagne et dans l'Inde, aussi bien qu'en Judée.

« Non, Florence n'a pas tant de Lapi et de Bindi, qu'il y a, chaque année, par ici et par là, de fables de cette sorte débitées en chaire. Et les pauvres brebis s'en reviennent du pâturage, repues de vent, mises à mal sans le savoir, mais sans que leur aveuglement les excuse.

« Le Christ n'a pas dit à ses premiers disciples : « Allez, et prêchez au monde des sornettes », mais il leur donna de solides vérités. Elles eurent dans leur bouche, un tel

E quel tanto sonò nelle sue guance:
  Sì ch'a pugnar, per accender la fede,
  Dell'Evangelio fero scudi e lance.

Ora si va con motti, e con iscede
  A predicare, e pur che ben si rida,
  Gonfia 'l cappuccio, e più non si richiede.

Ma tale uccel nel becchetto s'annida,
  Che se 'l vulgo il vedesse, vederebbe
  La perdonanza, di che si confida:

Per cui tanta stoltezza in terra crebbe,
  Che sanza pruova d'alcun testimonio
  Ad ogni promession si converrebbe.

Di questo 'ngrassa 'l porco santo Antonio,
  Ed altri assai, che son peggio che porci,
  Pagando di moneta sanza conio.

Ma perchè sem digressi assai; ritorci
  Gli occhi oramai, verso la dritta strada,
  Sì che la via col tempo si raccorci.

Questa natura sì oltre s'ingrada
  In numero, che mai non fu loquela,
  Nè concetto mortal, che tanto vada.

E se tu guardi quel, che si rivela
  Per Daniel, vedrai che 'n sue migliaja
  Determinato numero si cela.

retentissement que, dans leurs combats, pour allumer la foi, ils firent de l'Évangile lance et bouclier.

« A présent, ce que l'on prêche, ce ne sont que bons mots et facéties; que l'on fasse bien rire, le capuchon se gonfle et l'on n'en demande pas davantage. Ah! si les gens voyaient certain oiseau qui niche dans un coin du capuce, que diraient-ils de ces pardons, où ils mettent leur confiance?

« Aussi la sottise est en grand progrès sur la terre, et il n'est promesse si dénuée de témoignage qui ne fît courir. Par là s'engraissent le porc de saint Antoine, et bien d'autres encore, pires que des porcs, qui paient en fausse monnaie.

« Mais nous voilà bien écartés; maintenant donc ramène tes yeux sur le droit chemin, afin que tout ensemble s'abrégent la route et notre temps. Les substances que tu vois vont s'élevant et se multipliant à un point tel, que langue ou pensée humaine n'y saurait pénétrer. Considère ce que Daniel en révéla, et tu verras que, sous les milliers qu'il compte, se dérobe le nombre qui les détermine [5].

La prima luce, che tutta la raja,
 Per tanti modi in essa si ricepe,
 Quanti son gli splendori, a che s'appaja.

Onde, perocchè all'atto che concepe
 Segue l'affetto, d'amor la dolcezza
 Diversamente in essa ferve, e tepe.

Vedi l'eccelso omai, e la larghezza
 Dell'eterno valor, poscia che tanti
 Speculi fatti s'ha, in che si spezza,

Uno manendo in se, come davanti.

« La lumière primordiale qui les illumine toutes a autant de manières de se communiquer à elles, qu'il y a de splendeurs où elle pénètre. Comme toute perception est suivie d'une impression sensible, les doux transports de l'amour brûlent ou s'attiédissent en elles à des degrés divers.

« Juge à présent de la hauteur et de l'étendue de ce bien éternel, qui a pu s'entourer de tant de miroirs où il se multiplie, inaltérable pourtant dans son unité, après comme avant. »

CANTO TRENTESIMO

Forse semila miglia di lontano
   Ci ferve l'ora sesta, e questo mondo
   China già l'ombra, quasi al letto piano,

Quando 'l mezzo del Cielo, a noi profondo,
   Comincia a farsi tal, che alcuna stella
   Perde 'l parere, infino a questo fondo:

E come vien la chiarissima ancella
   Del Sol più oltre, così 'l Ciel si chiude
   Di vista in vista in fino alla più bella:

Non altrimenti 'l trionfo, che lude
   Sempre dintorno al punto, che mi vinse,
   Parendo inchiuso da quel, ch'egl'inchiude,

A poco a poco al mio veder si stinse:
   Perchè tornar con gli occhi a Beatrice
   Nulla vedere ed amor mi costrinse.

CHANT TRENTIÈME

Pendant que la sixième heure [1] répand ses feux peut-être à six mille milles de distance, déjà dans nos régions, l'ombre de la terre s'incline presque au niveau de l'horizon [2]; au-dessus de nous, les profondeurs du ciel changent d'aspect, plus d'une étoile cesse d'être visible à notre basse région, et, à mesure que s'avance, dans tout son éclat, la servante du soleil [3], les signes lumineux du ciel se referment l'un après l'autre, jusqu'au plus brillant.

Il en fut ainsi de la fête triomphale célébrée sans fin autour du Point qui avait vaincu mon regard, et qui semble enfermé dans ce que lui-même enferme; peu à peu tout s'éteignit à mes yeux. Ma vue, manquant d'objet et ramenée par l'amour, se retourna vers Béatrix.

CANTO TRENTESIMO.

Se quanto, infino a qui, di lei si dice,
   Fosse conchiuso tutto in una loda,
   Poco sarebbe a fornir questa vice.

La bellezza, ch'io vidi, si trasmoda,
   Non pur di là da noi, ma certo io credo,
   Che solo il suo fattor tutta la goda.

Da questo passo vinto mi concedo,
   Più che giammai da punto di suo tema
   Soprato fosse comico, o tragedo.

Che come Sole il viso, che più trema,
   Così lo rimembrar del dolce riso
   La mente mia da se medesma scema.

Dal primo giorno, ch'io vidi'l suo viso
   In questa vita, insino a questa vista,
   Non è'l seguire al mio cantar preciso:

Ma or convien, che'l mio seguir desista
   Più dietro a sua bellezza, poetando,
   Come, all'ultimo suo, ciascuno artista.

Cotal, qual'io la lascio a maggior bando,
   Che quel della mia tuba, che deduce
   L'ardua sua materia terminando,

Con atto e voce di spedito duce
   Ricominciò: Noi semo usciti fuore
   Del maggior corpo al Ciel, ch'è pura luce:

Si tout ce qui a été dit d'elle jusqu'ici était réuni en une seule louange, pour cette fois ce serait encore trop peu. Car la beauté qui m'apparut dépasse tout ce que nous imaginons, et même (je le tiens pour certain), son créateur seul en a la pleine jouissance.

Ici je suis vaincu, je l'avoue, et jamais, en aucun point de son sujet, ne le fut ainsi poëte comique ou tragique.

Comme la paupière tremble devant le soleil, ainsi mon esprit se sent défaillir à se rappeler son doux sourire.

Du premier jour où elle me montra son visage dans la vie d'ici-bas, jusqu'à cette apparition, mon chant la suivit sans s'interrompre : mais en ce moment, il me faut bien arrêter ma course poétique loin de sa beauté, comme un artiste à bout de génie.

Telle que je la laisse à célébrer à une trompette plus retentissante que la mienne, qui se hâte d'en finir avec un sujet difficile, elle reprit avec le geste et l'accent d'un guide diligent : « Nous voilà sortis du plus grand des corps [4]; nous sommes dans le ciel de la lumière pure [5]; lumière intellectuelle toute pleine d'amour; amour du vrai bien tout plein de joie; joie que nulle douceur n'égale.

Luce intellettual piena d'amore,
   Amor di vero ben pien di letizia,
   Letizia, che trascende ogni dolzore.

Qui vederai l'una e l'altra milizia
   Di Paradiso, e l'una in quegli aspetti,
   Che tu vedrai all'ultima giustizia.

Come subito lampo, che discetti
   Gli spiriti visivi, sì che priva
   Dell'atto l'occhio di più forti obbietti;

Così mi circonfulse luce viva,
   E lasciommi fasciato di tal velo
   Del suo fulgór, che nulla m'appariva.

Sempre l'amor, che queta questo Cielo,
   Accoglie in se così fatta salute,
   Per far disposto a sua fiamma il candelo :

Non fur più tosto dentro a me venute
   Queste parole brievi, ch'io compresi
   Me sormontar di sopra a mia virtute :

E di novella vista mi raccesi
   Tale, che nulla luce è tanto mera,
   Che gli occhi miei non si fosser difesi :

E vidi lume in forma di riviera
   Fulvido di fulgóre, intra duo rive,
   Dipinte di mirabil Primavera.

« Tu vas voir ici l'une et l'autre milice du Paradis, et l'une des deux sous le même aspect que tu lui verras au jugement dernier. »

A la lueur soudaine d'un éclair, les facultés visuelles s'évanouissent et l'œil devient insensible à la plus forte impression des objets ; ainsi éclata autour de moi une lumière éblouissante qui m'enveloppa d'un tel voile de splendeur, que rien ne m'apparaissait.

« Toujours l'amour qui donne au ciel sa sérénité, accueille de la sorte qui vient à lui, préparant ainsi le flambeau à recevoir sa flamme. »

A peine ces courtes paroles furent-elles arrivées à moi, que je me sentis élevé au-dessus de mes propres forces : en moi s'alluma une vue nouvelle, et il n'est si pure clarté dont mes yeux ne se fussent défendus.

Je vis comme un fleuve de lumière couler avec un limpide éclat entre deux rives diaprées d'un merveilleux printemps.

Di tal fiumana uscian faville vive,
  E d'ogni parte si mettén ne' fiori,
  Quasi rubin, che oro circonscrive.

Poi, come inebriate dagli odori,
  Riprofondavan se nel miro gurge,
  E s'una entrava, un'altra n'uscía fuori.

L'alto disio, che mo t'infiamma ed urge
  D'aver notizia di ciò, che tu vei,
  Tanto mi piace più, quanto più turge.

Ma di quest'acqua convien, che tu bei,
  Prima che tanta sete in te si sazii:
  Così mi disse'l Sol degli occhi miei:

Anche soggiunse: Il fiume, e li topazii,
  Ch'entrano ed escono, e'l rider dell'erbe
  Son di lor vero ombriferi prefazii:

Non che da se sien queste cose acerbe:
  Ma è difetto dalla parte tua,
  Che non hai viste ancor tanto superbe.

Non è fantin, che sì subito rua
  Col volto verso il latte, se si svegli
  Molto tardato dall'usanza sua,

Come fec'io, per far migliori spegli
  Ancor degli occhi, chinandomi all'onda,
  Che si deriva, perchè vi s'immegli.

De ce fleuve jaillissaient d'ardentes étincelles qui, de tous côtés, s'abattaient sur des fleurs, pareilles à des rubis enchâssés dans de l'or. Puis, comme enivrées de parfums, elles se replongeaient dans le gouffre mystérieux, et pour une qui rentrait, une autre en sortait.

« Un profond désir de comprendre ce que tu vois te presse et t'enflamme; et plus ce désir s'exalte, plus il m'est agréable; mais pour qu'une si ardente soif s'apaise, il te faut avant tout boire de cette eau. »

Ainsi parla le soleil de mes yeux, et continuant : « Ce fleuve, ces topazes qui entrent et qui sortent, le sourire de ces plantes, ne sont que l'ombre et le simulacre de leur être réel.

« Ce n'est pas que par elles-mêmes ces choses soient difficiles à comprendre; mais la faute en est à toi, qui n'as pas le regard assez sûr. »

Jamais petit enfant, s'éveillant plus tard que de coutume, ne se jeta d'un mouvement si prompt pour prendre le lait, que je ne me penchai, pour faire de mes yeux des miroirs encore plus clairs, sur cette onde par laquelle on devient meilleur. A peine avais-je mouillé le bord de mes paupières, et le fleuve, de long qu'il m'avait semblé, devint rond [6].

E sì come di lei bevve la gronda
  Delle palpebre mie, così mi parve
  Di sua lunghezza divenuta tonda.

Poi come gente stata sotto larve,
  Che pare altro, che prima, se si sveste
  La sembianza non sua, in che disparve;

Così mi si cambiaro in maggior feste
  Li fiori e le faville, sì ch'io vidi
  Ambo le Corti del Ciel manifeste.

O isplendor di Dio, per cu'io vidi
  L'alto trionfo del regno verace,
  Dammi virtù a dir, com'io lo vidi.

Lume è lassù, che visibile face
  Lo Creatore a quella creatura,
  Che solo in lui vedere ha la sua pace:

E si distende in circular figura
  In tanto, che la sua circonferenza
  Sarebbe al Sol troppo larga cintura,

Fassi di raggio tutta sua parvenza,
  Reflesso al sommo del mobile primo,
  Che prende quindi vivere, e potenza.

E come clivo in acqua di suo imo
  Si specchia quasi per vedersi adorno,
  Quanto è nel verde, e ne' fioretti opimo,

CHANT TRENTIÈME.

Puis, semblables à ces personnes masquées, qui apparaissent tout autres, si, dépouillant ce visage d'emprunt, elles se montrent à découvert, je vis en un appareil de fête plus magnifique se transformer fleurs et étincelles, et les deux cours célestes se révéler.

O splendeur divine, par qui je pus voir, dans le royaume de la vérité, ce suprême triomphe, donne-moi le pouvoir de le raconter tel que je le vis.

Une lumière est là-haut, rendant le créateur visible à la créature, qui ne trouve le repos que dans sa vue. De forme circulaire, elle est si étendue, qu'une telle circonférence serait pour le soleil une ceinture trop large. Elle rayonne et se reflète tout entière sur le sommet du premier mobile, qui reçoit d'elle la vie et la force.

Telle une colline se mire dans l'eau qui est à ses pieds, comme pour se regarder en sa riche parure d'herbe et de petites fleurs : tels, élevés sur plus de mille degrés, tout

Sì soprastando al lume intorno intorno,
   Vidi specchiarsi in più di mille soglie,
   Quanto di noi lassù fatto ha ritorno.

E se l'infimo grado in se raccoglie
   Sì grande lume: quant'è la larghezza
   Di questa rosa nell'estreme foglie?

La vista mia nell'ampio e nell'altezza
   Non si smarriva, ma tutto prendeva
   Il quanto e 'l quale di quella allegrezza.

Presso e lontano lì, nè pon, nè leva:
   Che dove Dio sanza mezzo governa,
   La legge natural nulla rilieva.

Nel giallo della rosa sempiterna,
   Che si dilata, rigrada, e ridole
   Odor di lode al Sol, che sempre verna,

Qual'è colui, che tace e dicer vuole,
   Mi trasse Beatrice, e disse: Mira
   Quanto è 'l convento delle bianche stole!

Vedi nostra città, quanto ella gira!
   Vedi li nostri scanni sì ripieni,
   Che poca gente omai ci si disira.

In quel gran seggio, a che tu gli occhi tieni,
   Per la corona, che già v'è su posta,
   Primachè tu a queste nozze ceni,

autour du fleuve lumineux, se miraient en lui tous ceux d'entre nous qui sont retournés là-haut. Et si, au degré le plus bas, tant de lumière se concentre, quelle n'est pas l'ampleur de cette rose à l'extrême pointe de ses pétales[7]?

Sans se perdre ni dans la largeur ni dans la hauteur, ma vue s'attachait à contempler, dans leur essence tout entière, ces joies divines. Là, on ne gagne, on ne perd rien à être près ou loin; quand Dieu gouverne sans intermédiaire, il n'y a plus de place pour la loi naturelle.

Béatrix me fit entrer dans le jaune de la rose éternelle, qui va s'épanouissant et s'étalant, et d'où s'exhale un parfum de louanges vers le soleil qui donne un printemps sans fin. J'allais en homme qui garde le silence et voudrait bien parler; elle me dit : « Vois toute cette réunion de blanches robes : vois toute l'enceinte de notre cité; vois nos places si garnies, que bien peu de monde manque encore.

« Sur ce trône élevé, vers lequel tes yeux sont attirés par la couronne qui déjà le surmonte, doit, avant que tu t'asseyes à ce festin nuptial, siéger une âme qui sera

Sederà l'alma, che fia giù Agosta
　Dell' alto Arrigo, ch'a drizzare Italia
　Verrà inprima ch'ella sia disposta.

La cieca cupidigia, che v'ammalia,
　Simili fatti v'ha al fantolino,
　Che muor di fame e caccia via la balia;

E fia Prefetto nel foro divino
　Allora tal, che palese e coverto
　Non anderà con lui per un cammino.

Ma poco poi sarà da Dio sofferto
　Nel santo uficio : ch'el sarà detruso
　Là dove Simon mago è per suo merto,

E farà quel d'Alagna esser più giuso.

auguste sur la terre; l'âme du grand Henri qui viendra réformer l'Italie encore mal préparée [8].

« Sous le charme de la passion qui vous aveugle, vous faites comme l'enfant qui, mourant de faim, chasse sa nourrice. Il s'en trouvera un [9] alors, qui, présidant le tribunal divin, ouvertement ou à couvert, ne marchera pas dans la voie de celui que je viens de dire.

« Mais Dieu ne le souffrira pas longtemps dans le saint ministère; plongé là où est Simon le magicien pour ses mérites, il enfoncera plus avant celui d'Anagni [10]. »

CANTO TRENTESIMOPRIMO

In forma dunque di candida rosa
   Mi si mostrava la milizia santa,
   Che nel suo sangue Cristo fece sposa.

Ma l'altra, che volando vede e canta
   La gloria di colui, che la 'nnamora,
   E la bontà, che la fece cotanta;

Sì come schiera d'api, che s'infiora
   Una fiata, ed una si ritorna
   Là, dove suo lavoro s'insapora,

Nel gran fior discendeva, che s'adorna
   Di tante foglie, e quindi risaliva
   Là, dove il suo amor sempre soggiorna.

Le facce tutte avén di fiamma viva,
   E l'ale d'oro, e l'altro tanto bianco,
   Che nulla neve a quel termine arriva:

CHANT TRENTE-UNIÈME

Ainsi, sous la forme d'une Rose blanche, se montrait à moi la sainte milice dont le Christ fit son épouse en donnant son sang.

L'autre[1], celle qui, tout en volant, contemple et chante la gloire de celui qui la ravit d'amour, et la bonté qui la fit si grande, descendait au cœur de la grande fleur embellie de tant de fleurons, et de là remontait où se fixe perpétuellement son amour. On eût dit un essaim d'abeilles tantôt se plongeant dans les fleurs, tantôt retournant à son travail parfumé.

Avec les mêmes flammes vives sur la face, les mêmes ailes d'or, et le reste d'une blancheur que n'égalerait pas la neige la plus pure, on les voyait descendre dans

CANTO TRENTESIMOPRIMO.

Quando scendean nel fior, di banco in banco,
  Porgevan della pace e dell'ardore,
  Ch'egli acquistavan, ventilando'l fianco.

Nè lo 'nterporsi tra 'l disopra e 'l fiore,
  Di tanta plenitudine volante
  Impediva la vista e lo splendore:

Che la luce divina è penetrante
  Per l'universo, secondo ch'è degno,
  Sì che nulla le puote essere ostante.

Questo sicuro e gaudioso regno
  Frequente in gente antica ed in novella,
  Viso ed amore avea tutto ad un segno.

O trina luce, che in unica stella
  Scintillando a lor vista sì gli appaga,
  Guarda quaggiuso alla nostra procella.

Se i Barbari, venendo da tal plaga,
  Che ciascun giorno d'Elice si cuopra,
  Rotante col suo figlio, ond'ella è vaga,

Veggendo Roma e l'ardua su'opra
  Stupefacénsi, quando Laterano
  Alle cose mortali andò di sopra;

Io, che al divino dall'umano,
  All'eterno dal tempo era venuto,
  E di Fiorenza in popol giusto e sano,

la fleur de degré en degré, et répandre, en agitant leurs ailes, ce qu'elles avaient été chercher de calme et d'ardeur. Si grande que fût cette multitude ailée entre la région d'en haut et la fleur, la vue et la splendeur n'en étaient point voilées. Car la clarté divine pénètre chaque partie de l'univers selon qu'elle en est digne, avec une force qui ne souffre nul obstacle.

Le royaume de paix et d'allégresse, avec tout son peuple ancien et nouveau, tourné vers un seul point, était tout regard, tout amour.

O triple lumière, qui, scintillant en une seule étoile, rassasies à ce point leur vue, regarde ici-bas à nos tempêtes!

Arrivant du fond de ces régions au-dessus desquelles chaque jour Hélicé accomplit sa course avec son fils si chéri[2], si des barbares, à la vue de Rome et de ses hauts monuments, demeuraient stupéfaits, alors que Latran dominait toutes choses mortelles; quelle stupeur ne devait donc pas me saisir, moi qui venais de l'humain au divin, du temps à l'éternité, de Florence à un peuple juste et sain!

Di che stupor doveva esser compiuto!
  Certo tra esso e 'l gaudio mi facea
  Libito non udire, e starmi muto.

E quasi peregrin, che si ricrea
  Nel tempio del suo voto riguardando,
  E spera già ridir com'ello stea,

Sì per la viva luce passeggiando,
  Menava io gli occhi per li gradi
  Mo su, mo giù, e mo ricirculando.

Vedeva visi a carità suadi
  D'altrui lume fregiati, e del suo riso,
  Ed atti ornati di tutte onestadi.

La forma general di Paradiso
  Già tutta il mio sguardo avea compresa,
  In nulla parte ancor fermato fiso:

E volgeami con voglia riaccesa
  Per dimandar la mia donna di cose,
  Di che la mente mia era sospesa.

Uno intendeva, ed altro mi rispose;
  Credea veder Beatrice, e vidi un sene
  Vestito con le genti gloriose.

Diffuso era per gli occhi e per le gene
  Di benigna letizia, in atto pio,
  Quale a tenero padre si conviene.

Partagé entre cette stupeur et la joie, je me plaisais à rester sans rien entendre et sans rien dire. Semblable au pèlerin qui prend plaisir à regarder le temple où l'a conduit son vœu, et se promet bien de raconter comment il est construit, je promenais sur la brillante lumière mes regards qui parcouraient les degrés, en haut, en bas, tout alentour.

Ce n'étaient que visages respirant la charité, rayonnant de la lumière du dehors et de leur propre sourire, et dans des attitudes charmantes de grâce et de dignité.

Déjà ma vue avait embrassé le Paradis tout entier dans sa forme générale, sans se fixer sur aucune de ses parties, lorsque je me retournai vers ma Dame, enflammé d'un nouveau désir de l'interroger sur des points qui tenaient mon esprit en suspens.

Je m'attendais à une chose, une autre répondit à mon attente : je m'imaginais voir Béatrix, et je vis un vieillard vêtu comme la troupe glorieuse. Dans ses yeux et sur ses joues s'épanchait une bonté souriante ; c'était l'attitude vénérable qui convient à un tendre père.

Ed, Ella ov'è? di subito diss'io.
 Ond' egli, A terminar lo tuo disiro,
 Mosse Beatrice me del luogo mio:

E se riguardi su nel terzo giro
 Del sommo grado, tu la rivedrai
 Nel trono, che i suoi merti le sortiro.

Sanza risponder gli occhi su levai,
 E vidi lei, che si facea corona,
 Riflettendo da se gli eterni rai.

Da quella region che più su tuona,
 Occhio mortale alcun tanto non dista,
 Qualunque in mare più giù s'abbandona,

Quanto lì da Beatrice la mia vista:
 Ma nulla mi facea; che sua effige
 Non discendeva a me, per mezzo, mista.

O donna, in cui la mia speranza vige,
 E che soffristi per la mia salute,
 In Inferno lasciar le tue vestige;

Di tante cose, quante io ho vedute,
 Dal tuo podere e dalla tua bontate
 Riconosco la grazia e la virtute.

Tu m'hai di servo tratto a libertate
 Per tutte quelle vie, per tutt'i modi,
 Che di ciò fare avean la potestate.

« Et où est-elle? » A ces mots qui m'échappèrent, i répondit : « Béatrix m'a fait venir de ma place pour mettre fin à ton désir : regarde là-haut, au troisième cercle à partir du degré le plus élevé, tu la reverras sur le trône qu elui ont valu ses mérites. »

Sans lui répondre, je levai les yeux, et je la vis, se faisant une couronne du reflet des rayons éternels.

Quand il va se perdant au plus profond de la mer, nul œil mortel n'est aussi éloigné de la plus haute région des orages, que ma vue l'était de Béatrix ; mais rien n'y faisait : son image descendait jusqu'à moi sans être altérée par la distance.

« O Dame, en qui se fortifie mon espérance, et qui as daigné, pour mon salut, laisser en enfer la trace de tes pas, si j'ai pu voir tant de choses, c'est grâce à ton pouvoir, c'est par la vertu de ta bonté. Esclave que j'étais, tu m'as mené à la liberté par toutes les voies, par tous les moyens qui étaient en ta puissance.

La tua magnificenza in me custodi,
  Sì che l'anima mia, che fatt' hai sana,
  Piacente a te dal corpo si disnodi:

Così orai: e quella sí lontàna,
  Come parea, sorrise, e riguardommi;
  Poi si tornò all' eterna fontana.

E 'l santo sene: Acciocchè tu assommi
  Perfettamente, disse, il tuo cammino.
  A che prego, ed amor santo mandommi,

Vola con gli occhi per questo giardino:
  Che veder lui t'accenderà lo sguardo
  Più al montar per lo raggio divino.

E la Regina del Cielo, ond' i' ardo
  Tutto d'amor, ne farà ogni grazia,
  Perocch'io sono il suo fedel Bernardo.

Quale è colui, che forse di Croazia
  Viene a veder la Veronica nostra,
  Che per l'antica fama non si sazia,

Ma dice nel pensier, fin che si mostra,
  Signor mio GIESÙ CRISTO Dio verace,
  Or fu sì fatta la sembianza vostra?

Tale era io mirando la vivace
  Carità di colui, che 'n questo mondo,
  Contemplando gustò di quella pace.

« Conserve-moi ta munificence, et qu'ainsi mon âme, que tu as rendue pure, te soit chère quand elle échappera aux liens du corps. »

Ainsi je priai, et, tout éloignée qu'elle semblait, Béatrix sourit, me regarda, puis se retourna vers la fontaine éternelle.

Et le saint vieillard : « C'est pour te faire parvenir au plein achèvement de ton voyage, qu'une prière et un saint amour m'ont amené ; que tes yeux volent donc autour de ce jardin ; à cette vue, ils s'élèveront avec une ardeur nouvelle jusqu'au rayon divin : la Reine du ciel, pour qui je suis brûlant d'amour, ne nous refusera nulle grâce, car je suis son fidèle Bernard [3]. »

L'étranger qui vient, de la Croatie peut-être, pour voir notre Véronique [4], à cause de son antique renommée, n'en peut rassasier ses regards, et dit en lui-même, tandis qu'on la lui montre : « Mon Seigneur Jésus-Christ, vrai Dieu, c'est donc bien là votre image ? » Tel j'étais, tout entier à la vive charité de celui à qui, dès ce monde, la contemplation fit goûter cette paix.

Figliuol di grazia, questo esser giocondo,
  Cominciò egli, non ti sarà noto
  Tenendo gli occhi pur quaggiuso al fondo:

Ma guarda i cerchi fino al più remoto,
  Tanto che veggi seder la Regina,
  Cui questo regno è suddito e devoto.

Io levai gli occhi: e come da mattina
  La parte oriental dell'orizzonte
  Soverchia quella, dove 'l sol declina,

Così quasi di valle andando a monte,
  Con gli occhi vidi parte nello stremo
  Vincer di lume tutta l'altra fronte.

E come quivi, ove s'aspetta il temo,
  Che mal guidò Fetonte, più s'infiamma,
  E quinci e quindi il lume è fatto scemo;

Così quella pacifica Oriafiamma
  Nel mezzo s'avvivava; e d'ogni parte
  Per igual modo allentava la fiamma.

Ed a quel mezzo, con le penne sparte,
  Vidi più di mille Angeli festanti,
  Ciascun distinto e di fulgóre e d'arte,

Vidi quivi a' lor giuochi ed a' lor canti
  Ridere una bellezza, che letizia
  Era negli occhi a tutti gl i altri santi.

« Fils de la grâce, commença-t-il, cette existence bienheureuse ne te sera pas connue, si tes yeux continuent à rester ainsi abaissés. Regarde plutôt les cercles jusqu'au plus éloigné; que ta vue parvienne jusqu'au trône de la Reine à qui ce royaume est soumis et dévoué. »

Je levai les yeux, et, de même qu'au matin, la partie orientale de l'horizon surpasse en éclat celle où le soleil arrive à son déclin, ma vue, s'élevant comme d'une vallée on s'élève à une montagne, atteignit, tout en haut, une région dont la splendeur l'emportait sur tout le reste.

Ainsi qu'à la place où va paraître le char si mal guidé par Phaéton, le ciel s'enflamme de plus en plus, pendant qu'il diminue d'éclat partout ailleurs; ainsi cette pacifique oriflamme s'embrasait en son milieu d'une lumière qui allait s'affaiblissant tout autour; et, au centre, les ailes déployées, des milliers d'anges, divers d'attitudes et de splendeur, lui faisaient fête.

A leurs jeux et à leurs chants souriait une beauté, a joie des yeux de tous les autres saints C'était un tel charme, que fussé-je aussi riche de paroles que d'imagination, je n'oserais rien en dire.

E s'io avessi in dir tanta divizia,
  Quanto ad immaginar, non ardirei
  Lo minimo tentar di sua delizia.

Bernardo, come vide gli occhi miei,
  Nel caldo suo calor fissi ed attenti;
  Gli suoi con tanto affetto volse a lei,

Che i miei di rimirar fè più ardenti.

Voyant mes regards attentivement fixés sur l'ardent objet de son ardeur, Bernard y tourna, lui aussi, des yeux si ravis, que les miens en devinrent plus animés à regarder.

CANTO TRENTESIMOSECONDO

Affetto al suo piacer quel contemplante,
   Libero uficio di dottore assunse,
   E cominciò queste parole sante.

La piaga, che Maria richiuse ed unse,
   Quella, ch'è tanto bella da' suoi piedi,
   È colei, che l'aperse, e che la punse.

Nell'ordine, che fanno i terzi sedi,
   Siede Rachel, di sotto da costei
   Con Beatrice, sì come tu vedi.

Sarra, Rebecca, Judit, e colei,
   Che fu bisava al Cantor, che per doglia
   Del fallo disse: *Miserere mei*,

Puoi tu veder così di soglia in soglia
   Giù digradar, com'io, ch'a proprio nome
   Vo per la rosa giù, di foglia in foglia.

CHANT TRENTE-DEUXIÈME

Tout entier à son contentement, le saint contemplateur prit de lui-même l'office de docteur, et commença par ces paroles :

« La plaie que Marie ferma et pansa, cette femme si belle que tu vois à ses pieds est celle qui l'ouvrit et l'irrita [1].

« Plus bas, dans l'ordre des troisièmes siéges, est assise Rachel, et avec elle, tu la vois, Béatrix. Sarah, Rebecca, Judith, et celle qui fut bisaïeule [2] du psalmiste [3] auquel le repentir de sa faute fit dire : *Miserere meî,* ta vue peut les trouver en descendant de degré en degré, comme, à chaque nom, je descends dans la rose de feuille en feuille.

E dal settimo grado in giù, sì come
 Insino ad esso, succedono Ebree,
 Dirimendo del fior tutte le chiome:

Perchè, secondo lo sguardo, che fée
 La fede in Cristo, queste sono il muro,
 A che si parton le sacre scalée.

Da questa parte, onde 'l fiore è maturo
 Di tutte le sue foglie, sono assisi
 Quei, che credettero in Cristo venturo.

Dall' altra parte, onde sono intercisi
 Di voto i semicircoli, si stanno
 Quei, ch'a Cristo venuto ebber li visi.

E come quinci il glorioso scanno
 Della Donna del Cielo, e gli altri scanni
 Di sotto lui cotanta cerna fanno,

Così di contra quel del gran Giovanni,
 Che sempre santo il diserto e 'l martiro
 Sofferse, e poi l'Inferno da due anni:

E sotto lui così cerner sortiro
 Francesco, Benedetto, e Agostino
 E gli altri, fin quaggiù, di giro in giro.

Or mira l'alto provveder divino:
 Che l'uno e l'altro aspetto della fede
 Igualmente empierà questo giardino.

« A partir du septième rang, en bas comme en haut, les femmes de Judée forment une série qui partage en deux toute la chevelure de la fleur. Car elles sont le mur de séparation qui divise les degrés sacrés, selon l'aspect où la foi considéra le Christ.

« De ce côté, la fleur est complète ; nul fleuron ne lui manque ; là sont assis ceux qui ont cru au Christ à venir. De l'autre côté, où les lignes demi-circulaires sont interrompues par des vides, se tiennent ceux qui eurent les yeux fixés sur le Christ venu.

« A cette distinction, marquée ainsi par le siége brillant de la Dame du ciel et par les siéges inférieurs, correspond, à l'opposite, la place du glorieux Jean qui, toujours saint, souffrit le désert et le martyre et deux années d'Enfer [4].

« Au-dessous de lui, formant aussi une séparation, ont trouvé rang François, Benoît, Augustin, et d'autres encore, de degré en degré, jusqu'au bas.

« Comprends maintenant la profondeur du divin conseil, et comment la foi, sous l'un ou l'autre aspect, doit remplir également ce jardin.

E sappi, che dal grado in giù, che fiede
　A mezzo 'l tratto le duo discrezioni,
　Per nullo proprio merito si siede,

Ma per l'altrui, con certe condizioni:
　Che tutti questi sono spirti assolti
　Prima ch'avesser vere elezioni.

Ben te ne puoi accorger, per li volti,
　Ed anche per le voci puerili,
　Se tu gli guardi bene, e se gli ascolti.

Or dubbi tu, e dubitando sili:
　Ma io ti solverò forte legame,
　In che ti stringon li pensier sottili.

Dentro all'ampiezza di questo reame
　Casual punto non puote aver sito,
　Se non come tristizia, o sete, o fame:

Che per eterna legge è stabilito
　Quantunque vedi, sì che giustamente
　Ci si risponde dall'anello al dito.

E però questa festinata gente
　A vera vita non è *sine causa*:
　Entrasi qui più e meno eccellente.

Lo Rege, per cui questo regno pausa
　In tanto amore ed in tanto diletto,
　Che nulla volontade è di più *ausa*,

« Sache de plus que, sur les degrés inférieurs, à partir du milieu de la ligne de séparation, nul n'est assis par l'effet de ses propres mérites, mais bien par les mérites d'autrui, à de certaines conditions [5].

« Ce sont tous esprits dégagés de leurs liens avant d'être vraiment capables de choisir. Veux-tu t'en assurer? regarde à leurs visages, écoute bien leurs voix enfantines.

«Tu as un doute, et ce doute te rend muet; mais je vais dénouer le lien serré où t'enlace la subtilité de tes pensées.

« Dans nul point de la vaste étendue de ce royaume, il n'y a place pour le hasard [6], non plus que pour la tristesse, la soif ou la faim. Tout ce que tu vois est régi par une loi éternelle et s'y ajuste exactement, comme au doigt son anneau.

« Cette foule si vite accourue à la vie véritable, n'est donc pas, *sine causâ*, en place plus ou moins élevée.

« Le roi par qui ce royaume se repose en tant d'amour et de béatitude, que nulle volonté n'ose en souhaiter davantage, dote à son plaisir, de grâces diverses, les

Le menti tutte nel suo lieto aspetto,
 Creando, a suo piacer, di grazia dota
 Diversamente : e qui basti l'effetto.

E ciò espresso e chiaro vi si nota
 Nella Scrittura santa in que' gemelli,
 Che nella madre ebber l'ira *commota*.

Però, secondo il color de' capelli
 Di cotal grazia, l'altissimo lume
 Degnamente convien, che s'incappelli.

Dunque, sanza mercè di lor costume,
 Locati son, per gradi differenti,
 Sol differendo nel primiero acume.

Bastava sì ne' secoli recenti
 Con l'innocenza, per aver salute,
 Solamente la fede de' parenti :

Poichè le prime etadi fur compiute,
 Convenne a' maschi all'innocenti penne,
 Per circoncidere, acquistar virtute.

Ma poichè 'l tempo della grazia venne,
 Sanza battesmo perfetto di CRISTO,
 Tale innocenza laggiù si ritenne.

Riguarda omai nella faccia, ch'a CRISTO
 Più s'assomiglia, che la sua chiarezza
 Sola ti può disporre a veder CRISTO.

âmes créées d'un sourire de sa face : et ici, il faut s'en tenir à l'effet.

« L'Écriture sainte elle-même le montre par l'exemple de ces jumeaux[7], que la colère agita dès le sein de leur mère. Ainsi, selon la couleur des cheveux, il arrive que la sublime lumière forme son auréole de grâce. C'est donc sans égard pour leurs œuvres, que des places différentes ont été assignées à ces âmes distinctes entre elles par la marque primitive seulement.

« Dans les siècles naissants, pour être sauvé, il suffisait de l'innocence, avec la foi des parents. Après l'accomplissement des premiers âges, il fallut aux enfants mâles la circoncision, pour donner la force à leurs ailes innocentes. Enfin, le temps de la grâce venu, tous ces innocents, privés de la perfection du baptême chrétien, furent retenus dans les limbes.

« Maintenant regarde à la face qui ressemble le plus au Christ; elle peut seule te préparer à voir le Christ. »

Io vidi sovra lei tanta allegrezza
 Piover, portata nelle menti sante,
 Create a trasvolar per quella altezza,

Che quantunque io avea visto davante,
 Di tanta ammirazion non mi sospese,
 Nè mi mostrò di Dio tanto sembiante.

E quell'amor, che primo lì discese,
 Cantando *Ave, Maria, gratia plena*,
 Dinanzi a lei le sue ale distese.

Rispose alla divina cantilena,
 Da tutte parti, la beata Corte,
 Sì ch'ogni vista sen'fè più serena.

O santo Padre, che per me comporte
 L'esser quaggiù, lasciando 'l dolce loco,
 Nel qual tu siedi, per eterna sorte:

Qual'è quell'Angel, che con tanto giuoco
 Guarda negli occhi la nostra Regina,
 Innamorato sì, che par di fuoco?

Così ricorsi ancora alla dottrina
 Di colui, ch'abbelliva di Maria,
 Come del Sol la stella mattutina.

Ed egli a me: Baldezza e leggiadria,
 Quanta esser puote in Angelo ed in alma,
 Tutta è in lui, e sí volem che sia:

Je la vis inondée de tant de joie répandue sur elle par les âmes saintes créées pour ce vol sublime, que rien encore ne s'était offert à ma vue qui me tînt en un pareil ravissement, ni me montrât mieux une ressemblance de Dieu.

Et là, devant elle, était, les ailes déployées, cet amour qui le premier descendit, chantant *Ave, Maria, gratiâ plena*.

De toutes parts, à ce divin cantique, la cour bienheureuse répondait, et chaque figure en devenait plus sereine.

« O saint Père, qui daignes bien, en ma faveur, rester ici au-dessous de cette douce place, ton partage pour l'éternité, quel est cet ange qui regarde les yeux de notre Reine, avec une telle joie et tant d'amour, qu'il paraît tout de flamme? »

Ainsi, de nouveau, j'eus recours à la science de celui que Marie embellissait, comme le soleil embellit l'étoile du matin.

Et lui à moi : « Tout ce qu'un ange et une âme peuvent contenir de grâce et de confiance, est en lui, et nous le voulons ainsi, car c'est lui qui, portant la palme,

Perch'egli è quegli, che portò la palma
   Giuso a Maria, quando 'l Figliuol di Dio
   Carcar si volse della nostra salma.

Ma vienne omai con gli occhi, sì com'io
   Andrò parlando, e nota i gran patrici
   Di questo imperio giustissimo e pio.

Quei duo, che seggon lassù più felici,
   Per esser propinquissimi ad Augusta,
   Son d'esta rosa quasi due radici.

Colui, che da sinistra le s'aggiusta,
   È 'l padre, per lo cui ardito gusto,
   L'umana specie tanto amaro gusta.

Dal destro vedi quel padre vetusto
   Di santa Chiesa, a cui Cristo le chiavi
   Raccomandò di questo fior venusto.

E que', che vide tutt' i tempi gravi,
   Pria che morisse, della bella sposa,
   Che s'acquistò con la lancia e co' chiavi,

Siede lungh'esso: e lungo l'altro posa
   Quel Duca, sotto cui visse di manna
   La gente ingrata mobile e ritrosa.

Di contro a Pietro vedi sedere Anna,
   Tanto contenta di mirar sua figlia,
   Che non muove occhio, per cantare Osanna.

descendit vers Marie, quand le fils de Dieu consentit à se charger de notre fardeau.

« Mais viens maintenant, et que tes yeux, marchant avec mes paroles, remarquent les grands Patriciens de cet empire de justice et de sainteté.

« Les deux qui sont assis là-haut, les plus heureux, parce qu'ils sont les plus rapprochés de la souveraine, sont comme les deux racines de cette rose. Le plus près d'elle à sa gauche, est le premier père qui, en goûtant témérairement au fruit, fit goûter tant d'amertume à la race humaine.

« A droite, tu vois l'antique Père de la sainte Église [8]; le Christ lui confia les clefs de cette fleur de grâce.

« A côté de lui est assis celui qui, avant sa mort, vit tous les temps d'épreuve de la belle épouse [9] gagnée par la lance et par les clous, et à côté du premier, le chef [10] sous lequel vécut de manne la race ingrate, mobile et murmurante.

.

« Devant Pierre, tu peux voir Anne, si heureuse de regarder sa fille, que, tout en chantant Hosanna, elle ne détourne pas les yeux.

E contro al maggior padre di famiglia
  Siede Lucía, che mosse la tua donna,
  Quando chinavi a ruinar le ciglia.

Ma perchè 'l tempo fugge, che t'assonna,
  Qui farem punto, come buon sartore,
  Che, com'egli ha del panno, fa la gonna:

E drizzeremo gli occhi al primo Amore,
  Sì che guardando verso lui, penétri,
  Quant'è possibil, per lo suo fulgore.

Veramente, nè forse, tu t'arretri,
  Movendo l'ale tue, credendo oltrarti:
  Orando, grazia convien, che s'impetri;

Grazia da quella, che puote ajutarti:
  E tu mi seguirai, con l'affezione,
  Sì che dal dicer mio lo cuor non parti:

E cominciò questa santa orazione.

« Devant le plus ancien Père de famille est assise Lucie, que t'envoya ta Dame, lorsque près de l'abîme, tes paupières se fermaient.

« Mais le temps de ton sommeil s'enfuit. Ici faisons une pause : le tailleur avisé sait mesurer le vêtement à l'étoffe. Nous allons diriger nos regards vers le premier amour, afin que ton œil pénètre aussi avant que possible dans son éclat.

« Et comme tu pourrais bien, de tes ailes agitées, reculer tout en croyant avancer, il faut prier pour obtenir la grâce, la grâce de celle qui peut t'assister : suis-moi d'intention, et ne sépare pas ton cœur de mes paroles. »

Et il commença cette sainte prière.

CANTO TRENTESIMOTERZO

Vergine Madre, figlia del tuo Figlio,
   Umile ed alta più che creatura,
   Termine fisso d'eterno consiglio,

Tu sei' colei, che l'umana natura
   Nobilitasti sì, che 'l suo fattore
   Non si sdegnò di farsi sua fattura.

Nel ventre tuo si raccese l'amore,
   Per lo cui caldo nell'eterna pace,
   Così è germinato questo fiore.

Qui se' a noi meridiana face
   Di caritade, e giuso, intra i mortali,
   Se' di speranza fontana vivace.

Donna, se' tanto grande, e tanto vali,
   Che qual vuol grazia, e a te non ricorre,
   Sua disianza vuol volar senz'ali.

CHANT TRENTE-TROISIÈME

« Vierge mère, fille de ton fils, humble et sublime plus que nulle créature, en qui se fixe et s'achève le dessein éternel, c'est en toi que la nature humaine prit une telle noblesse, que son Créateur ne dédaigna pas de devenir son ouvrage.

« En ton sein se ralluma l'amour dont l'ardeur féconde ainsi cette fleur dans l'éternelle paix. Ici, flambeau de charité, tu luis dans l'éclat de ton midi; là-bas, chez les mortels, tu es la source vive d'espérance.

« Dame si grande et de telle puissance, que désirer la grâce et ne pas recourir à toi, c'est un désir qui voudrait voler et qui n'a point d'ailes.

La tua benignità non pur soccorre
  A chi dimanda, ma molte fiate
  Liberamente al dimandar precorre.

In te misericordia, in te pietate,
  In te magnificenza, in te s'aduna
  Quantunque in creatura è di bontate.

Or questi, che dall'infima lacuna
  Dell'universo insin qui ha vedute
  Le vite spiritali ad una ad una,

Supplica a te, per grazia di virtute,
  Tanto che possa con gli occhi levarsi
  Più alto, verso l'ultima salute.

Ed io, che mai per mio veder non arsi
  Più ch'i' fo per lo suo, tutti i miei prieghi
  Ti porgo, e prego, che non sieno scarsi.

Perchè tu ogni nube gli disleghi
  Di sua mortalità, co' prieghi tuoi,
  Sì che 'l sommo piacer gli si dispieghi.

Ancor ti prego, Regina, che puoi
  Ciò che tu vuoi, che tu conservi sani,
  Dopo tanto veder, gli affetti suoi.

Vinca tua guardia i movimenti umani:
  Vedi Beatrice, con quanti beati
  Per li miei prieghi, ti chiudon le mani.

« Secourable à qui l'invoque, ta bonté fait plus; maintes fois, d'elle-même, elle va au-devant de la demande. En toi la miséricorde, en toi la pitié, en toi la munificence, en toi se réunit tout ce qu'il-y a de bonté dans la créature.

« Voici qu'arrive jusqu'à toi celui qui, sorti du fond des abîmes de l'univers, a visité, une à une, les substances spirituelles; il implore ta grâce; il te demande la force d'élever ses yeux plus haut vers la vie suprême.

« Et moi qui n'ai pas souhaité cette claire vue pour moi plus ardemment que pour lui, je t'offre toutes mes prières, te suppliant qu'elles ne soient pas vaines, afin que, délivré, par ton intercession, de tout nuage de mortalité, il voie à découvert la souveraine béatitude.

« Je te prie aussi, Reine qui peux ce que tu veux, qu'après une telle vision, son cœur reste pur en ses affections; que, par ton assistance, les mouvements humains soient surmontés. Vois Béatrix; vois tant de bienheureux, de leurs mains jointes s'unissant à mes prières. »

Gli occhi da Dio diletti e venerati,
  Fissi negli orator ne dimostraro,
  Quanto i devoti prieghi le son grati.

Indi all' eterno lume si drizzaro,
  Nel qual non si de' creder, che s'invii,
  Per creatura, l'occhio tanto chiaro,

Ed io ch'al fine di tutti i disii
  M'appropinquava, sì com'io doveva,
  L'ardor del desiderio in me finii.

Bernardo m'accennava, e sorrideva,
  Perch'io guardassi in suso: ma io era
  Già per me stesso tal, qual' ei voleva.

Che la mia vista venendo sincera,
  E più e più entrava per lo raggio
  Dell' alta luce, che da se è vera.

Da quinci innanzi il mio veder fu maggio
  Che 'l parlar nostro, ch'a tal vista cede,
  E cede la memoria a tanto oltraggio.

Quale è colui, che sognando vede,
  E dopo 'l sogno la passione impressa
  Rimane, e l'altro alla mente non riede,

Cotal son io, che quasi tutta cessa
  Mia visione, e ancor mi distilla
  Nel cuor lo dolce, che nacque da essa:

CHANT TRENTE-TROISIÈME.

Les yeux chéris et respectés de Dieu, se fixant sur celui qui priait, firent bien voir combien ils agréent les pieuses supplications. Puis ils se tournèrent vers l'éternelle splendeur, où nulle créature, assurément, ne pénètre d'un regard si clair.

M'approchant ainsi du terme de tous mes vœux, je dus mettre fin à l'ardeur de mon désir.

Par ses signes, par son sourire, Bernard attirait mes yeux en haut; mais tel qu'il me voulait, je l'étais déjà de moi-même; car ma vue, se purifiant, perçait de plus en plus les rayons de la sublime lumière, qui porte en elle-même sa vérité.

De ce moment, ce que je vis est au-dessus de notre langage, impuissant devant une telle vision, comme la mémoire sous un tel fardeau[1].

Celui qui voit en rêve garde dans l'esprit, après le réveil, une impression sensible, et il ne reste rien de plus. Ainsi de moi; car, ma vision s'étant presque évanouie, en mon âme coule encore la douceur qui venait d'elle.

Così la neve al Sol si disigilla :
  Così al vento nelle foglie lievi
  Si perdea la sentenzia di Sibilla.

O somma luce, che tanto ti lievi
  Da' concetti mortali, alla mia mente
  Ripresta un poco di quel, che parevi.

E fa la lingua mia tanto possente,
  Ch' una favilla sol della tua gloria
  Possa lasciare alla futura gente :

Che per tornare alquanto a mia memoria,
  E per sonare un poco in questi versi,
  Più si conceperà di tua vittoria.

Io credo, per l'acume ch'io soffersi
  Del vivo raggio, ch'io sarei smarrito,
  Se gli occhi miei da lui fossero aversi.

E mi ricorda, ch' i' fu' più ardito
  Per questo a sostener tanto, ch'io giunsi
  L'aspetto mio col valore infinito.

O abbondante grazia, ond'io presunsi
  Ficcar lo viso per la luce eterna
  Tanto, che la veduta vi consunsi !

Nel suo profondo vidi, che s'interna,
  Legato con amore in un volume
  Ciò, che per l'universo si squaderna :

CHANT TRENTE-TROISIÈME.

Ainsi au soleil la neige fond ; ainsi, sur les feuilles emportées par le vent, se perdaient les oracles de la sibylle.

O lumière souveraine, qui t'élèves si fort au-dessus des pensers humains, reviens prêter à mon esprit quelque chose de ce que tu lui fis paraître, et donner à ma langue la puissance de transmettre à la génération future au moins une étincelle de ta gloire ; si peu qu'elle revienne à ma mémoire, si peu qu'elle retentisse en ces vers, ta victoire en sera mieux comprise.

L'impression du vif rayon fut si pénétrante, que je serais resté sans doute ébloui si j'en eusse détourné mes yeux : mais, il m'en souvient, je n'en persistai qu'avec plus de hardiesse, au point que ma vue parvint jusqu'à la Puissance infinie.

O abondance de grâce, par laquelle j'osai fixer un tel regard sur cette lumière éternelle, que ma vue s'y absorba !

Je vis, enfoncé dans ses profondeurs, lié par l'amour en un faisceau, ce qui est épars dans l'univers : substances, accidents et leurs modes divers, si étroitement unis, que c'est une simple lumière dont je parle.

Sustanzia ed accidente, e lor costume,
   Tutti conflati insieme per tal modo,
   Che ciò, ch'io dico, è un semplice lume.

La forma universal di questo nodo
   Credo, ch'io vidi, perchè più di largo,
   Dicendo questo, mi sento ch'io godo.

Un punto solo m'è maggior letargo,
   Che venticinque secoli alla 'mpresa,
   Che fe' Nettuno ammirar l'ombra d'Argo.

Così la mente mia tutta sospesa,
   Mirava fissa immobile e attenta,
   E sempre nel mirar faceasi accesa.

A quella luce cotal si diventa,
   Che volgersi da lei, per altro aspetto,
   E impossibil, che mai si consenta:

Perocchè 'l ben, ch'è del volere obbietto,
   Tutto s'accoglie in lei; e fuor di quella
   È difettivo ciò, ch'è lì perfetto.

Omai sarà più corta mia favella,
   Pure a quel, ch'io ricordo, che d'infante,
   Che bagni ancor la lingua alla mammella:

Non perchè più ch'un semplice sembiante
   Fosse nel vivo lume, ch'io mirava,
   Che tal'è sempre, qual s'era davante;

Je crois même que la forme universelle de ce nœud m'apparut, tant je sens, rien qu'à en parler, mon cœur s'ouvrir plus large à la joie.

Une seule minute a mis plus d'oubli en moi, que vingt-cinq siècles n'en ont jeté sur l'entreprise qui fit admirer à Neptune l'ombre d'Argo.

Ainsi, tout en suspens, mon esprit fixe, immobile, attentif, contemplait, toujours plus ardent à contempler encore.

Tel on est, sous l'influence de cette lumière, qu'on ne peut consentir à s'en détourner pour regarder autre chose; car tout le bien qui est l'objet du désir y est réuni, et hors d'elle est imparfait, tout ce qui en elle est parfait.

Désormais, à répéter mes souvenirs, ma parole sera plus bégayante que celle de l'enfant qui mouille encore sa langue à la mamelle. Non qu'à cette vive lumière que je contemplais il y eût plus d'un aspect, car elle est toujours ce qu'auparavant elle était; mais comme, à regarder, ma vue devenait plus ferme, je changeais, et cette unité d'aspect s'altérait pour moi.

Ma per la vista che s'avvalorava
  In me, guardando una sola parvenza,
  Mutandom'io, a me si travagliava.

Nella profonda e chiara sussistenza
  Dell' alto lume parvemi tre giri
  Di tre colori e d'una continenza:

E l'un dall'altro, come Iri da Iri,
  Parea reflesso: e'l terzo parea fuoco,
  Che quinci e quindi igualmente si spiri.

O quanto è corto'l dire, e come fioco
  Al mio concetto! e questo a quel, ch'io vidi,
  E tanto, che non basta a dicer poco.

O luce eterna, che sola in te sidi,
  Sola t'intendi, e da te intelletta
  Ed intendente te a me arridi:

Quella circulazion, che sì concetta,
  Pareva in te, come lume reflesso,
  Dagli occhi miei alquanto circonspetta,

Dentro da se del suo colore stesso
  Mi parve pinta della nostra effige:
  Perchè'l mio viso in lei tutto era messo.

Qual' è il geometra, che tutto s'affige
  Per misurar lo cerchio, e non ritruova,
  Pensando, quel principio, ond'egli indige,

Dans la profonde et claire substance de la sublime lumière, trois cercles m'apparurent, de trois couleurs et de même étendue ; ils semblaient se réfléchir l'un l'autre, comme l'arc d'Iris se réfléchit en un arc semblable ; et le troisième[2] semblait une flamme qui s'exhalait également de chaque côté.

Oh! que pour une telle pensée, ma parole a peu de force et peu de son!.et qu'est-elle, cette pensée, au prix de ce que je vis! Dire « peu », est-ce dire assez?

O lumière éternelle qui, seule résides en toi-même, seule te comprends, et qui, à te comprendre et à être comprise, te plais et te réjouis; ce cercle, qui semble engendré de toi, comme le rayon se réfléchit de la lumière, je crus, après que mes regards l'eurent embrassé quelque temps, voir en lui, teinte de sa propre couleur, une image faite à notre ressemblance[3]; et j'y demeurai attaché de toute ma vue.

Tel le géomètre s'applique, de tous ses efforts, à mesurer le cercle[4], et ne peut retrouver, par la réflexion, le principe qui lui fait défaut; tel je devins à cette vue nouvelle.

Tale era io e quella vista nuova :
   Veder voleva come si convenne
   L'imago al cerchio, e come vi s'indova :

Ma non eran da ciò le proprie penne :
   Se non che la mia mente fu percossa
   Da un fulgóre, in che sua voglia venne.

All' alta fantasia qui mancò possa :
   Ma già volgeva il mio disiro e'l velle,
   Sì come ruota, che igualmente è mossa,

L'amor, che muove 'l Sole e l'altre stelle.

FINE DEL PARADISO

Je cherchai à découvrir comment l'image s'accordait avec le cercle et s'unissait à lui, mais jusque-là mon aile n'eût pu atteindre, si mon esprit n'eût été frappé d'un éclair qui donna contentement à son désir.

Arrivée là-haut, l'imagination demeure impuissante ; mais déjà mon désir et ma volonté obéissaient, comme une roue qui tourne d'un mouvement régulier, à l'amour qui fait tourner le soleil et les autres étoiles.

FIN DU PARADIS

NOTES

CHANT PREMIER

1. A son entrée dans le Purgatoire, le Dante avait rendu hommage et demandé secours aux Muses païennes. Au début des deux premiers chants de son Paradis, le poete invoque d'autres Muses, saintes et chrétiennes, mais il n'oublie pas la Déesse de la sagesse et le Dieu du jour; et, dans les régions de lumière et de vérité, sur les Cieux poétiques où il va pénétrer, il ne cessera d'inscrire les noms des Divinités mythologiques au-dessus desquels il fera flotter le signe du salut, comme flottent les étendards d'une domination nouvelle sur des provinces conquises qui changent de maître sans changer de nom.

2.
    Clamanti cutis est summos derepta per artus;
    Nec quidquam nisi vulnus erat; cruor undique manat,
    Detectique patent nervi, tepidæ que sine ullà
    Pelle micant venæ : salientia viscera possis,
    Et perlucentes numerare in pectore fibras.
                              OVIDE, *Métam.*, liv. VI.

3.   Primus amor Phœbi Daphne Peneia. . . . .
. . . . . Conjux quoniam mea non potes esse,
Arbor eris certe, dixit, mea. Semper habebunt
Te coma, te citharæ, te nostræ, laure, pharetræ.
Tu ducibus Latiis aderis, quum læta triumphum
Vox canet, et longæ visent Capitolia pompæ.
OVIDE, *Métam.*, liv. I.

4. Ville située au pied du Parnasse et célébrée par les poëtes.

5. C'est-à-dire dans les quatre régions du Ciel où les points d'intersection de l'horizon, du zodiaque, de l'équateur et du colure, se combinent de manière à figurer une triple croix.

6.   Quæ tamen has, inquam, vires habet herba? Manuque
Pabula decerpsi, decerptaque dente momordi.
Vix bene combiberant ignotos guttura succos,
Quum subito trepidare intùs præcordia sensi,
Alteriusque rapi naturæ pectus amore. . . . .
. . . .
Terra, vale, dixi : corpusque sub æquora mersi :
Di maris exceptum socio dignantur honore.
OVIDE, *Métam.*, liv. XIII.

On dirait que ces vers du chantre des *Métamorphoses* ont été présents à la pensée du Dante. Les expressions dont Ovide s'est servi pour peindre l'intime tressaillement et l'aspiration secrète vers une nouvelle et plus parfaite existence n'auraient pas besoin de subir un grand changement pour exprimer, dans un sens purement chrétien, les transports de l'âme qui se sent associée à la vie divine.

7. Derrière ces splendides expressions, on voit se dérouler, dans toute leur vaste majesté, les profondes et lointaines perspectives où apparaissent ensemble et le plan de l'œuvre poétique conçue par le Dante, et les harmonies éternelles de la Création, qui a reçu de Dieu l'être et le mouvement. Déjà s'annonce, entre les lois qui régissent l'Univers physique et les règles imposées aux intelligences et aux volontés, cette corrélation si fidèlement observée par le Dante.

Grâce à elle, son génie a pu animer d'une vie immortelle et peupler d'habitants innombrables les cieux limités et mesurés que la foi savait remplir et dont la science est venue briser l'etroite enceinte, pour trouver au delà « le silence éternel des espaces infinis » qui a effrayé Pascal.

CHANT DEUXIÈME

1. ..... Adamanteis Vulcanum naribus efflant
Æripedes tauri, tactæque vaporibus herbæ
Ardent......
.... tamen illis Æsone natus
Obvius it...................
Pendulaque audaci mulcet palearia dextrâ,
Suppositosque jugo, pondus grave cogit aratri
Ducere, et insuetum ferro proscindere campum.
Ovide, *Métam.*, liv. vii.

2. Le mot italien *dimensione* ne signifie pas ici dimension, comme l'ont cru quelques traducteurs. Les dimensions des corps ne sont pas incompatibles entre elles. Ce que le Dante trouve étrange et inexplicable, humainement parlant, c'est que l'espace *mesuré* par le corps puisse donner passage à un autre corps; c'est, en d'autres termes, que la loi d'impénétrabilité des corps cesse d'être observée et subisse une exception.

3. Allusion à la croyance populaire qui voyait, dans les taches de la lune, Caïn chargé d'un fagot d'épines.
En donnant pour base et pour sanction à la démonstration laborieuse qui va suivre l'Expérience, maîtresse du savoir, et la loi physique en vertu de laquelle les rayons lumineux se réfléchissent sur une surface polie, le Dante ne se doutait pas que la lumière attirée et retenue deviendrait précisément le mobile et l'instrument des décou-

vertes scientifiques qui devaient rendre visible l'explication du phénomène dont il s'était préoccupé. Réfutée par le progrès des sciences physiques, la naïve argumentation qui remplit une grande partie de ce deuxième chant du Paradis reste la plus apparente de ces taches de rouille qui marquent de temps en temps, si on peut le dire, l'origine et la date des beautés poétiques de la *Divine Comédie*.

4. Le Ciel Empyrée.

5. Le Premier Mobile.
« Natura cœlestis aut est uniformis et immobilis, et hæc est
« Empyreum, quia lux pura : aut mobilis et multiformis,
« et sic est firmamentum : aut mobilis et uniformis, et sic
« cœlum medium inter Empyreum et stellatum, quod est
« cœlum crystallinum. » (SAINT BONAVENTURE, *Breviloquium*, chap. III, part. 2.)

6. La huitième sphère.

7. Le Dante, qui a placé dans le Paradis terrestre (Chant XXVIII du Purgatoire) les germes de fécondité matérielle où la nature et les êtres animés puisent leur vie, leur forme et leur accroissement, répand à travers les sphères supérieures les semences de fécondité morale qui germent et se développent dans les âmes humaines. (Voy. le Chant XIII du Paradis.)

CHANT TROISIÈME

1. C'est à sa *douce conductrice*, comme il l'appelle ailleurs, que le Dante donne ici le nom de l'astre d'où se répandent la vie, la lumière et la chaleur, et qui plus d'une fois sera choisi par le poete pour désigner Dieu lui-même.

Pour célébrer Béatrix, c'est-à-dire la beauté servant d'interprète à la vérité, il n'aura pas trop de tous les trésors de la poésie. Il entourera sa tête d'une mobile et changeante auréole où chaque sphère céleste fera éclater ses feux et briller ses couleurs. De son regard jaillira la scintillation des joies infinies, et le sourire de ses lèvres sera comme une vibration perpétuellement prolongée des mélodies célestes, suspendues et reprises tour à tour. Le poëte a voulu que, favorisée entre toutes les créatures mortelles introduites dans son Paradis, elle fût revêtue d'une double beauté spirituelle et corporelle, et ornée des trophées de la dernière victoire remportée sur la mort dont elle a bravé la domination passagère. En recevant du ciel tout ce que le ciel pouvait lui donner, elle n'a rien laissé à la terre qui fût digne d'être redemandé à la terre.

Elle a le secret des paroles de la vie éternelle (*verba vitæ æternæ*) qui, pour être comprises par le Dante, ont souvent besoin de passer par sa bouche; car, dans les lieux où elle l'accompagne, de nouvelles lois président à la communication de la pensée. Les doutes à peine formés, les questions à peine écloses dans l'esprit du poete, sont immédiatement aperçus par les esprits bienheureux, dont la vue plonge dans le sein de Dieu. mais le Dante, encore soumis aux conditions de la vie terrestre, ne saurait jouir' d'un privilége semblable. Les réponses qu'il reçoit ne se laissent pas facilement entendre. Tantôt c'est une prophétie obscure; tantôt c'est une controverse théologique dont la solution, resserrée dans des expressions synthétiques et abstraites, demande à être étendue et dégagée par une analyse complaisante. Pour que les révélations qui flottent vaguement à travers l'infini soient enfermées dans une forme déterminée, pour que leur faisceau lumineux, rompu et décomposé, ne laisse briller qu'un éclat tempéré, il faut que le poëte trouve à côté de lui un interprète attentif et fidèle. C'est Béatrix qui traduira, dans un langage accommodé à l'intelligence humaine, la langue qui se parle aux Cieux.

Dans le temple éternel, où les mystères de la gloire et de la majesté divines reposent sous l'aile des Chérubins, elle sera comme le sanctuaire extérieur et accessible que l'on traverse pour pénétrer jusqu'au sanctuaire intime, jusqu'au Saint des saints. Au milieu des fêtes du Paradis, elle-même sera la fête perpétuelle des yeux et de l'âme.

Ipsa ne quod festa est, an quod facit omnia festa?
Ovide, *Trist.*, liv. iii, élég 1.

2. La Charité divine.

3. Sœur de Forése. (Voy. le Chant xxiv du Purgatoire.)

4. Chacune de ces âmes, éclairée par un sentiment supérieur de justice, reconnaît que la place qui lui a été assignée par Dieu est précisément celle dont elle était digne, et la béatitude de chacune s'accroît par l'acquiescement volontaire de son intelligence et de son amour à la sentence divine qui, mesurant exactement la rétribution à la valeur des œuvres, n'a pas permis que la récompense dépassât les mérites ou fût surpassée par eux.

5. Sainte Claire, fondatrice de l'ordre des Pauvres-Sœurs établi sous les auspices de saint François d'Assise et animé de son esprit (Voy. au chap. xi des *Fioretti*, traduction d'Ozanam, le gracieux récit qui rapproche et met en présence saint François et sainte Claire).

6. Constance, fille de Roger, roi de Sicile, qui fut arrachée au monastère où elle s'était retirée, pour devenir l'épouse de Henri, fils de Frédéric Barberousse, et la mère de Frédéric II.

Le Dante désigne par l'expression de *vents de la Souabe* (vento di Soave) ces trois souverains qui, pendant un siècle, ont déchaîné sur l'Italie les souffles impétueux de la violence et de la discorde.

CHANT QUATRIÈME

1. Ces comparaisons peuvent paraître un peu vulgaires; on doit se souvenir pourtant qu'elles n'ont pas été dédaignées par la philosophie la plus sérieuse. Leibniz, combattant la doctrine de la *liberté d'indifférence* que soutenaient Descartes et Bayle, et contestant à la fois la valeur du système et l'exactitude de la fiction imaginée pour le faire comprendre et admettre plus aisément, démontre gravement que la position hypothétique de l'âne de Buridan (Casus de asino Buridani inter duo prata) n'emportait pas l'immobilité, non plus que la liberté humaine ne comportait l'indétermination absolue. (Théodicée, 1re partie, § 49.)

2. « Hoc est somnium; interpretationem quoque ejus dicemus coram te, Rex.....
   « Tunc rex Nabuchodonosor cecidit in faciem suam et Da-
   « nielem adoravit, et hostias et incensum præcepit ut
   « sacrificarent ei. » (Daniel, chap. ii.)

3. « Ayant achevé le tout, Dieu le partagea en autant d'âmes qu'il y a d'astres et en donna une à chacun d'eux... Celui qui passera honnêtement le temps qui lui a été donné à vivre retournera, après sa mort, vers l'astre qui lui est échu et partagera sa félicité. » (Timée, traduct. Cousin.)
   C'est à cette même doctrine que le Dante fait allusion un peu plus loin, quand il dit *quel che Timeo dell' anime argomenta*.
   Le dialogue de Timée, traduit par Chalcidius, est celui des ouvrages de Platon qui était le plus connu au temps du Dante, ou, pour mieux dire, le seul que l'on connût en entier.

4. La justice divine ne contredit pas la justice humaine, mais s'élève infiniment au-dessus d'elle. Elle doit dépasser l'in-

telligence de l'homme de tout l'intervalle qui sépare la raison de la foi. Si elle paraît incompréhensible, il faut l'imputer à l'insuffisance de la raison qui doit s'en remettre à la foi et non à une erreur hérétique qui corromprait la raison et attaquerait la foi.

5. Le Dante semble avoir emprunté à saint Thomas la théorie de la violence qu'il expose ici. (Voy. *Summa theologiæ*, I^a 2^æ partis, quæstio vi, art. 4 et 5.)

Saint Thomas assimile également la contrainte que subit la volonté au mouvement forcé des lois de la nature. Seulement il s'est arrêté de préférence à la loi de la pesanteur, tandis que l'exemple choisi par le Dante est tiré du mouvement de la flamme. — « Potest lapis per violentiam ferri « sursùm; sed quòd iste motus violentus sit, ex ejus natu- « rali inclinatione esse non potest. Similiter potest homo « per violentiam trahi, sed quòd hoc sit ex ejus voluntate, « repugnat actioni violentiæ. »

Dans le même passage se trouve développée la distinction sur laquelle le Dante insiste quelques vers plus loin, entre la puissance essentielle et absolue de la volonté et les actes par lesquels elle se manifeste. « Actus qui est ejus imme- « diate velut ab ipsâ elicitus, scilicet velle; alius qui est « actus voluntatis a voluntate imperatus, et mediante aliâ « potentiâ exercitus... »

Voyez aussi, dans la *Cité de Dieu*, la subtile argumentation par laquelle saint Augustin, derrière le consentement surpris ou arraché, découvre de secrètes protestations de la volonté, et ménage à la conscience troublée par des actes de violence, des raisons de se consoler et de se rassurer.

CHANT CINQUIEME

1. Saint Augustin avait dit : « Cùm de libero arbitrio loquimur, « non de parte animæ loquimur, sed de totâ animâ. »
Scot Érigène avait appelé la liberté *la substance de l'âme.*
C'est dans le même esprit et avec autant de grandeur que le Dante exalte le magnifique présent fait par Dieu à l'homme, pour le rappeler perpétuellement au sentiment de son origine, de son devoir et de sa dignité.

2. Le Dante a prêté tout l'éclat et toute la précision de son langage poétique à la règle d'interprétation que saint Thomas, s'exprimant en jurisconsulte et en théologien, et consacrant l'accord du droit humain avec le droit divin, applique à ces conventions qui ont pour objet la liberté elle-même, seule digne de devenir la matière d'un engagement où Dieu et l'homme figurent comme parties contractantes. (Voy. *Summa theologiæ,* I^a 2^æ partis, Quæstio LXXXVIII, art. 2 et 3.) Saint Thomas fait observer que le même mot *fides,* signifiant la réalisation de ce qui a été dit (*quia fient dicta*) désigne également la foi et la fidélité. Il paraît vouloir donner ainsi pour cause et pour motif déterminant à l'accomplissement des promesses faites par l'homme à Dieu, l'accomplissement des promesses faites par Dieu au genre humain.

    L'exemple de Jephté qui, suivant saint Jérôme, a été « in « vovendo stultus, quia discretionem non habuit, et in « reddendo impius, » est commun à la démonstration du Dante et à celle de saint Thomas.

3. Les clefs de saint Pierre (Voir le Chant IX du Purgatoire.)

4. Ici encore le Dante suit pas à pas saint Thomas d'Aquin. Avec lui il résout la question de juridiction et de compétence,

après avoir décidé sur le fond et sur le droit. (Voir *Summa Theolog.*, loc. cit. art. 12.)

Les vœux ordinaires « quæ communiter fiunt et indigent « frequenti dispensatione, » y sont distingués des vœux supérieurs ou *vota majora*. Le prêtre, qui représente Dieu et parle en son nom, a un pouvoir suffisant pour dispenser de l'exécution des premiers; on ne peut être relevé des autres que par l'autorité du Souverain Pontife, qui a plénitude de juridiction en cette matière.

5. Vers l'Orient.

6. Le Ciel de Mercure.

CHANT SIXIÈME

1. Énée.

2. Pour représenter et pour personnifier l'Empire Romain, le Dante choisit Justinien, héritier légitime des anciens Césars. Il lui fait évoquer poétiquement la vieille gloire militaire que, pendant son règne, il avait tirée du passé où elle s'enfonçait, en même temps qu'il préparait à son nom la gloire plus jeune et plus durable d'une législation destinée à éclairer l'avenir des nations nouvelles.

Le poëte n'accorde qu'une simple et courte mention à Charlemagne qui, en vertu du droit d'adoption que lui donnaient la puissance et la gloire, a transporté le titre impérial chez ces races occidentales plus d'une fois maltraitées par l'auteur de la *Divine Comédie*.

3. Justinien avait incliné quelque temps vers les erreurs d'Eutychès.

4. Vibranti cuspis medium transverberat ictu,
Loricæque moras et pectus perforat ingens.
Ille rapit calidum frustra de vulnere telum :
Unâ eâdemque viâ sanguisque animusque sequuntur.

> Corruit in vulnus; sonitum super arma dedere,
> Et terram hostilem moriens petit ore cruento.
> . . . .
>
> At socii multo gemitu lacrymisque
> Impositum scuto referunt Pallanta frequentes.
>
> <div align="right">Virg., <i>Énéid.</i>, liv. x</div>

5.
> Ausa et jacentem visere regiam
> Vultu sereno, fortis et asperas
> Tractare serpentes, ut atrum
> Corpore combiberet venenum,
> Deliberatâ morte ferocior.
>
> Horace, liv. i, od. xxxvi.

6. Dans tout ce chant, ou plutôt dans ce poétique chapitre d'histoire consacré aux origines et aux triomphes de la grandeur romaine et de la domination impériale, où le génie du Dante semble égaler, en le suivant de siècle en siècle et de sommet en sommet, le vol de l'aigle qui a guidé les pas du peuple roi à travers le monde, on croit entendre résonner les fiers accents d'une parole également inspirée, également chrétienne, et cette parole est celle qui a célébré le nom des deux premiers Césars comme le nom même de la victoire :

« César victorieux parut en un moment par tout l'univers : en Égypte, en Asie, en Mauritanie, en Espagne. Vainqueur de tous côtés, il fut reconnu comme maître à Rome et dans tout l'empire..... Tout cède à la fortune de César : Alexandrie lui ouvre ses portes; l'Égypte devient une province romaine; Cléopâtre, qui désespère de la pouvoir conserver, se tue elle-même après Antoine. Rome tend les bras à César, qui demeure, sous le nom d'Auguste et sous le titre d'Empereur, seul maître de tout l'empire. » (Bossuet, *Discours sur l'Histoire universelle.*)

Chez le poëte et chez l'historien sacré, c'est la même impétuosité de la pensée qui, tout emportée par le mouvement irrésistible d'une ardente impatience, se gouverne néanmoins comme elle gouverne les événements qu'elle rassemble et pousse devant elle à travers le temps et l'espace, et, réglant sa marche sur celle des siècles qui ne s'arrête jamais, prononce, en passant et à la hâte, les arrêts de la Destinée, ou plutôt les oracles de la Providence.

7. Tibère, qui aurait pu être le ministre de la colère divine contre les Juifs.

8. L'étendard du parti guelfe, c'est-à-dire les lis d'or de France.

9. Charles II, fils de Charles d'Anjou.

10. *Romeo* n'est pas un nom propre, mais bien un terme générique appliqué aux pèlerins. Le Dante lui-même en fait la remarque dans un passage de la *Vita nuova*.

Giov. Villani, dans sa *Cronica*, a retracé la destinée du personnage dont le poëte parle ici. Machiavel, dans une de ses lettres, adressée à Francesco Guicciardini (19 décembre 1525), fait mention de lui comme d'un homme de bon conseil.

Nous reproduisons le curieux récit de la prospérité et des infortunes de ce Jacques Cœur du xiiie siècle, que rendent digne d'intérêt les détails de mœurs qu'il contient et le trait touchant qui le termine :

« Un pèlerin (*Romeo*), qui revenait de Saint-Jacques en Galice, s'arrêta à la cour du comte Raymond de Provence, et, entendant vanter sa bonté, demeura près de lui. Il se montra si sage et si actif, et entra si avant dans les bonnes grâces du comte, qu'il reçut la charge et la direction de tous ses intérêts. Sa conduite fut aussi honnête et scrupuleuse qu'il était possible, et, grâce à son intelligence et à son habileté, son maître vit ses revenus tripler, tout en continuant à tenir richement et honorablement sa cour... Une guerre étant survenue, au sujet de la délimitation de ses états et de ceux du comte de Toulouse (qui était le plus puissant seigneur du temps et tenait quatorze comtes sous sa suzeraineté), la courtoisie du comte Raymond, la prudence du sage pèlerin et le trésor qu'il avait formé, attirèrent dans l'armée provençale un si grand nombre de barons et de chevaliers, que la guerre se termina à son avantage et à son honneur.

« Le comte avait quatre filles et point d'enfant mâle. L'aînée épousa le roi de France (saint Louis), grâce aux soins et au zèle du pèlerin, et aussi grâce à la dot qu'il lui fit donner, disant au comte : « Laissez-moi faire, quoi qu'il en « coûte ; une fois la première bien mariée, l'alliance qu'elle « aura contractée fera trouver aux autres un parti meilleur « et à moins de frais. » Ainsi arriva-t-il, car le roi d'Angleterre, désirant devenir allié du roi de France, prit la seconde avec une faible dot. Son frère, roi des Romains, choisit la troisième. La quatrième restant seule, le sage pèlerin dit : « Quant à celle-là, je veux qu'elle épouse un « vaillant homme qui soit votre fils et votre héritier. » Il pensa au frère du roi Louis de France, Charles, comte d'Anjou : « C'est celui-là qu'il faut, dit-il, car ce sera le « plus vaillant homme du monde ; » et sa prophétie se réalisa.

« Mais l'envie, qui gâte tout ce qui est bon, porta les barons de Provence à insinuer que le pèlerin avait mal administré les finances de son maître, et à demander qu'il rendît ses comptes ; il fit cette ferme réponse : « Comte, je vous « ai servi longtemps, et, grâce à moi, vos affaires, qui « étaient dans un médiocre état, se sont relevées. Vous « en êtes peu reconnaissant, parce que de mauvais con- « seils vous entourent. Quand je vins à votre cour, j'étais « un pauvre pèlerin ; j'ai vécu honnêtement de ce que « vous m'avez donné. Faites-moi rendre ma mule, mon « bourdon et mon escarcelle ; ainsi suis-je venu, ainsi « partirai-je, vous tenant quitte de tout le reste. » Le comte ne voulait pas le laisser partir, mais rien ne le put retenir. Il partit ainsi qu'il était venu. D'où venait-il, où alla-t-il, nul ne le sut, et beaucoup le tinrent pour un saint. » (Giov. Villani.)

CHANT SEPTIÈME

1. « Sauve-nous, Dieu saint, Dieu des armées, toi qui fais resplendir de tes clartés les âmes brûlantes d'amour qui peuplent les royaumes célestes. »

2. Par une bizarrerie puérile, le Dante désigne Béatrix en rapprochant les deux extrémités de son nom, la première lettre (*B*) et la dernière syllabe (*ice*).

3. Adam.

4. « Nunc autem in Christo Jesu vos, qui aliquando eratis
   « longe, facti estis prope in sanguine Christi.....
   « Ipse enim est pax nostra, qui fecit utraque unum et me-
   « dium parietem maceriæ solvens, inimicitias in carne
   « suâ.....
   « Ut duos condat in semet ipso, in unum novum hominem,
   « faciens pacem. » (Saint Paul, *Epist. ad Ephesios*, cap. II.)

5. Le XIIIᵉ Chant du Paradis montrera également dans la création du premier homme et dans la naissance visible du Sauveur la manifestation de la puissance divine, s'exerçant sans intermédiaire.

   En revenant à la même idée, le Dante retrouvera la même figure, celle de l'empreinte laissée par le sceau sur la matière, si souvent et si éloquemment appliquée au mystère de la création, reproduite par Bossuet, qui l'adopte avec complaisance pour la rejeter ensuite comme insuffisante, afin de montrer écrite dans l'homme lui-même l'image de la génération éternelle du fils de Dieu, et d'obtenir ainsi de l'œuvre divine interrogée par la pensée, ce que les artifices de l'imagination n'avaient pu lui donner.

   « ..... C'est quelque chose de trop grossier pour le Fils de

Dieu que l'impression d'un cachet ou que l'expression de la ressemblance dans une image qu'on taille avec un ciseau ou qu'on fait avec des couleurs. La nature a quelque chose de plus délicat, et voici dans de claires eaux et dans un miroir, un nouveau secret pour peindre et faire une image. Il n'y a qu'à présenter un objet; aussitôt il se peint lui-même, et cet admirable tableau ne dégénère par aucun endroit de l'original : c'est, en quelque sorte, l'original lui-même. Cependant rien ne dépérit ni à l'original ni à la glace polie où il s'est imprimé tout entier.....

« Tout cela est mort : le soleil, son rayon, sa chaleur, un cachet, son expression; une image ou taillée ou peinte; un miroir et les ressemblances que les objets y produisent sont choses mortes. Dieu a fait une image plus vive de son éternelle et pure génération; et, afin qu'elle nous fût plus connue, c'est en nous-mêmes qu'il l'a faite. » (BOSSUET, *Élévations sur les Mystères*, 2e Semaine, 3 et 4.)

6. Voyez dans le *Breviloquium* de saint Bonaventure, IVe partie, chap. I, la justification tout à fait analogue des voies suivies par Dieu pour opérer l'union de la nature divine et de la nature humaine, conciliées par l'Incarnation et réconciliées par la Rédemption, et pour assurer ainsi la fin de la lutte formidable et la conclusion de la paix merveilleuse que le Dante, au commencement de ce chant, a représentées par de magnifiques antithèses, bien dignes d'exprimer la mystérieuse antithèse du Bien et du Mal, de la Divinité et de l'Humanité, du Ciel et de la Terre.

7. « Dieu n'est point un simple faiseur de formes et de figures dans une matière préexistante; il a fait et la matière et la forme, c'est-à-dire son ouvrage dans son tout... Lui qui est la forme des formes et l'acte des actes, il a fait tout ce qui est selon qu'il est et autant qu'il est, c'est-à-dire que comme il a fait la forme, il a fait aussi ce qui était capable d'être formé, parce que cela même c'est quelque chose qui, ne pouvant avoir de soi-même d'être formé, ne peut

non plus avoir de soi-même d'être formable.... » Bossuet, *Élévations sur les Mystères*, 3ᵉ Semaine.)

8. Le Dante trouve dans la dignité originelle du corps humain, sorti directement des mains de Dieu, une promesse et un gage d'immortalité que la théologie et l'éloquence chrétienne ont plus volontiers et plus souvent tirés de la dignité nouvelle que le Christ est venu communiquer à la chair de l'homme, en couvrant sa divinité de ce vêtement de misère et d'infirmité.

CHANT HUITIÈME

1. Vénus.

2.
>Ille, ubi amplexu Æneæ colloque pependit,
>Et magnum falsi implevit genitoris amorem,
>Reginam petit. Hæc oculis, hæc pectore toto
>Hæret, et interdum gremio fovet, inscia Dido
>Insideat quantus miseræ Deus!
>>Virgile, *Énéid.*, liv. I

Dans le Chant suivant le Dante parlera de la fille de Bélus, *qui fit tort à Sichée et à Créuse :*

>... la figlia di Belo,
>Noiando ed a Sicheo e a Creusa.

En même temps qu'il admet dans la sphère de la Vénus céleste les âmes qui, trop facilement livrées à de profanes tendresses, ont été purifiées par la flamme de l'amour divin, il ne se fait pas scrupule d'y réveiller l'écho du chef-d'œuvre poétique qui a été, dans les anciens âges, la plus belle et la plus parfaite inspiration de la Vénus terrestre. Il n'a point interdit à la passion qui se présentait sous la sauvegarde du génie, l'entrée du séjour de sainteté qu'il ouvrait à la passion protégée par la majesté royale et rachetée par la vertu.

3. La forme musicale à laquelle le Dante fait allusion est le *déchant*, dans lequel la durée des notes était diverse entre les diverses parties. Le nom de *copule*, celui de *florature*, qui s'est conservé jusqu'à nos jours sans trop dévier de sa forme et de sa signification originaires, désignaient des compositions dans lesquelles l'une des parties parcourait rapidement plusieurs notes, tandis que l'autre s'arrêtait sur une note *tenue;* combinaison qui devint l'origine du contre-point inégal ou figuré. (Voyez les ouvrages de Jean de Garlande, Francon de Cologne, etc., cités par M. de Coussemaker, dans son *Histoire de l'Harmonie au moyen âge.*)

4. Début d'une canzone du Dante.

5. Charles Martel, fils de Charles II, roi de Naples, recueillit et exerça les droits qu'il tenait de sa mère à la couronne de Hongrie, mais succomba dans la revendication de la royauté qui avait appartenu à son père. Son oncle Robert, soutenu par Clément V, devint roi de Naples et chef du parti guelfe en Italie ; il fut doublement odieux au Dante et par la manière dont il acquit le pouvoir et par la manière dont il s'en servit.

6. La Provence.

7. Le royaume de Naples.

8. La Hongrie.

9. La Sicile.

> Degravat Ætna caput : sul quá resupinus arenas
> Ejectat, flammamque fero vomit ore Typhœus.
> Sæpe remoliri luctatur pondera terræ,
> Oppidaque, et magnos evolvere corpore montes.
> Ovid, *Métam.*, liv. v.

10. Ce cri de mort, se répandant à travers la Sicile avec la rapidité contagieuse de la haine et de la vengeance (*come pes-*

lilenza, dit Villani), donna le signal des *Vêpres siciliennes,* terribles représailles écrites en lettres de sang dans cette tragique histoire des royaumes de Naples et de Sicile, où l'on voit les guerres de succession dégénérer en guerres d'invasion, les prétendants au trône, qui revendiquent ces belles contrées comme un héritage, amener à leur suite des races étrangères qui les traitent comme une conquête et comme une proie, et tous, peuples et rois, abusant rapidement d'un pouvoir rapide,

> Et de près inspirant les haines les plus fortes.

11. C'est en effet la rapacité des ministres et des agents de Charles d'Anjou qui fut la cause déterminante du soulèvement de la Sicile. (Voy. Michelet, *Histoire de France*, t. III, et de Saint-Priest, *Histoire de la Conquête de Naples.*)

12. Comparaison fréquente, non-seulement chez le Dante, mais dans toute la littérature poétique et religieuse du xiiie siècle. Saint Thomas l'a employée plus d'une fois pour exprimer la rapide exécution des ordres de Dieu, et la sûreté de la main divine dans le gouvernement des choses humaines.

Les poètes franciscains parlent sans cesse des traits de l'amour divin qui percent le cœur de l'homme, et saint Bonaventure a intitulé *Sagittæ* (flèches) l'un de ses ouvrages où il célèbre sous ce nom les vertus, armes spirituelles que le chrétien dirige et lance contre les ennemis qui menacent son âme.

13. « Sic habeto : Omnibus qui patriam conservarint, adjuverint, « auxerint, certum esse in cœlo definitum locum, ubi beati « ævo sempiterno fruantur : nihil est enim illi principi Deo « qui omnem hunc mundum regit, quod quidem in terris « fiat acceptius, quàm *concilia cœtusque hominum jure* « *sociati, quæ civitates appellantur.* Harum rectores et « conservatores hinc profecti huc revertuntur. » (*Somnium Scipionis.*)

Cicéron et le Dante prêtent tous deux au principe de la société humaine la sanction supérieure d'une autorité divine, que manifestent également, dans le songe de Scipion, la gloire réservée aux grands citoyens qui ont bien mérité de la république, et dans la *Divine Comédie*, les paroles du roi de Hongrie, mis par le poete au rang des souverains peu nombreux qui ont honoré la royauté et servi l'humanité.

14. Dédale.

15. Ce terme qui, dans le Paradis, désigne tantôt l'ensemble des causes secondes qui agissent sous la direction suprême de Dieu, tantôt les actions planétaires, est pris ici dans le second sens, comme l'indique le mot *circolar*, qui se rapporte à la forme et au mouvement circulaires.

16. Romulus.

17. Il importe d'observer que si le Dante introduit dans son Paradis les fausses doctrines astrologiques de son temps, il les transforme en les adoptant et les spiritualise en quelque sorte. Les influences planétaires ne sont pas pour lui cette réunion de forces occultes et de combinaisons fatales qui dominent ce qu'on appellerait dans le langage philosophique la partie *phénoménale* de l'existence humaine, et qui tour à tour menaçantes et bienfaisantes disposent les événements comme autant de traîtres cachés ou d'amis inconnus que l'homme doit rencontrer successivement, à l'heure et à la place marquées, le long des routes de la vie. Le poëte en fait une sorte de patronage moral, de ministère intermédiaire entre Dieu et l'homme, un ordre de classification universelle des existences.

Suivant lui, chacun reçoit en naissant une empreinte primordiale gravée sur son âme et sur son intelligence, une direction particulière imprimée à ses facultés. Mais cette empreinte ne persiste pas nécessairement; cette direction n'est pas toujours prépondérante. L'une et l'autre marquent bien plutôt la destinée idéale que la destinée réelle de l'homme; et il s'en faut bien que ces deux destinées coïncident avec une exactitude constamment *adéquate.* Si l'exécution des grandes et invariables lois qui sont communes à l'humanité entière, et qui sont le principe d'unité du monde moral, est abandonnée à la liberté humaine, à plus forte raison ces lois particulières, principe de variété des âmes et des intelligences, pourront s'effacer au contact des événements et sous le choc des volontés. Souvent le mot d'ordre donné par la Providence sera oublié, la mission qu'elle aura imposée mal comprise ou mal remplie, et les divines prophéties ne s'accompliront pas. Parfois aussi quelques-unes de ces vocations privilégiées, qui se font connaître et respecter de tous, parce qu'elles ne perdent jamais la connaissance et le respect d'elles-mêmes, pourront échapper à la domination des erreurs et des passions et se soustraire au mobile empire de la divinité qui préside aux changements et aux révolutions inférieures des choses humaines. (Voyez la description de la Fortune, ch. vii de l'Enfer.) Elles suivront, sans dévier, *la ligne de vie* qui a été tracée devant elles, et, par une heureuse conjonction des influences supérieures et des vicissitudes terrestres, opposeront aux exemples si fréquents de forces perdues ou mal employées, le rare exemple d'une puissance morale clairement comprise et sûrement dirigée.

Franchissant les limites des existences individuelles, le Dante reconnaît dans les familles le développement de ces ressemblances morales qui, ébauchées par la nature, fortifiées par l'exemple, la tradition et l'éducation, se transmettent héréditairement comme les ressemblances physiques.

Mais, à ce point de vue encore, il s'empresse d'ajouter que de fréquentes exceptions viennent troubler la règle. En effet, la chaîne des générations n'est pas constamment uniforme et régulière; composée d'anneaux qui n'ont pas toujours même poids et même valeur, plus d'une décadence matérielle, plus d'une déchéance morale en interrompent la série. Là aussi, la Fortune et la Liberté ont une large part, et la maxime *Astra inclinant, non necessitant*, reçoit plus d'une application.

Faut-il donc imputer à la faiblesse ou à la témérité du Dante d'avoir voulu

> Imprimer sur le front des étoiles
> Ce que la nuit des temps enferme dans ses voiles?

Ne doit-on pas reconnaître plutôt, en s'attachant au fond plus qu'à la forme, qu'il a suivi d'un œil sûr, dans l'ordre et dans la structure de la société dont les hommes sont les instruments et les organes, l'application humaine d'un principe divin, et qu'il est resté fidèle à la vérité et à la poésie tout ensemble, en plaçant au ciel toutes les harmonies qui maintiennent le plan social, et sur la terre, toutes les dissonances qui le troublent?

CHANT NEUVIÈME

1. Fille de Charles Martel, roi de Hongrie, et femme de Louis X, roi de France.

2. Le château de Romano appartenait à Ezzelino, vicaire impérial dans la Marche Trévisane, qui avait défendu avec acharnement la cause gibeline et s'était signalé par des actes d'une cruauté atroce et raffinée. Le Dante a rendu justice à ce personnage de sinistre mémoire en le plaçant dans les lacs de sang surveillés par les centaures.

> E quella fronte, ch'ha'l pel cosi nero,
> È Azzolino.
> *Enfer*, chant XII

3. C'est-à-dire, elle durera pendant une période indéterminée.

4. (Voy. VILLANI, liv. IX et X.) En 1314, les Padouans assiégèrent la ville de Vicence. Can Grande della Scala, seigneur de Vérone, les mit en déroute et en tua un grand nombre. La lutte entre Vérone et Padoue, tour à tour recommencée et interrompue, devait se terminer en 1328 par la prise de cette dernière ville, dont les habitants se livrèrent à Can Grande della Scala, qui usa de clémence à leur égard.

5. Fleuves de la Marche Trévisane.

6. Richard de Camino, qui périt assassiné. Son fils prit part à une des expéditions de Can della Scala contre Padoue, en 1327.

7. Alexandre, évêque de Feltre, avait, contrairement à la foi jurée, livré au gouverneur de Ferrare plusieurs seigneurs qui avaient combattu la cause de la papauté.

8. Tour construite par Ezzelino, qui en fit un lieu de vengeances et de supplices.

9. Dans l'Enfer.

10. Les Séraphins.

11. Par cette périphrase géographique et poétique, le Dante détermine la position de la ville de Gênes, où était né le personnage qui lui adresse la parole. Ce personnage est le célèbre Folquet, évêque de Toulouse, qui prit une part importante à la guerre des Albigeois et soutint, avec une ardeur implacable la cause de Simon de Montfort. (Voyez l'*Histoire de la croisade contre les hérétiques albigeois*, écrite en vers provençaux, traduite et publiée par M. Fauriel.) L'auteur du poëme raconte les actions, reproduit les discours de Folquet, sans les juger, sans les blâmer, suivant la méthode ordinaire de son récit. Il l'appelle, un peu ironiquement peut-être, *lo nostro evesque* (notre évêque), et le montre s'applaudissant de tous les désastres et s'affligeant

de toutes les joies de *sa* ville de Toulouse, porté par une inclination invariable vers les partis les plus violents, gardant une fidélité posthume au comte de Montfort, qu'il avait aidé de ses paroles et de ses actes dans les conseils et dans les combats, et demandant la canonisation du héros fanatique à la mort duquel « tout le monde fut illuminé et la noblesse sauvée. »

12. Didon.

13. Phyllis, princesse de Thrace, aimée, puis délaissée par Démophon et métamorphosée en amandier, suivant la Fable.

14. Voyez Ovide, *Métam.*, liv. IX.

15. Voyez le livre de Josué, chap. II.
« Fide Rahab meretrix non periit cum incredulis, excipiens « exploratores cum pace. » (Saint Paul, *Epist. ad Hebræos*, ch. II.)
« Similiter et Rahab meretrix nonne ex operibus justificata « est, suscipiens nuncios et aliâ viâ ejiciens? » (Sᵗⁱ Jacobi apost., Epist. cathol.)

16. Le lis, gravé sur les monnaies florentines.

17. Les décrétales ou rescrits des Papes sur des points douteux, formaient une des parties les plus considérables du droit canonique. Plusieurs recueils contenant les monuments de la législation ecclésiastique furent formés à différentes époques (par Yves de Chartres, par Gratien, en 1140). La publication des Décrétales, divisées en cinq livres, fut ordonnée par Grégoire IX, en 1234. Une sixième partie, contenant les décisions des Papes qui avaient succédé à ce pontife, fut ajoutée par Boniface VIII, sous le nom de *Sexte*. Les *Clémentines* et les *Extravagantes Joannis* vinrent ensuite s'y joindre.

Par la nature des éléments qui le composaient, par leur système de formation historique comme par leur mode de disposition intérieure, le droit ecclésiastique se trouvait en correspondance et en parallélisme avec le droit romain, dont l'enseignement reprenait tout son éclat au XIIe et au XIIIe siècle. Aussi les papes cherchèrent-ils à opposer l'autorité et l'étude des Décrétales à l'autorité et à l'étude du Code et des Pandectes.

18. C'est dans les grottes du Vatican, premier cimetière des chrétiens à Rome, que le corps de Saint-Pierre fut inhumé. Sous Anaclet, second successeur de l'Apôtre, ce lieu de sépulture devint en même temps un lieu de prière consacré. (Voyez M. l'abbé Gerbet, *Esquisse de Rome chrétienne*, t. I, p. 161 et suiv.)

CHANT DIXIÈME

1. L'Esprit saint.

2. Le Zodiaque.

3. Le Soleil.

4. Il serait libre, mais d'une liberté qui, privée de communication avec Dieu, c'est-à-dire séparée du courant universel de vie et de mouvement, resterait inerte, immobile et stagnante.

5. Albert le Grand, évêque de Ratisbonne, mort en 1280, établit les bases de l'alliance contractée entre la philosophie aristotélicienne et la théologie chrétienne, consacra une intelligence puissante, subtile et aventureuse à l'étude des sciences naturelles et de ces autres sciences que le Stagyrite avait placées à côté de la physique sous la dénomination indirecte et négative de *métaphysique*. Il fut le maître de saint Thomas d'Aquin, qui lui-même devint le grand

instituteur du moyen âge, le méthodique législateur du dogme, de la discipline et de la science au xiiie siècle.

Tous les deux appartinrent à l'ordre des Dominicains. Le chant x, et plus encore le chant xi, font voir qu'entre tous les titres de saint Thomas, celui-là ne fut pas le moins éclatant aux yeux du Dante. L'auteur de la *Somme théologique* avait eu à protéger les Ordres mendiants vis-à-vis des pouvoirs laïques, du clergé séculier et de l'Université de Paris. Il avait soutenu que le Pape pouvait se faire remplacer par les religieux qui appartenaient à ces Ordres, comme un évêque peut se faire suppléer dans l'exercice de ses fonctions spirituelles. Revendiquant avec une constante énergie en leur faveur le droit d'enseignement que lui-même exerça avec un incomparable talent, il fit mieux encore ; il s'efforça de les défendre contre eux-mêmes, c'est-à-dire contre le relâchement des règles, qui était leur plus dangereux et leur plus perfide ennemi, et qui détermina les Pères du concile de Lyon, en 1272, à prohiber l'institution de nouveaux ordres et à défendre aux ordres existants d'acquérir et d'aliéner sans l'approbation de l'évêque.

6. Gratien, auteur de la compilation qui prit le nom de *Décret*. (Voyez la note 17 du chant précédent.)

7. Pierre Lombard, évêque de Paris, peut être considéré comme le créateur de l'enseignement scolastique. Il fut le premier et le principal propagateur de cette méthode qui, se tenant à égale distance de la méditation et de la prédication, du dogmatisme et du mysticisme pur, consistait dans la discussion, le rapprochement et la conciliation des autorités que le professeur mettait en présence, afin de supprimer ou d'affaiblir des contradictions qui pouvaient paraître indestructibles et de préparer les voies à sa propre opinion (*sententia*), qu'il exprimait ensuite.

Transmise par Abélard à Pierre le Lombard, et par ce dernier à saint Thomas, cette méthode, qui transformait chaque controverse en une sorte de combat en règle, offrait à l'esprit humain, suivant qu'il inclinait vers le doute ou qu'il se tenait à l'affirmation de solutions certaines, le spectacle et le jeu des opinions contraires, ou l'action sérieuse et les combats à outrance de la pensée. Aussi, après avoir donné au *Sic et non* son titre et son esprit, elle put présider également à la composition laborieuse de la *Somme de théologie*.

8. En dédiant son ouvrage à l'Église, Pierre le Lombard avait comparé modestement cette offrande à l'aumône de la veuve de l'Évangile :

« . . . . . Cupientes aliquid de tenuitate nostrâ cum pauperculâ in gazzophilacium Domini mittere. »

9. Salomon. Le souverain qui avait consacré sa vie et son règne au service de Dieu, à la recherche de la volupté et au culte de la sagesse, avait laissé après lui une mémoire qui participait aux bizarres et diverses grandeurs de son caractère et de ses œuvres. Entrevue à travers la double distance des lieux et des siècles, la figure du roi des Juifs apparaissait revêtue d'une auréole douteuse. Successivement recueillies par les juifs, par les musulmans et par les chrétiens, les traditions qui se rattachaient à lui avaient subi plus d'une métamorphose, en se teignant de toutes les couleurs de la vérité et du mensonge, et l'imagination populaire, qui n'épargnait pas les renommées toutes récentes de Gerbert et d'Abélard, achevant l'œuvre des légendes orientales, vint ajouter au diadème de Salomon plus d'un fleuron d'un éclat suspect.

10. Denys l'Aréopagite, converti par saint Paul. C'est à lui qu'ont été attribués les ouvrages mystiques intitulés, *De cœlesti hierarchiâ, de nominibus Dei*, etc. Composés durant la guerre acharnée que se livrèrent les doctrines chrétiennes et la philosophie d'Alexandrie, ils furent recueillis après la lutte par le christianisme, semblables à ces armes d'origine incertaine qui, abandonnées pendant le combat, de-

viennent le butin du parti vainqueur. Leur autorité, invoquée pour la première fois à l'occasion des débats théologiques qui eurent lieu sous Justinien, dans le but de réunir et de pacifier les Églises d'Orient, s'accrut d'âge en âge. Traduits ou commentés par Scot Erigène, Hugues et Richard de Saint-Victor, lus assidûment par le Dante, ils obtinrent une influence que saint Bonaventure a caractérisée en donnant à leur auteur le nom de *Maître des contemplatifs*.

Dans la remarquable introduction qui précède la traduction de ces ouvrages, M. l'abbé Darboy se livre à un développement élégant et poétique que nous lui empruntons.

« .... Il a, pour ainsi dire, armé l'œil des contemplatifs d'instruments délicats et puissants. Du haut de ces enseignements, comme d'un observatoire élevé, ils ont pu mesurer l'étendue des cieux spirituels et voir comment toutes les vérités, soleils intelligibles, gravitent autour du soleil de la vérité suprême et incréée... C'est en descendant de ces régions si peu explorées maintenant, et en se retrouvant dans l'exil de cette terre, que leur grande âme déchirée laissait échapper d'ardents soupirs et des gémissements inconsolables; et le nom de la patrie, en tombant de leurs lèvres alors, était si doux à entendre, que le siècle lui-même inclinait l'oreille en passant pour ouïr la mélodie de ces cantiques. »

11. Paul Orose, qui occupe une place honorable à côté de Salvien et de saint Augustin, parmi les auteurs sacrés qui, dans les premiers siècles de l'ère chrétienne, s'efforcèrent de chercher et de démontrer l'intervention de la Providence dans l'histoire des peuples et dans les destinées du genre humain.

12. Monastère situé à Pavie, où était conservé le corps de Boèce, mis à mort par ordre du roi Théodoric.

13. Bède le Vénérable, mort en 735, et Isidore de Séville, mort

en 636, furent, l'un en Angleterre, l'autre en Espagne, les précurseurs et les auxiliaires anticipés du grand mouvement intellectuel qui devait signaler la fin du viiie siècle et le ixe siècle. Le principal ouvrage d'Isidore de Séville fut le vaste répertoire de mots et de faits qu'il intitula *des Origines* ou *des Etymologies*. Une autre œuvre, qui lui survécut également, fut la règle religieuse, analogue à celle de saint Benoît, qui lui dut son origine.

Au viiie siècle, les Pères de l'Eglise espagnole réunis à Tolède le proclamaient : « le docteur excellent, la gloire de l'Eglise catholique, le plus savant homme qui ait éclairé les derniers siècles et dont on ne doit prononcer le nom qu'avec respect. »

Par le temps où il vécut et par l'importance de ses œuvres qui méritèrent d'être étudiées et admirées par Alcuin, Bède le Vénérable occupe un des premiers rangs dans la mission de science et de foi accomplie entre le viiie et le xiie siècle, et qui, du fond des contrées septentrionales récemment converties au christianisme, poussa vers les régions encore païennes de la Germanie saint Boniface et ses disciples, et amena en France le subtil et téméraire Scot Érigène et l'Écossais Richard de Saint-Victor, mort en 1173.

Rapprochés par le Dante, les noms de Bède et de Richard semblent représenter, aux deux extrémités de cette série d'ardents propagateurs de la civilisation intellectuelle, les deux esprits opposés qui ont animé leur œuvre commune, d'un côté les efforts laborieux de l'érudition, de l'autre les élans du mysticisme.

14. Voyez les curieuses recherches auxquelles s'est livré M. J. V. Leclerc, doyen de la Faculté des lettres de Paris, au sujet du professeur de théologie Siger, dont le poete vante les leçons et le savoir. (*Histoire littéraire de la France*, t. xxi.)

15. « Les salles des colléges étaient également tapissées de foin

« et de paille, et une des rues de Paris où se trouvaient « jadis des écoles en a conservé le nom de Fouarre. » (CHÉRUEL, *Dictionnaire historique des Institutions de la France*, t. II. — V° *Jonchées*.)

16. Les premières horloges à carillon datent de la fin du XIIᵉ et du commencement du XIIIᵉ siècle.

17. Outre son charme poétique, cette image a un singulier mérite d'à-propos. Elle est le digne prélude du chant XIᵉ où sont célébrées les vertus et la gloire de saint François d'Assise. C'est en effet dans les couvents des Franciscains pour la première fois, que la cloche du soir, comme celle du matin, faisant éclater au dehors les secrètes effusions de l'âme, vint prêter à la salutation angélique des sons retentissants et une voix entendue au loin. Répondant à cet appel, toutes les basiliques chrétiennes ont répété en chœur, de siècle en siècle, la mélodie que le campanile de saint François avait envoyée vers le ciel, et mettant sous l'invocation de la Vierge les dernières heures du soir aussi bien que les premières heures du matin, les approches du repos comme le retour du travail, ont livré au vent qui les emporte, ces sons errants de plainte et de prière, toujours semblables, sans cesse renouvelés, et, dans leurs intervalles réglés, imitant la perpétuelle régularité de la plainte et de la prière humaines elles-mêmes.

CHANT ONZIÈME

1. « Je me représente que je suis élevé tout à coup au sommet
« d'une haute montagne, d'où, par un effet de la puissance
« divine, je découvre d'une même vue la terre et les
« mers, tous les emplois, tous les exercices, toutes les

« occupations différentes qui partagent en tant de soins
« les enfants d'Adam... La guerre, le cabinet, le gouver-
« nement, la judicature, les lettres, le trafic et l'agricul-
« ture, en combien d'ouvrages divers ont-ils divisé les
« esprits? Celui-ci s'échauffe dans un barreau; cet autre
« songe aux affaires publiques; les autres, dans leurs bou-
« tiques, débitent plus de mensonges que de marchan-
« dises. » (Bossuet, IIe *Sermon pour le dimanche de la
Quinquagésime.*)

2. Les paroles dont l'explication va être donnée sont celles-ci :
U 'ben s'impingua, se non si vaneggia, prononcées par
saint Thomas dans le chant précédent, et répétées au dernier vers du XIe chant. Elles faisaient allusion tout à la fois
à la perfection des règles établies par les fondateurs des
Ordres mendiants, et au relâchement qui en avait adouci
les rigueurs. Dans le chant XIe tout entier, le poëte ne fait
que louer l'excellence de leurs origines, et déplorer les
tristesses de leur décadence.

L'histoire religieuse montre en effet que les destinées de ces
règles, qui présidaient aux rapports de l'homme avec Dieu,
ont été celles des lois établies pour régir les rapports des
hommes entre eux. A travers les prescriptions faites pour
les modérer et les contenir, la raison et la volonté, les facultés de l'esprit et de l'âme s'échappèrent dans des sens
divers et des directions opposées.

Nés et grandis au milieu des erreurs et des hérésies populaires des Albigeois, des Fraticelles, des Joachimites, et
appelés à les combattre par des prédications populaires
comme elles, les ordres des Frères mineurs et des Frères
prêcheurs furent entraînés, au commencement du XIVe siècle, vers des doctrines aventureuses et téméraires; échan-
geant fréquemment entre eux leurs rôles, leurs missions
et leurs caractères originaires, ils parurent tendre, les
Franciscains vers la précision aride du dogmatisme, et les
Dominicains, avec maître Eckart, Henri Suso, etc., vers
les régions élevées et dangereuses du mysticisme. Institués

par les souverains Pontifes pour la défense de la Papauté en même temps que pour la protection de la Foi, l'Eglise romaine trouva parmi eux plus d'un auxiliaire douteux, et plus d'un censeur rigide. A l'émulation de la pauvreté qui avait animé le zèle des disciples de saint François et de saint Dominique, succéda trop souvent l'émulation des richesses, et l'oisiveté, terme commun de l'opulence et de l'indigence poussées à l'excès, amena des chutes imprévues, pendant que le travail intellectuel, remplaçant le travail manuel, élevait, par un contraste éclatant et par une infidélité heureuse et inespérée, saint Thomas et saint Bonaventure aux suprêmes dignités de la science et de l'Eglise.

3. Saint François d'Assise. (Voir, pour tout ce qui suit, la *Legenda major* de saint Bonaventure, et la *Legenda antiqua* de Thomas de Celano, disciple de saint François; voir surtout *les Poetes franciscains en Italie au* xiiie *siècle*, par Ozanam, qui a recueilli le charme naif et le suave parfum de ces legendes où tant de grâce s'unit à tant d'héroïsme moral.)

4. Saint Dominique.

5. La Pauvreté. Lorsqu'il présenta les statuts de son ordre à l'approbation du pape, saint François rappela, sous le voile d'une pieuse allégorie, le mariage du Christ et de la Pauvreté. Lui-même, dans les accès de la sainte folie qui le portait à s'identifier avec le Sauveur, rechercha l'honneur de la même alliance. Il voulut rendre sa part de royauté sur la terre à l'humble vertu que le Christ avait élevée jusqu'à la participation du royaume des cieux. Devenue en effet une des reines de l'Art et de la Poésie, célébrée par saint Bonaventure, Jacopone di Todi, Giotto, la Pauvreté enseigna tour à tour à ceux qui la suivirent, l'amour divin et ses douces effusions, la haine du monde et ses véhéments transports.

6. « Devant son Père. »

7. Voyez au livre V de la *Pharsale* de Lucain, la rencontre de César et du pêcheur Amyclas, et notamment les vers qui contiennent l'éloge de la Pauvreté :

> ... O vitæ tuta facultas!
> Pauperis angustique lares, o munera nundum
> Intellecta Deum!

8. Frère Bernard, surnommé le premier-né de saint François : « Il y en eut un qui, par la pénétration de son intelligence, « s'élevait d'un seul vol jusqu'à la lumière de la science « divine, comme l'aigle, figure de saint Jean l'Evangéliste, « et ce fut le très-humble frère Bernard. » (*Fioretti* de saint François, traduction d'Ozanam.)

9. Frère Élie et frère Sylvestre, « qui parlait avec Dieu comme « fait un ami avec son ami, de la même manière qu'au- « trefois Moïse. » (*Idem*.)

10. Innocent III et Honorius III approuvèrent les statuts des Ordres mendiants, en 1216 et en 1223. Les obligations qu'ils imposaient et les priviléges qu'ils conféraient furent confirmés de nouveau par le Saint Siége, en 1295, sous le pontificat de Boniface VIII.

11. Dans la distribution des provinces qu'il livrait aux conquêtes spirituelles de ses disciples, saint François s'était réservé les régions de l'Orient et de la Terre Sainte. La légende n'eut garde d'oublier, dans ses merveilleux récits, la conversion du *soudan de Babylone*, qui semblait une prise de possession anticipée de ce champ de bataille lointain que le saint croyait promis aux ardeurs de son zèle, et où il marquait d'avance à l'Ordre fondé par lui la place qui lui était réservée à côté du Saint Sépulcre.

CHANT DOUZIÈME

1. Iris.

2. Écho.

3. « Arcum meum ponam in nubibus, et erit signum fœderis
« inter me et inter terram. (*Genèse*, chap. ix, vers. 13.)

4. Saint Dominique. Ce chant et celui qui précède sont, pour ainsi dire, deux panégyriques poétiques qui célèbrent deux destinées également glorieuses et où respirent, d'un côté, les effusions et les transports de l'âme qui se perd et s'oublie dans le sein de Dieu, de l'autre, toute l'ardeur des luttes religieuses, tout le zèle des conquêtes spirituelles.
Rapprochant dans une adoration commune ces deux illustres défenseurs de la foi, saint François d'Assise et saint Dominique, le Dante a su trouver des tons divers pour correspondre à la diversité des œuvres et des vertus par lesquelles ils signalèrent leur mission. Il a fait comme ces artistes des siècles suivants qui se sont plu à représenter, aux pieds de l'Enfant-Dieu et de la Vierge, le moine avec son froc et sa croix de bois, le guerrier avec son armure et son épée, c'est-à-dire les images personnifiées de la sainteté et de la vaillance chrétiennes.

5. Callaroga, ville d'Espagne, patrie de saint Dominique.
« Oppidum quondam opulentum et splendidis familiis insigne,
« nunc pristinæ claritudinis vix reliquias conservat. » (Malvenda, *In annalibus Prædicatorum.*)

6. Armes du royaume de Castille.

7. Suivant la légende, saint Dominique avait été béni et sanctifié dans le sein de sa mère, comme la Vierge Marie, le prophète Jérémie et saint Jean-Baptiste. Cette bénédiction

anticipée aurait été annoncée à la mère du saint par un merveilleux présage que la croyance populaire semble avoir emprunté aux fables de la mythologie.

« Mater priusquam ipsum conciperet, ut quis esset futurus,
« non solum facta sequentia, verum etiam factorum se-
« quentium procurata divinitus præsagia loquerentur, vidit
« in somnis se catulum gestantem in utero, ardentem facu-
« lam bajulantem in ore, qui egressus ex utero tota m mundi
« faciem inflammabat. » (*Act. Sanct.*)

8. *Domenico*, du mot latin *Dominus* (Seigneur). D'après une autre tradition, ce nom, déjà porté par un évêque dont la mémoire était entourée en Espagne d'une grande vénération, avait été donné à saint Dominique en souvenir de ce pieux Prélat, qui serait sorti de son tombeau pour annoncer la naissance et la destinée du saint, et lui aurait en quelque sorte servi de précurseur.

Il en était des saints du moyen âge comme des héros de l'antiquité. Les événements qui se rattachaient à eux recevaient une explication naturelle ou prenaient un sens surnaturel, suivant que la raison ou l'imagination se chargeait d'écrire leur vie.

9. Allusion au sens du mot latin *Felix* (heureux) et à l'étymologie du mot *Giovanna* (grâce ou don divin).

10. Commentateur des *Décrétales*.

11. Jurisconsulte ou médecin célèbre au temps du Dante.

12. « Les dîmes qui appartiennent aux pauvres de Dieu. »

13. Les deux couronnes d'âmes bienheureuses qui entourent le Dante.

14. Le poëte, qui a critiqué si amèrement les négligences coupables des disciples de saint François, semble n'avoir pas vu ou su prévoir aussi clairement l'abus tout différent que certains disciples de saint Dominique devaient faire de la

règle de leur ordre, en croyant sceller par les excès d'un zèle outré et par le secours d'une force étrangère, l'alliance que leur fondateur avait contractée avec la Foi, c'est-à-dire avec une vertu habituée à trouver toute sa force en elle-même et peu disposée à se glorifier des victoires dont la charité peut gémir. Par son génie, par son tempérament poétique, le Dante devait être plus porté à condamner les religieux qui, suivant les paroles de saint Augustin (*de operibus monachorum*), recherchent « l'entretien d'une indigence somptueuse et le prix d'une sainteté affectée », qu'à reprendre les moines dont l'ardeur belliqueuse mit parfois en oubli la doctrine de saint Thomas (*Summ. Theolog.*, Utrum aliqua religio ordinari possit ad militandum) :

« Convenienter potest institui aliqua religio ad militandum,
« non quidem propter aliquid mundanum, sed propter de-
« fensionem divini cultus et publicæ salutis, vel etiam pau-
« perum et oppressorum... »

15. Petite ville située entre Orvieto et Viterbe, où naquit saint Bonaventure.

16. Disciples de saint François.

17. Hugues de Saint-Victor, né en Flandre au XIIe siècle, fut une des gloires de la célèbre école de saint Victor, fondée à Paris par Guillaume de Champeaux. Il commenta les ouvrages attribués à saint Denis l'Aréopagite et ceux de saint Augustin, et mérita le surnom de *langue d'Augustin* (*lingua Augustini*).

18. Auteur d'ouvrages qui ont pour sujet l'histoire de l'enseignement théologique.

19. Pape sous le nom de Jean XI, mort en 1277 ; il est l'auteur d'un abrégé de logique intitulé *Summulæ logicales*, qui contient l'énumération et le tableau des diverses sortes d'*arguments*.

20. On ne s'explique pas aisément à quel titre le prophète Nathan figure dans cette sainte assemblée. A toute force pourrait-on établir quelques points de contact entre lui et les pieux personnages, beaucoup plus modernes, qui l'entourent, en se souvenant qu'il exerça envers les puissants de la terre, comme saint Anselme de Cantorbery, le ministère d'une autorité morale inspirée par Dieu, et qu'il puisa cette autorité dans la connaissance révélée des secrets de l'avenir et de la Providence, qui, bien des siècles après, fut attribuée à l'abbé Joachim (*il calavrese abate Giovacchino.*)

21. Patriarche de Constantinople.

22. Le Dante veut-il mentionner ici Anselme de Laon, mort en 1117, un des représentants les plus illustres du système d'enseignement qui précéda la scolastique, ou bien le saint archevêque de Cantorbéry, qui défendit avec une égale vigueur les droits de l'Église et ceux de l'intelligence humaine, et qui, dans l'ordre de la pensée aussi bien que dans l'ordre des temps, occupe une place intermédiaire entre saint Augustin et Descartes?

23. Grammairien dont le nom, respecté pendant tout le moyen âge, devint inséparable du nom de la science à laquelle il avait consacré ses travaux.

La grammaire est appelée ici le *premier des arts*, parce qu'elle est la connaissance élémentaire qui devient l'instrument et le moyen de tous les autres, et qu'à ce titre elle formait le premier anneau de la chaîne des arts libéraux réunis dans le *trivium* et le *quadrivium*.

24. Raban Maur, disciple d'Alcuin, puis abbé de Fulde et archevêque de Mayence, auteur de plusieurs ouvrages dont la liste a été dressée par son disciple Rodolphe, entre autres d'un commentaire sur la célèbre *Introduction* de Porphyre, qui devint l'occasion des mémorables controverses du nominalisme et du réalisme.

25. L'abbé Joachim, surnommé le Prophète. Une des visions miraculeuses dont ses contemporains lui firent honneur se rapportait à la naissance de saint Dominique. Peut-être le Dante s'est-il souvenu de cette dernière circonstance, en lui donnant place dans le XIIe chant du Paradis.

CHANT TREIZIÈME

1. La Grande Ourse.

2. Les deux étoiles qui forment l'extrémité de la Petite Ourse.

3. .... Utque perenni
   Sidere clara foret, sumtam de fronte coronam
   Immisit cœlo; tenues volat illa per auras :
   Dumque volat, gemmæ subitos vertuntur in ignes;
   Consistuntque loco, specie remanente coronæ

   Ovide, *Metam*, liv. VIII.

4. Nom sous lequel Apollon était désigné dans les hymnes chantés en son honneur.

5. Adam.

6. Ève.

7. Jésus-Christ.

8. Salomon.

9. La belle théorie de la création et de la conservation des êtres, qui commence ici, est un des passages du poeme du Dante où se montre le mieux la docilité de cette langue italienne qui ne sut rien lui refuser. L'éducation donnée par le Dante à la langue nouvelle qu'il se chargea de former, fut une éducation douce et austère en même temps. Des jeux et des caprices de la poésie où elle dé-

ployait toutes les grâces de la jeunesse, il la ramenait vers les questions les plus profondes et les plus subtiles de la métaphysique et de la théologie, où elle exerçait toutes les ressources d'une force virile. Tour à tour abandonnée à une liberté salutaire, et réduite à une contrainte rigoureuse, elle soutenait légèrement le poids de la pensée, sans jamais s'y dérober et sans jamais en paraître accablée.

10. La distinction qui est faite ici se rapporte aux discussions qu'avait soulevées entre les docteurs du moyen âge cette question des germes, destinée à prendre de bien autres développements, à susciter les découvertes et les théories de Leibniz, de Leuwenhœck, de Buffon, et à se confondre avec le problème de l'origine de l'âme et du corps.

Au temps du Dante, la question se réduisait à des termes plus simples. On peut le voir par l'argumentation que saint Thomas d'Aquin oppose à la doctrine d'Avicenne. Ce dernier prétendait que tous les êtres animés pouvaient naître d'un mélange d'éléments, sans germe préexistant. Saint Thomas (*Summa theologiæ*, Iª Iæ, quæstio 71) combat cette hypothèse en invoquant la fixité des lois de la nature, et en établissant que, si le principe de vie des premiers êtres créés a été la parole de Dieu, le principe actif de ceux qui ont pris naissance postérieurement à cette première institution (*prima rerum institutio*) est la vertu plastique qui réside dans le germe. De cette loi générale il excepte les animaux nés de la putréfaction, qui auraient pour raison d'être la vertu d'un corps céleste.

11. « La marque du sceau n'est pas toujours la même, mais il
« ne faut pas s'en prendre au moule, qui ne varie pas. La
« différence des matières qu'il frappe détermine seule
« l'inégalité des empreintes, quoique dans les divers cas la
« forme originale soit identique. » (*Traité des noms divins*, attribué à saint Denys l'Aréopagite.)

Saint Augustin (*de Trinitate*) avait dit que tous les êtres portent le nom de Dieu écrit avec des matières inégalement precieuses, et tantôt en lettres d'or, tantôt en lettres noires : « Tanquam si nomen Domini et auro et atramento « scribatur; illud est pretiosius, illud vilius; quod autem « in utroque significatur, idipsum est. »

12. Sous ce nom, qui revient à plusieurs reprises dans le Paradis, le Dante désigne l'ensemble des causes secondes qui, participant au gouvernement de l'Univers, agissent et se combinent sous la direction de la cause universelle, qui crée et conserve tous les êtres en leur donnant le mouvement et la forme.

« ..... Prout sol dicitur causa manifestationis colorum, in « quantum dat et conservat lumen quo manifestantur « colores. » (Saint Thomas, *Summa theologiæ*, I^a I^æ, quæstio 105, art. 5.)

13. Les paroles que le Dante place dans la bouche du puissant théologien dont il fait l'un de ses interlocuteurs, et qui tendent à donner au mal dont l'Univers n'est pas exempt une origine négative (*causa mali deficiens*) placée en dehors de l'action directe de Dieu, sont entièrement conformes à la doctrine contenue dans les œuvres de saint Thomas, dont on a pu dire avec raison qu'elles présentaient, après et d'après saint Augustin, les principaux traits de la théodicée de Leibnitz en ce qui touche à l'existence du mal (TENNEMANN, *Histoire de la Philosophie*.

14. « Apparuit autem Dominus Salomoni per somnium nocte, « dicens : Postula quod vis ut dem tibi. » (*Regum*, lib. III, cap. 3.)

15 Exemples de problèmes dont la solution a été vainement poursuivie par l'esprit humain, dans les régions du mysticisme et dans les voies de la métaphysique et des sciences mathématiques.

16. Jésus-Christ.

17. Philosophes de l'école d'Élée. Tous deux exagérèrent l'idée de l'unité, que Parménide considérait surtout comme principe rationnel et Mélissus comme principe matériel. Tous deux furent combattus par Aristote, dans sa *Métaphysique*.

18. Sans doute Bryson, ou Dryson, philosophe de l'école de Mégare. (TENNEMANN, *Histoire de la Philosophie*, t. I, p. 159.)

19. Il est permis de croire que le Dante n'a pas pris au hasard les noms des philosophes et des hérésiarques qui, semblables à des ennemis vaincus dans une commune défaite, viennent attester et accompagner le triomphe du grand docteur. Les deux sublimes objets que le chant XIII du Paradis avait principalement célébrés étaient la Création du Monde, à laquelle préside la Trinité, et l'Incarnation du Sauveur, fondement de la religion chrétienne. Le Dante trouvait donc en face de lui, et comme en opposition directe avec ses démonstrations, les philosophes éléatiques dont le système d'identification universelle avait confondu Dieu et le Monde, et ceux d'entre les hérésiarques qui avaient les premiers attaqué la Trinité et nié la divinité du Christ; les uns et les autres s'étant égarés pour avoir séparé ce qu'il faut laisser uni, et pour avoir uni ce qui doit rester séparé.

Le témoignage de victoire que saint Thomas se donne à lui-même dans les vers du Dante, lui a été décerné plus d'une fois par la peinture. Dans l'église de Santa-Maria-Novella, à Florence, Taddeo Gaddi, disciple de Giotto, a représenté saint Thomas d'Aquin entouré de saints, ayant à ses pieds Arius, Sabellius et Averrhoès. La même place est assignée à ces trois personnages dans un tableau de Traini, élève d'Orcagna, qui se trouve à Santa-Catarina de Pise. Seulement les saints de l'Église chrétienne y sont remplacés par Platon et par Aristote, montrant l'un le Timée, l'autre l'Éthique.

Saint Thomas a été ainsi proclamé par l'art et par la poésie le défenseur de l'orthodoxie religieuse et le soutien des vérités qui constituent ce qu'on pourrait appeler l'orthodoxie philosophique, sans imposer une limite aux droits et aux légitimes libertés de la philosophie, et en risquant d'offenser seulement les adversaires implacables de la raison, qui voudraient la punir des négations et des mutilations dont elle s'est rendue coupable, en la niant et en la mutilant elle-même.

20. Les ouvrages des hérésiarques ont combattu et défiguré les vérités de l'Écriture Sainte. Ce sont à la fois des armes offensives et des miroirs infidèles. Aussi le Dante les compare-t-il à des épées dont la lame est divisée par une arête saillante, et où l'image des objets, irrégulièrement reflétée, se brise et se déforme.

21. Noms communément portés par les gens du peuple et qui deviennent ici la personnification de l'ignorance populaire elle-même.

CHANT QUATORZIÈME

1. C'est la traduction du vers si connu dans lequel Virgile a peint d'un trait rapide et charmant les vagues et intermittentes apparitions de la lune à travers les nuages :

   Aut videt, aut vidisse putat per nubila lunam.

2. La philosophie d'Alexandrie avait donné fréquemment à la Divinité l'appellation reproduite ici par le Dante.
   Facilement justifiable à tous égards, cette comparaison a été, dans l'ouvrage *De nominibus Dei,* attribué à saint Denys

l'Aréopagite, l'objet d'une explication étymologique d'après laquelle le nom de ήλιος (soleil), dérivé du mot ἀολλής, qui renferme l'idée de réunion, s'appliquerait naturellement à Dieu, puisque l'Être tout-puissant rassemble tous les êtres disséminés dans l'Univers, comme la lumière attire et enveloppe de ses rayons tout ce qui est capable d'éclat et de chaleur.

3. La Voie Lactée, ainsi décrite par Ciceron dans le *Songe de Scipion*, où se trouvait tracé l'itinéraire céleste parcouru par le Dante :

« Erat autem in splendidissimo candore inter flammas cir-
« culus elucens, quem vos, ut a Graiis accepistis, orbem
« lacteum nuncupatis. »

La mythologie avait épuisé ses fables, la poésie ses fictions, la philosophie naturelle ses hypothèses, pour expliquer l'origine et la nature de la Voie Lactée. Selon les uns, c'était la trace de la chute de Phaéton, qui avait laissé dans le ciel une longue traînée de lumière.

> Volvitur præceps, longéque per aera tractu
> Fertur...
> OVIDE, *Metam.*, liv. II.

> Perchè 'l ciel, come pare ancor, si cesse.
> LE DANTE, *Enfer*, ch. XVII.

D'autres, notamment Anaxagore, l'expliquaient par la réflexion des rayons solaires.

Démocrite avait cru y découvrir la splendeur de plusieurs petites étoiles qui *s'entr'enluminent à cause de leur espesseur* (PLUTARQUE, traduction d'Amyot), et Manilius avait commenté poétiquement cette idée :

> An major densâ stellarum turba coronâ
> Contexit flammas et crasso lumine conde,
> Et fulgore nitet collato clarior orbis?

La simple conclusion relevée dans quelques lignes de William Herschel suffit pour montrer ce qu'est devenue *l'espesseur des petites étoiles qui s'entr'enluminent :*

«Hence it follows that the rays of light of the remotest *nebulæ*
« must have been almost two millions of years on their
« way and that consequently so many of years ago, this
« object must already have had an existence in the sideral
« heaven, in order to send out those rays by which we now
« perceive it. »

4. La phrase du Dante (*Di molte corde fan dolce titinno*) semblerait indiquer que la *gigue* était un instrument à cordes. Le petit nombre de textes où la gigue est nommée, et l'insuffisance des renseignements qui ont pu être recueillis au sujet de cet instrument, n'ont pas permis de trancher définitivement la question. (Voyez dans les *Annales archeologiques* de Didron les articles de M. de Coussemaker, sur les instruments de musique au moyen âge, et le Mémoire de M. Bottée de Toulmont, inséré dans le tome vii de la Société des Antiquaires de France.)

5. Le poete refuse d'établir, entre le plaisir que lui causent les mélodies célestes et la joie que renouvelle sans cesse en lui la beauté de sa divine compagne, une comparaison qui soit au désavantage de cette dernière. Il rend un hommage indirect à la beauté de Béatrix en disant qu'il ne jouissait pas de sa vue pendant que son oreille était attentive aux chants.

CHANT QUINZIÈME

1. Le mot *liqua* signifie proprement *fondre, s'écouler, s'insinuer*.

« Voces illæ influebant auribus meis, et *eliquabatur* veritas
« in cor meum. » (S^{ti} August. *Confess.*, liv. ix.)

Les commentateurs et les traducteurs du Dante ne lui ont

pas conservé cette signification simple et naturelle; plusieurs l'ont pris dans une acception plus abstraite et plus détournée pour *manifester, rendre apparent*.

2.
.... Interdum de cœlo stella sereno,
Et si non cecidit, potuit cecidisse videri.
OVIDE. *Métam*, liv. II.

3. « O mon sang ! ô divine abondance de la grâce ! Pour qui ja-
« mais, comme pour toi, les portes du ciel se sont-elles
« ouvertes deux fois? »

4. *Le Livre de vie*, qui contient les noms des Prédestinés. (Voyez saint Thomas. *Summa theologiæ*, Quæstio *de libro vitæ*.)

« Liber vitæ in Deo dicitur metaphorice, secundum similitu-
« dinem a rebus humanis acceptam. Est enim consuetum
« apud homines quod illi qui ad aliquid eliguntur conscri-
« buntur in libro : ut pote milites vel consiliarii... Ipsa
« enim prædestinatorum conscriptio, dicitur liber vitæ. Si-
« cut etiam liber militiæ potest dici, vel in quo scribuntur
« electi ad militiam, vel in quo traditur ars militaris, vel in
« quo recitantur facta militum. »

5. Le Dante n'échappe peut-être pas complétement ici aux dangers que présente l'application des termes et des notions mathématiques à la métaphysique. Assurément désigner Dieu par l'unité, qui est son attribut fondamental, c'est l'appeler d'un nom exact et digne de lui. Mais faire sortir de l'unité métaphysique de Dieu le monde de la pensée et celui de l'existence, comme le nombre sort de l'unité mathématique, n'est-ce pas dénaturer, dans leur essence et dans leur action, la cause première et la substance très-simple? N'est-ce pas faire de l'Être infini, non plus le principe et l'auteur de la création, mais une sorte d'élément primordial, reproduit et multiplié dans la diversité des êtres? N'est-ce pas enfin incliner, en apparence du moins, vers le Panthéisme?

6   Les législateurs de Florence combattirent à plusieurs reprises les frivoles élégances et les somptueuses recherches qui s'étaient introduites dans les mœurs. Mais dans cette lutte engagée entre les mœurs et les lois, les lois n'eurent que des avantages disputés et passagers; elles ne devaient obtenir un triomphe de quelque durée qu'à l'époque où la puissance du législateur et l'autorité morale du prédicateur furent réunies dans la personne de Savonarole. Jusque-là les mœurs l'emportèrent facilement sur l'éloquence de la chaire et sur les prescriptions des règlements. (Voyez, entre autres, le minutieux règlement de 1330, reproduit par Giov. Villani, liv. x, chap. 149.)

7. Monte Mario, hauteur située entre Viterbe et Rome. A l'époque du Dante on l'appelait *Monte Malo*, et c'est de son camp de *Monte Malo*, qu'Otton IV, la veille de son couronnement, data le serment qu'il fit de respecter l'inviolabilité de l'Église.

    Uccellatojo est une éminence voisine de Florence, d'où l'on découvre cette ville en arrivant de Bologne.

    Les Florentins se souvenaient, avec une vanité patriotique, que leur cité, fille de Rome, avait quelque prétention à se proclamer sa rivale en beauté et en grandeur. Le Dante saisit ici l'occasion d'établir un rapprochement de détail et une sorte de ressemblance topographique entre les deux villes. Tout à l'heure, en nommant Rome à côté des Troyens et de Fiésole, il lui marquera sa place dans l'histoire et la généalogie de Florence.

8. Messer Bellincione Berti de'Ravignani fut, suivant Villani, « il maggior e'l più onorato cavaliere di Firenze. » Sa fille Gualdrada, que le Dante (chant xvi de l'Enfer) nomme la *buona Gualdrada*, fut digne par son esprit, sa beauté et ses vertus, d'être rangée dans le très-petit nombre des femmes florentines que n'atteignaient point les rigoureux anathèmes du Dante. (Voyez Giov. Villani, liv. v, chap. 37.)

« Quando lo'Imperadore Otto quarto venne in Firenze, e
« veggendo le belle donne della citta, che in santa Repa-
« rata per lui erano riunate, questa pulce la (Gualdrada)
« più piacque allo'Imperadore; e'l padre di lei dicendo
« allo'Imperadore ch'egli avea podere di fargliele bas-
« ciare, la donzella rispose che gia uomo vivente la basce-
« rebbe, se non fosse suo marito, per la quale parola l'Im-
« peradore molto la commendò. »

9. Le nom d'Alighieri.

10. Le Dante avait ressenti le contre-coup des émotions douloureuses qu'éprouvait toute la chrétienté à l'annonce d'un nouveau succès remporté en Orient par les nations infidèles.

Plusieurs fois, dans le cours du xiiie siècle et au commencement du xive, l'appel à la guerre sainte fut prononcé par les papes et par les rois. Le bruit de ces proclamations stériles se perdait vite au milieu du choc des passions et des intérêts politiques, et tandis que la ferveur imprudente des premiers croisés, se préoccupant surtout de la grandeur du but, avait négligé d'attendre les ressources nécessaires au succès de l'expédition, les préparatifs amassés en vue des nouveaux projets de croisades furent détournés de cet objet lointain et ne manquèrent pas de destinations plus faciles et plus sûres, qui permirent aux souverains d'oublier leur religieux dessein, sans négliger les moyens réunis sous prétexte de l'accomplir.

CHANT SEIZIÈME

1. Ce fut vers les derniers temps de la République romaine que commença l'usage de se servir du pluriel en s'adressant à

une seule personne. La langue italienne s'y prêta moins facilement que le latin.

2. Pour peindre l'indulgent sourire de Béatrix, le Dante emprunte un détail au romanesque épisode des amours de Genièvre et de Lancelot, dont la lecture fit apparaître aux yeux de Françoise de Rimini le fatal sourire qui l'égara. (*Il disiato riso.* Ch. v de l'Enfer.)

3. C'est à saint Jean, patron et protecteur de Florence, qu'était dédiée l'église qui remplaça l'ancien temple de Mars, commencé sous Auguste, et où se trouvait une colonne surmontée de la statue du Dieu. Au temps du Dante (1393), S. Giovanni, débarrassé des tombes qui l'environnaient, fut orné de pilastres de marbre noir et blanc, qui régnaient tout autour de l'église. (Voir Giov. Villani, liv. i, chap 52.)

4. En comptant le nombre de fois que la planète de Mars avait passé dans le signe du Lion depuis le jour de l'Incarnation, Cacciaguida détermine astronomiquement l'époque de sa naissance, qui se trouvait placée dans l'année 1106.

5. Le Dante interrompt les détails généalogiques qui le concernent, et fait preuve de modestie en s'abstenant d'énumérer ses preuves de noblesse.
Dans le chant xve de l'Enfer, il semble vouloir donner à la race dont il est issu cette origine romaine que les familles florentines aimaient à revendiquer pour elles-mêmes, comme elles la revendiquaient avec orgueil pour leur cité.
On a pensé qu'il se rattachait à l'antique famille des Frangipani.

6. Le mélange des races voisines était venu altérer la pureté du sang florentin. Par là encore Florence aurait pu trouver sujet de se comparer à Rome. En effet, le même phénomène historique produit par les mêmes causes, c'est-à-dire par les conquêtes extérieures et par les vides qu'avaient

faits les guerres intestines, s'était manifesté avec des proportions différentes, dans l'étroite enceinte de la République florentine, et dans la vaste étendue des provinces soumises à la domination du Peuple-Roi.

Par un singulier rapprochement d'idées, ou plutôt par une bizarre contradiction, le Dante, au milieu de ses regrets et de ses reproches, invoque ce nom de César, sous les auspices duquel avait commencé, pour ne plus s'arrêter, le grand travail d'assimilation sociale et d'égalité civile qui succédait à la longue période d'expansion et de développement du principe exclusivement romain. Le poëte, qui aimait à investir ce nom d'une toute-puissance absolue pour le bien, a cru pouvoir allier son ardente sympathie pour la cause impériale avec la défense jalouse de ce droit de cité incommunicable, dont il exalte les bienfaits, comme aurait pu le faire le plus rigide citoyen de la Rome républicaine, alors que les étrangers commencèrent à envahir les légions et le Sénat.

7. Ville dont les Florentins s'emparèrent par trahison en 1203. (Voyez Giov. Villani, liv. v, ch. 30.)

8. Château qui avait appartenu aux comtes Guidi et qui leur fut longtemps disputé par les habitants de Pistoia. Ils le cédèrent aux Florentins en 1209. (Id., ibid., ch. 31.)

9. Chefs du parti Blanc. — « Erano di grande affare, e possenti
« e di grandi parentadi, e ricchissimi mercatanti, che la loro
« compagnia era delle maggiori del mondo... erano salvati-
« chi e ingrati, siccome genti venuti di piccolo tempo in
« grande stato e podere. » (Id., liv. viii, ch. 39.)

10. Le meurtre de Buondelmonte, tué au pied de la statue de Mars, donna le signal des dissensions qui agitèrent si longtemps Florence. (Voy. la fin du chant xvie.)
Les Buondelmonti possédaient plusieurs châteaux dans la région nommée *Valdigrieve*.

11. Les habitants de Luni prétendaient que leurs ancêtres avaient porté secours aux Grecs, à l'époque de la guerre de Troie.

Ceux de Chiusi faisaient remonter leur ville au temps de Porsenna.

« Funne signore e re Porcenna, che col re Tarquinio scacciato
« di Roma fu ad assidiare Roma, comé racconta Tito-
« Livio. (Villani.)

Ces deux villes, ainsi qu'Urbisaglia et Sinigaglia, avaient été abandonnées à cause de la corruption de l'air. Giov. Villani prétend que les maîtres de l'astronomie attribuaient cette influence pestilentielle au mouvement de la huitième sphère céleste, et il ajoute : « Ed oltre a ciò naturalmente
« veggiamo che tutte le cose del mondo hanno mutazione,
« e vegnono e veranno meno, come Christo di sua bocca
« disse, che neuna cosa ci ha stato fermo. » (*Cronica*, liv. I, ch. 50.)

12. « Ex Asiâ rediens, quum ab Æginâ Megaram versùs naviga-
« rem, cœpi regiones circumcirca prospicere. Post me erat
« Ægina; antè, Megara; dextrâ Piræus; sinistrâ Corin-
« thus : quæ oppida quodam tempore florentissima fue-
« runt, nunc prostrata, et diruta ante oculos jacent. Cœpi
« egomet mecum sic cogitare : Hem ! nos homunculi indi-
« gnamur, si quis nostrûm interiit aut occisus est, quorum
« vita brevior esse debet, quum uno loco tot oppidum ca-
« davera projecta jacent ! » (*Lettre de Sulpicius à Cicéron.*)

13. La poésie n'a pas été seule à honorer la mémoire de ces nobles Florentins, dont les noms rappelaient des époques pures de guerres et de désordres intérieurs. La dette de regrets et d'hommages dont l'histoire était tenue envers eux a été acquittée par Giov. Villani. Dans le liv. IV (chap. 10 à 13) de sa *Cronica*, après avoir vanté l'origine et la majesté des monuments de Florence, le nombre et la situation de ses quartiers, construits et divisés à l'image des monuments et des quartiers de Rome (*al modo di Roma*), il fait honneur

à la cité florentine de ses anciennes et illustres familles, comme si elles aussi avaient offert le spectacle rajeuni des splendeurs de l'antiquité.

A celles que le Dante a citées, Villani en ajoute d'autres encore. Plusieurs sont désignées à la fois par leur nom et par la mention du lieu qu'elles ont habité. Pour les Ravignani, c'était la porte Saint-Pierre; pour les Filippi, le Marché-Neuf; pour les Ormanni, le Palais du peuple, etc.

Parfois il y joint le souvenir de la fondation d'une église destinée à recevoir les restes de son fondateur.

Tous, à peu d'exceptions près, sont salués de ces phrases dont la formule, tristement invariable, revient presque à chaque ligne de cette longue énumération et semble un fatal *memento* de décadence et de ruine :

« Ils furent grands, et leur race n'existe plus. Leur famille
« était antique et puissante, et aujourd'hui le souvenir en
« est perdu. »

« Erano grandi e oggi sono spenti. Furono antichissimi, e
« molto grandi, e oggi non n' è ricordo. »

On dirait une suite d'inscriptions funèbres, gravées sur les tombes d'illustres morts, marquant leurs titres et leurs actions au dessous de leur effigie, et, aux œuvres mortes de la vie opposant, par une ironique et sombre antithèse, l'œuvre éternellement subsistante de la mort.

14. Armes des Pigli.

15. Les Chiaramontesi, ou les Tosinghi.

16. Les Lamberti.

17. Le marquis Ugo, venu en Italie avec l'empereur Otton III, s'établit à Florence, lors de l'expédition entreprise par ce souverain pour faire remonter Grégoire V sur le trône pontifical, d'où Crescentio et Jean XVI l'avaient violemment écarté.

L'imagination populaire s'était exercée sur son compte et lui avait attribué une aventure fantastique dont on peut voir le récit dans Villani.

On racontait qu'un jour, étant à la chasse, il rencontra une forge où il vit des êtres noirs et difformes occupés à tourmenter des hommes par le fer et par le feu. Interrogés par le marquis Ugo au sujet de cette étrange et terrible occupation, ils lui répondirent que Dieu leur livrait les damnés et qu'ils attendaient l'âme du marquis Ugo, réservée à un semblable supplice, s'il ne faisait pénitence. Effrayé par cette menace surnaturelle qu'il prit pour un avertissement de Dieu, Ugo vendit tout son patrimoine et en donna la septième partie à Florence. Il mourut dans cette ville, en 1006, le jour de saint Thomas, et fut enseveli en grande pompe. Plusieurs familles anoblies par lui conservèrent ses armes.

18. Jean della Bella, « Valente uomo, antico e nobile popolano, « e ricco e possente. » (VILLANI, liv. VIII, ch. 1.)

Il fut le principal auteur de la nouvelle Constitution florentine (*ordinamenti della giustizia*), qui eut pour but de réprimer les excès des grands en établissant contre eux des peines sévères, que rendaient plus menaçantes encore la facilité des témoignages et la solidarité du châtiment. L'établissement du Gonfalonier et de la milice chargée d'exécuter ses ordres se rapporte à cette réaction populaire et à ces réformes qui eurent, pour la ville de Florence, des conséquences si diverses et si considérables en bien et en mal. « Questa novità di popolo e mutazione di stato fu « molto grande alla città di Firenze, e ebbe poi molte e « diverse sequele in male e in bene del nostro comune. » (VILLANI, idem.)

C'est à cette époque aussi que les couleurs de l'étendard florentin subirent le changement rappelé au dernier vers de ce chant.

« E la insegna del detto popolo e gonfalone fu ordinato il « campo bianco e la croce vermiglia. » (Idem.)

CHANT DIX-SEPTIÈME

1. Phœbe pater, si das hujus mihi nominis usum,
   Nec falsâ Clymene culpam sub imagine celat;
   Pignora da, genitor, per quæ tua vera propago
   Credar; et hunc animis errorem detrahe nostris.
   OVIDE, *Metam.*, liv. II.

2. *Tetragono*. Le mot *carrément* en serait la traduction exacte, mais trop vulgaire.

3. Dans l'*Epitome theologiæ christianæ*, attribué à Abélard, et publié par Rheinwald, la même idée se trouve exprimée par une image presque semblable :
   « Un char passe et je le vois passer; il ne s'ensuit pas que le passage du char soit nécessaire. »

4. Si j'eusse été vaincu, je serais criminel.
   VOLTAIRE, *Zaïre*.

5. Le Dante a voulu célébrer dans son œuvre le souvenir des seigneurs de la maison della Scala, et rendre pour ainsi dire à leur nom l'hospitalité qu'il avait reçue d'eux dans son exil, donnant par là un exemple que devaient suivre les autres grands poetes de l'Italie. Les éloges qu'ils ont décernés successivement à Jacques de Carrare, à Alphonse de Ferrare et au cardinal Hippolyte d'Este pourraient, par leur forme et par leur intention, fournir la matière d'un curieux rapprochement, et ce ne serait pas une hardiesse trop grande peut-être que d'y chercher une révélation involontaire de l'esprit, du caractère et de la destinée de chacun de ceux qui les écrivirent.

   Les brèves et vagues expressions employées par le chantre de la *Jérusalem délivrée* feraient deviner, sous un voile d'hésitations et de réticences, le secret des fausses joies et des fausses terreurs qui ont charmé et désolé son âme. Les declamations fastueusement ironiques de l'Arioste (ch. xxxv de l'*Orlando furioso*) laissent facilement reconnaître le poëte qui put tout obtenir de son imagination et ne sut rien refuser à son humeur; qui, facilement blessé, blessant plus aisément encore, aime à chercher dans une flatterie dérisoire la vengeance de ses griefs. Pétrarque (Epist. ad post.), glorifiant les bienfaits d'une illustre amitié, ne les a point parés de l'eclat d'un panégyrique brillamment équivoque; mais il leur a rendu l'hommage plus précieux d'une fidélité sans affectation et sans réserve; son langage a été le reflet d'une âme, vraie pour les autres autant que pour elle-même, qui put s'élever à toutes les nobles activités en fuyant toutes les stériles agitations.

Le Dante, lui aussi, parle avec une fière et forte sincérité; mais il donne un autre accent à ses intimes souffrances, et cet accent éclate surtout dans ce xviie chant où l'âpre cri de la douleur perce à travers les élans de la reconnaissance, et où le poète se fait prophétiser à lui-même le martyre qui, suivant la belle expression de Gioberti, devient trop souvent pour le génie, comme il l'a été pour la divinité, le signe précurseur de la rédemption.

« Bene spesso avviene anche negli ordini naturali, che il « martirio precede alla redenzione. » (*Introduzione allo studio della filosofia.*)

Par une magnifique transformation, l'énergique sentiment des bienfaits reçus et des infortunes subies, passant de la conscience du poète dans la conscience de l'homme, et s'élevant, pour parler le langage de l'École, du *particulier au géneral*, devient ce sentiment absolu du bien et du mal qui fut une des grandes inspirations morales de l'auteur de la *Divine Comédie;* sauvegarde puissante qui lui permet de dédier d'avance son œuvre à la vertu et à la justice des bons, et de la dévouer aux implacables colères des méchants qu'il provoque sans les craindre,

Irato sempre e non maligno mai.
ALFIERI, *Poes. varie.*

6. Nom donné ici et ailleurs (chant xxvii) à Clément V, qui eut aux yeux du Dante le double tort d'être un mauvais pape et un pape Français.

CHANT DIX-HUITIÈME

1. Les promesses et les menaces, les dangers et la gloire de ce ministère sacré du poete, également redoutable à celui qui l'exerce et à ceux qu'il atteint de ses rigueurs, se trouvaient confondus dans la prophétie de Cacciaguida, et ont laissé dans l'esprit du Dante une saveur douce et amère à la fois.

C'est ainsi que la mythologie représentait Jupiter composant la vie du mélange de deux liqueurs, et versant en quantités diverses le bien et le mal dont se forment les plus hautes et les plus humbles destinées.

2. . . . . Ingens
Exiit ad cœlum ramis felicibus arbos,
Miraturque novas frondes .. ..
 VIRGILE, *Géorg*., liv. II.

Le Dante dresse au milieu de son Paradis poétique l'arbre de vie qui s'élevait au milieu du Paradis terrestre.

« Lignum etiam vitæ in medio Paradisi. » (*Genèse*, ch. 2.)

Il a plus d'une fois emprunté à la végétation matérielle les traits dont il s'est servi pour montrer l'amour divin, éternel principe de fécondité, s'épanouissant à travers la création et faisant circuler jusqu'à ses dernières ramifications une séve puissante, qui apporte avec elle les dons de la nature, de la grâce et de la gloire, *Ramificationes gratiæ*. (SAINT BONAVENTURE, *Breviloquium*.)

3. Le poëte groupe en un faisceau glorieux, qui figure l'emblème de la foi et du salut, Machabée, défenseur du peuple de Dieu, Robert Guiscard, libérateur de l'Italie et de la Papauté, Charlemagne, fondateur de l'Empire d'Occident, qui fut l'épée et le bouclier de la chrétienté, et lui donna la force et l'union que, depuis sa mort jusqu'au temps du Dante, elle n'avait pu recouvrer. Au milieu des héros qui ont combattu pour le vrai Dieu et pour la croix, Godefroy de Bouillon, et Roland, l'héroïque et fidèle compagnon de Charlemagne, ne sont point oubliés. Rapprochés ici par le Dante, leurs noms n'étaient point arrivés au terme d'une destinée poétique qui fut, pour tous deux, également quoique diversement éclatante. Deux muses, qui se ressemblèrent peu, devaient donner pour asile, à l'un, le palais enchanté de la fantaisie, à l'autre, le monument de l'épopée chrétienne qui a célébré « le conflit acharné, le triomphe définitif des guerriers braves et pieux, et les efforts de l'Enfer pour arracher leurs cœurs à la grande entreprise, jusqu'au moment où la croix rouge de leur bannière flotta sur les lieux qui virent la première croix se teindre du sang de celui qui mourut pour sauver. » (BYRON, *Prophecy of Dante*, canto the third.)

4. A côté du signe qui préside à la conservation de la cité céleste, brille l'emblème impérial, qui imprime la marque de la souveraineté divine aux œuvres de justice et de force par lesquelles se fonde et se conserve la cité terrestre.

Par un de ces rapprochements familiers à son génie, qui aimait à unir toutes les œuvres de la Providence et à supprimer, en quelque sorte, les distances et les inégalités qui s'interposent entre elles, le Dante redescend facilement jusqu'à l'instinct infaillible qui enseigne à l'oiseau la construction de sa fragile demeure, et remonte, sans effort, jusqu'à l'art divin dont la puissance règle la succession et l'harmonie des entrelacements mobiles de lettres, de voix, de formes qui, par l'assemblage de leurs caractères, le mélange de leurs chants, la variété de leurs dispositions, renouvellent et multiplient l'expression des immuables préceptes de la justice à travers des éternités sans fin.

« Qui ad justitiam erudiunt multos, quasi stellæ in perpetuas « æternitates. » (DANIEL, ch. XII.)

5. Diminution des biens spirituels qui, de l'Église, doivent passer aux peuples, surabondance des biens temporels qui, des peuples, passèrent à l'Église, double et grave infidélité contre laquelle le Dante ne cesse de s'indigner.

6. L'effigie de saint Jean-Baptiste était gravée sur les pièces de monnaie florentines, et c'est le motif de la dévotion singulière qu'on lui portait, au dire du Dante.

7. La prophetie de Cacciaguida semble avoir ravivé dans l'âme du poète le sentiment de l'austère mission qu'il s'est imposée. On dirait qu'il commente avec une verve sarcastique la mordante épigramme lancée, au commencement du XIe siècle, par Adalbéron (*Querela in gratiam nothorum*) contre la cour de Rome, qui attendait encore les énergiques réformes de Grégoire VII.

« Omne quod est vendens, et in omnibus ad lucra tendens. »

Après le Dante, comme avant lui, l'Église a entendu plus d'une fois les conseils tristes et souvent un peu rudes des zélés défenseurs qui voulaient la servir contre ses propres maux, et les accusations haineuses des ennemis qui osaient se servir de ces maux contre elle et contre ses divines grandeurs. Ces deux voix, d'accents si contraires, ne lui ont manqué ni pendant les temps de lutte, ni aux heures de triomphe.

CHANT DIX-NEUVIEME

1. *Il sesto*, c'est-à-dire le compas, dont l'ouverture contient une ligne approximativement égale à la sixième partie de la circonférence qu'elle décrit. Dans les manuscrits du moyen âge, Dieu est souvent représenté un compas à la main, et appliquant à la création la mesure dont il trouve en lui-même le principe immuable; *se in se misura*, suivant les termes mêmes du Dante. (Voyez chant xix, infrà.)
Le mot *sesto* désignait aussi les régions ou rayons convergents qui formaient les divisions régulières d'une ville.

2. Les secrets de la justice divine sont comparés par le Dante aux profondeurs de la mer, impénétrables aux sens et à l'industrie de l'homme. Leibniz compare les mystères de la foi au firmament, « que nous atteignons par la vue, sans pouvoir le toucher. » — « Id quod suprà nos est, adtingere « possumus, non quidem illud penetrando, sed defen- « dendo, quemadmodum cœlum visu, non tactu, possu- « mus adtingere. » (*Dissertatio de conformitate fidei cum ratione*, § 72.)
Double image de l'Infini, tirée de la Nature pour être appliquée à la science divine et à l'âme humaine, qui ont en effet, elles aussi, la lumineuse immensité de leurs cieux sans bornes et la sombre immensité de leurs insondables abîmes.

3. Il est curieux de voir poser si nettement ici une question que le xviiie siècle devait renouveler sous une forme identique, mais avec une pensée tout autre et dans une intention de défi et de provocation hostile. Le Dante s'avance sans crainte sur ce terrain hasardeux, où les défenseurs de la foi chrétienne avaient déjà repoussé et devaient repousser encore de si nombreuses attaques. Remettant la

question à la miséricorde de Dieu, qui a *les bras si longs, ha si gran braccia* (*Purgat.*, ch. III), il propose la décision qu'une théologie digne de parler au nom de la charité divine, et une métaphysique digne d'être l'organe de la sagesse humaine, ont proclamée d'un commun accord par la bouche de saint Thomas d'Aquin, de saint François de Sales et de Leibniz.

« Objicitur fuisse et adhuc esse innumeros homines, in po-
« pulis excultis æquè atque in barbaris, qui caruisse cre-
« duntur eâ Dei et Jesu Christi notitiâ, quæ per vias
« ordinarias salvandis necessaria est..... est cur de facto
« dubitemus; numquid enim nobis exploratum, annon
« auxilia ordinaria aut extraordinaria, nobis ignota, acci-
« piant? Axioma illud quod *facienti quod in se est non
« denegatur gratia necessaria*, mihi æternæ veritatis esse
« videtur. » (Leibnitz, *Théodicée*, Ire part. § 95.)

4. Le poëte se souvient des paroles évangéliques : *Non omnis qui dicit mihi, Domine, Domine, intrabit in regnum cœlorum*, par lesquelles a été confondue l'hypocrisie des « *grands diseurs de prières vocales* », pour nous servir de l'expression que Fénelon (*Essai philosophique sur le gouvernement civil*) applique au comte Simon de Leicester, issu de cette famille de Montfort qui, au XIIIe siècle, connut si bien et pratiqua si utilement l'art de mettre sous l'invocation du ciel les passions et les ambitions de la terre.

5. Du haut de la sphère où les âmes fidèles au culte de la justice trouvent leur récompense, le Dante confirme solennellement les sentences qu'il a déjà portées (Voyez surtout les chants VI et VII du *Purgatoire*) contre les pasteurs de l'Église et contre les souverains temporels qui ont suivi les voies de l'iniquité et les ont frayées aux hommes par la toute-puissance de leur exemple. Les arrêts qu'il prononce sont diversement et inégalement motivés; tantôt il condamne des actes que l'histoire a frappés de ses plus écla-

tantes réprobations, tantôt il désigne d'un seul mot, et par un trait rapide, des caractères et des personnages auxquels n'était pas réservé le bénéfice ou le châtiment d'une si longue mémoire ; tantôt enfin il garde dans le secret de son cœur les causes de l'indignation dont l'expression lui échappe.

Le premier qui figure dans cette longue énumération est Albert d'Autriche, auquel le poete reproche ici d'avoir trop songé à la Bohême, et qu'il accuse ailleurs d'avoir trop peu songé à l'Italie.

C'est ensuite Philippe le Bel, coupable de fraudes et de violences contre Dieu, contre l'Église et contre son peuple, que le Dante paraît appeler à comparaître devant le tribunal suprême, en lui prédisant l'accident qui causa sa mort.

Ce sont les souverains d'Angleterre et d'Écosse, mis aux prises par l'étrange prétention de souveraineté dont Édouard I faisait remonter l'origine au Troyen *Brutus*, contemporain de Samuel, et qu'il voulut consacrer par la victoire, après l'avoir fait sanctionner par la déclaration de son parlement.

C'est Ferdinand de Castille, et, à côté de lui, Wenceslas de Bohême, déjà caractérisé ailleurs avec un énergique dédain.

C'est Charles II, de cette maison d'Anjou tant exécrée par le Dante, dont les vertus, marquées par le poète du signe de l'unité, se réduisent à la libéralité, et dont les vices, marqués de la lettre initiale du mot *mille*, se comptent par milliers.

Ce sont Frédéric, roi de Sicile, Jacques II d'Aragon, et son oncle Jacques, roi de Majorque, Haquin, roi de Norvége, Denis, roi de Portugal.

C'est le duc de Rascie (partie de l'Esclavonie) qui s'autorisa de l'exemple de monarques plus puissants pour commettre la falsification des monnaies, royal mensonge que le Dante a mis au nombre des crimes irrémissibles.

C'est Charobert, roi de Hongrie, que le Dante rabaisse autant qu'il a exalté son père Charles Martel (chant VIII du *Paradis*), dépassant peut-être les bornes de la justice à l'égard de l'un et de l'autre, qui semblent n'avoir mérité

> Ni cet excès d'honneur ni cette indignité.

Enfin le dernier nom inscrit sur cette liste de condamnation est le nom de Henri II de Lusignan, roi de l'île de Chypre, dont Nicosie et Famagouste étaient les villes principales.

6. La Sicile.

> ..... Hìc, pelagi tot tempestatibus actus,
> Heu! gemitorem, omnis curæ casûsque levamen,
> Amitto Anchisen; hìc me, pater optime, fessum
> Deseris, heu. tantis nequidquam erepte periclis !
> VIRGILE, *Én.*, liv. III.

7. Allusion à l'expédition de Philippe le Hardi, dont la mauvaise issue a été déjà rappelée avec complaisance (chant VII du *Purgatoire*) et au mariage de Philippe le Bel avec l'héritière du royaume de Navarre.

CHANT VINGTIÈME

1. Trajan. Le poète n'a point séparé, dans son Paradis, le roi psalmiste et l'empereur Trajan, dont les actions et les vertus ont laissé à la terre un glorieux souvenir, prêté au Purgatoire l'efficace consolation d'un gage d'encouragement et d'espérance (Voyez le chant X du *Purgatoire*) et trouvé dans le Paradis le ravissement des joies éternelles. Sous les enveloppes lumineuses qui les couvrent et que percent des chants d'actions de grâce, leurs deux âmes sont voisines et se touchent, comme se touchaient les sculptures gravées sur les parois du rocher où de rudes et muettes

effigies faisaient éclater aux regards les œuvres qui les rendirent agréables à Dieu.

2. Ezéchias. — « Factus est sermo Domini ad eum dicens.....
« Audivi orationem tuam et vidi lacrymas tuas : et ecce
« sanavi te; die tertio ascendes templum Domini,
« Et addam diebus tuis quindecim annos...
« Invocavit itaque Isaias propheta Dominum et reduxit um-
« bram per lineas, quibus jam descenderat in horologio
« Achaz, retrorsum decem gradibus. » (*Regum*, lib. IV,
cap. 20.)

3.
>Che cima di giudicio non s'avvalla
>Perchè fuoco d'amor compia in un punto
>Ciò che dee soddisfar chi qui s'astalla.

Ces vers du Purgatoire (chant VI) exprimaient la puissance des supplications qui anticipent le moment de la délivrance et de la béatitude. Le chant XX du Paradis rappelle la prolongation, ou plutôt le merveilleux *recommencement* de la vie du roi Ézéchias, obtenu par de ferventes instances. Dans l'un comme dans l'autre passage, on voit l'efficacité de la prière s'exerçant sur le temps, là pour hâter sa marche, ici pour le faire rétrograder.

4. Constantin, sous lequel Rome, cessant d'être la capitale de l'Empire, resta le siége de la puissance d'abord exclusivement spirituelle, puis spirituelle et temporelle à la fois des souverains pontifes.

>Ahi Costantin, di quanto mal fu matre,
>Non la tua conversion, ma quella dote
>Che da te prese il primo ricco patre!
>>*Enfer*, chant XIX.

5. Guillaume II, surnommé le Bon, dont le règne, à la fois glorieux et paisible (1166-1189), fut un des épisodes les plus heureux de l'histoire si agitée du royaume de Sicile, à laquelle il préparait un de ses plus terribles chapitres par

le mariage de Constance, héritière de la couronne portée par les rois de la dynastie normande, et de Henri, fils de Frédéric Barberousse. Doublement regrettable par le bien qu'il fit et par les maux qui suivirent sa mort, Guillaume le Bon laissa son nom à un ensemble d'institutions vers lequel se reportèrent longtemps et inutilement les vœux et les espérances des peuples qu'il avait gouvernés.

6.
>..... Cadit et Ripheus, justissimus unus
Qui fuit in Teucris, et servantissimus æqui.
VIRGILE. *Énéid.*, liv. II.

Le Dante, se risquant à interpréter d'autant plus librement les secrets desseins de Dieu sur la destinée et le salut des âmes dans quelques-unes de leurs applications, qu'il en juge le principe plus profondément impénétrable, admet Riphée dans son Paradis, sur la foi de l'éloge poétique que lui décerne Virgile, comme il y admet Trajan, sur la foi d'une légende pieuse.

7. C'est le combat intérieur et spirituel de la liberté humaine et de la grâce divine, qui, se rencontrant dans les profondeurs de l'âme, se surmontent à l'envi, et laissent à l'homme tout le mérite d'une victoire volontairement obtenue, à la bonté de Dieu tout l'honneur d'une défaite librement subie.

8. L'âme de Trajan.

9. L'âme de Riphée.

10. C'est-à-dire qu'à leur insu, elles ont cru, l'une au Christ qui devait venir, l'autre au Christ déjà venu.

11. L'intercession de saint Grégoire le Grand (Voir le chant X du Purgatoire et la note relative à Trajan).

12. Les trois vertus théologales.

13. Le Dante se penche sur le bord des abîmes où se cachent les mystères de la Grâce et de la Prédestination; mais bien

qu'environné de saintes protections, il ne se laisse point attirer par la tentation ancienne et toujours nouvelle qui a perpétuellement sollicité la curiosité de l'esprit humain, sans jamais satisfaire ses inutiles ardeurs (*Vetus querela*, comme le disait Abélard en parlant de la formidable question de l'accord de la Liberté et de la Prescience divine, et de celle du Péché originel, qui se rattachent de si près au problème de la Prédestination, divisé et subdivisé à l'infini depuis lors, par les sectes séparées de l'Église). Il ne s'abandonne pas au vertige qui, entraînant de puissants esprits par une chute funeste, avait au ixe siècle, précipité Gottescalc dans les horreurs de l'exil et de la captivité, et, au xiie siècle, poussé Abélard dans les voies de l'infortune et de la persécution.

La loi de Prédestination lui apparaît comme un vaste plan dont les innombrables parties, solidaires entre elles, s'unissent par une coordination harmonieuse. C'est ce qu'il exprime ainsi :

.... Remota
È la radice tua da quegli aspetti,
Che la prima cagion non veggion *tota*.

C'est ce que Leibniz a développé en ces termes :

« Non nisi unum decretum Dei *totale* locum habet, nempe
« decretum creandi talem mundum, quod quidem decre-
« tum *totale* æqualiter omnia decreta particularia com-
« plectitur, nullo inter illa ordine relicto.... Actus volun-
« tatis antecedentis decreta non adpellantur, cùm necdùm
« sint infallibiles, et successus eorum à collectione totali
« dependeat. » (*Theodicée*, Pars I[a], § 84)

CHANT VINGT-UNIÈME

1. Sémélé, fille de Cadmus, mourut pour avoir voulu contempler la splendeur et la majesté de Jupiter, dont l'éclat, vainement tempéré par le dieu qui consentit à satisfaire son imprudent désir, la consuma et la réduisit en cendres.

> Lœta malo, nimiumque potens, perituraque amantis
> Obsequio Semele : « Qualem Saturnia, dixit,
> Te solet amplecti, Veneris quum fœdus initis,
> Da mihi te talem... . »
>   Corpus mortale tumultus
> Non tulit ætherios, donisque jugalibus arsit.
>   OVIDE, *Métam*, liv. III.

2. Saturne.

3. Les Apennins.

4. Pierre Damien, après avoir pris l'habit monastique au couvent de l'Avellana (Voyez dans le *Voyage Dantesque* de M. Ampère, p. 263 et suiv., la poétique description de la ville de Gubbio et du monastère de l'Avellana, où le Dante aurait composé une grande partie de son Paradis), fonda un ordre réuni plus tard à celui des Camaldules, fut élevé à la dignité de cardinal en 1059, et mourut en 1072.

Les paroles sarcastiques par lesquelles le Dante reprend le relâchement et le luxe des prélats sont bien placées dans la bouche du sévère réformateur qui, envoyé à Milan en qualité de légat du pape, sut combattre avec énergie les abus du clergé.

Très-peu de temps après sa première institution, l'ordre fondé par Pierre Damien vit s'introduire dans son sein les deux esprits contraires qui visitèrent tant d'autres ordres religieux au moyen âge, l'un exhortant à la stricte observation de la règle acceptée, l'autre insinuant des tempéraments et des tolérances dont s'accommodait mieux la faiblesse humaine. Les religieux de l'Avellana s'étaient divisés en deux partis, qui représentaient le maintien de la tradition et la tendance vers l'innovation, sous l'apparence futile d'une question d'habillement et de coiffure. Les uns tenaient pour le capuce (*cappuccio*), les autres pour le bonnet ou chapeau (*cappello*).

5. Le chapeau de cardinal.

6. Saint Paul.

7. Voyez Saint Bernard, *De Consideratione* (Liv. IV, ch. 2 et 3).

« .... Inter hæc tu pastor procedis deauratus, tam multâ
« circumdatus varietate. Oves quid capiunt? Si auderem
« dicere, dæmonum magis quam ovium pascua hæc; sci-
« licet sic factitabat Petrus, sic Paulus ludebat?... Petrus
« hic est qui nescit processisse... vel gemmis ornatus, vel
« sericis, non tectus auro, non vectus equo albo, nec sti-
« patus milite, nec circumstrepentibus septus ministris....
« Intùs successisti non Petro sed Constantino. »

Voyez aussi, sur le luxe des vêtements, plusieurs curieux passages de l'*Apologia ad Guillelmum abbatum*, et notamment celui où saint Bernard, dans une description vive et piquante, faite sur le ton d'une irritation moqueuse, met en action les empressements tout mondains du religieux qui fréquente les boutiques, hésite longtemps entre des masses d'étoffes (*cumulos pannorum*), les tournant, les retournant, les présentant au jour, s'aidant de la vue et du toucher, le tout pour aboutir presque infailliblement à préférer celle dont le militaire ferait volontiers parade.
« Miles et monachus et eodem panno partiuntur sibi cu-
« cullum et chlamydem. »

CHANT VINGT-DEUXIÈME

1. Le Dante veut sans doute parler de l'abaissement de la Papauté après la mort de Boniface VIII, et des représailles funestes exercées par le pouvoir temporel qu'il regarde comme l'instrument d'une juste vengeance accomplie par des voies injustes.

2. Le monastère du mont Cassin, berceau de l'ordre des Bénédictins, que saint Benoît de Nursia, au sortir de sa longue retraite dans le désert de Subiaco, vint fonder avec l'aide des idolâtres convertis qui furent ses premiers disciples. C'est là que fut mise en pratique pour la première fois, sous les auspices de la science et du travail, la règle que Bossuet a éloquemment définie : « Un précis du christia-
« nisme, un docte et mystérieux abrégé de toute la doc-
« trine de l'Évangile, de toutes les institutions des Saints
« Pères, de tous les conseils de perfection. Là paraissent
« avec éminence la prudence et la simplicité, l'humilité
« et le courage, la sévérité et la douceur, la liberté et la
« dépendance. Là la correction a toute sa fermeté, la
« condescendance tout son attrait, le commandement
« toute sa vigueur, et la sujétion son repos, le silence sa
« gravité et la parole sa grâce, la force son exercice et la
« faiblesse son soutien. »
C'est dans le couvent du mont Cassin que fut écrite et conservée la célèbre vision d'Albéric, où le Dante trouva l'esquisse de plusieurs tableaux de son Enfer.

3. Ce n'est pas la première fois que le poëte compare les opérations vivifiantes de la grâce divine à l'action fécondante de la lumière et de la chaleur, et l'invisible développement des germes du bien recélés dans les profondeurs de l'âme,

à l'épanouïssement visible des semences matérielles renfermées dans le sein de la terre.

4. Trois saints ont porté ce nom ; tous les trois étaient du nombre de ces anachorètes égyptiens qui abandonnèrent leur âme aux ardentes délices de la contemplation, leur corps aux austères épreuves de la pénitence et leur vie aux mornes solitudes du désert. Saint Macaire d'Alexandrie établit une règle dont l'excessive rigidité, qui avait effrayé saint Pacôme, n'effraya pas les cinq mille solitaires qui en acceptèrent le joug. Le désert où ils s'étaient retirés conserva le nom de Macaire, et, dans ces lieux qui étaient à la fois un cloître, une place forte et un cimetière, les moines coptes, disciples de saint Antoine et de saint Macaire, vécurent longtemps sous la protection de portes de fer et de hautes tours, et trouvèrent un asile contre les troubles du monde et les passions de l'âme, un refuge assuré contre les Infidèles armés qui tenaient le pays en leur possession, et le repos de la tombe à côté des sépultures de leurs saints prédécesseurs.

La règle de saint Macaire avait été transportée en Occident avec quelques adoucissements par saint Benoît. A la mémoire de ce patriarche des anachorètes, devenue populaire au moyen âge, se rattachait la légende des *Trois vifs et des trois morts*, illustrée par le pinceau d'Orcagna. Les représentations figurées ou mises en action (*Danses macabres*), où la mort étalait sa puissance et son universelle domination, conservèrent le nom légèrement altéré du saint pénitent qui, par les mortifications auxquelles il s'était livré, avait à la fois défié et glorifié « la dernière ennemie du genre humain », lui avait retiré d'avance tout le prix de son inévitable victoire, en ne se réservant rien qu'elle pût lui enlever, et s'était en quelque sorte soustrait à son empire à force de s'y soumettre d'avance.

5. Saint Romuald, fondateur de l'ordre des Camaldules. Né à

Ravenne au xe siècle, mort au couvent de Val de Castro qui lui devait son origine.

La réputation de sainteté que l'admiration et la reconnaissance populaires décernaient alors comme une canonisation anticipée, le menaça d'un singulier péril. Les habitants de la Catalogne, estimant que la possession assurée des reliques d'un religieux mort en odeur de sainteté ferait plus d'honneur à leur ville que le séjour passager d'un saint encore vivant, songèrent sérieusement à profiter de sa présence comme d'une occasion favorable pour envoyer vers le ciel l'hôte vénéré que le ciel leur envoyait, et pour conserver ses restes en délivrant son âme. Saint Romuald, instruit de leur dessein, trouva moyen d'échapper aux tentatives de ce zèle meurtrier, en affectant de prendre une nourriture un peu plus recherchée que les mets grossiers dont il usait d'ordinaire. Affaiblissant ainsi sa réputation de sobriété, il affaiblit d'autant, dans l'âme des Catalans, la puissance des motifs qui les disposaient à commettre un pieux assassinat.

6. Le Dante définit ainsi ce ciel Empyrée où sont abolies les limites et les conditions inhérentes aux lois qui régissent les autres parties de l'Univers. En disant que là « chaque partie reste où elle fut toujours, » et en ajoutant qu'elle ne se trouve pas dans un lieu déterminé, il veut faire entendre que, si les substances spirituelles qui habitent dans le voisinage immédiat de Dieu, ne cessent pas entièrement d'être assujetties à l'étendue et à la durée, du moins l'étendue et la durée prennent, en s'appliquant à elles, un caractère particulier et deviennent pour ainsi dire spirituelles comme elles-mêmes.

Placées à l'extrême limite du fini et de l'infini, leur détermination locale se règle et se mesure sur la distance qui les sépare de celui qui est *le lieu des esprits;* placées entre le temps et l'éternité, elles sont soumises à une durée dont la nature intermédiaire ne participe ni à la mobile succession de l'un, ni à l'immuable fixité qui est l'essence de l'autre. La théologie du moyen âge (Voyez SAINT THOMAS, *Sum. Theol.*, *De Dei æternitate*, art. 5.) avait désigné cette durée sous le nom d'*ævum*, et cherchait à la définir en la considérant comme la mesure, non du mouvement, mais du repos, ou du moins en ne laissant le mouvement et la variété s'y introduire que sous une forme et avec un caractère purement accidentels et contingents.

7. « Viditque in somnis scalam stantem super terram, et cacu- « men illius tangens cœlum; angelos quoque Dei ascen- « dentes et descendentes per eam. »(*Genèse*, ch. 28, v. 12 et 13.)

8. Si l'usure a été considérée par le Dante (chant XI de l'*Enfer*) comme le principe d'un gain illicite et comme la violation de la loi divine, la recherche et la jouissance des biens temporels auxquelles s'abandonnent les ordres religieux lui semblent de beaucoup plus condamnables encore. Il y voit à la fois la cause d'un scandale plus grave, l'abandon volontaire du repos de la vie contemplative pour les soucis et les inquiétudes de la vie du siècle, et la violation de l'engagement pris par le religieux. Mépris des dons de Dieu, trahison de la foi jurée, double rébellion et contre les prescriptions générales des commandements divins et contre la loi particulière d'un contrat librement conclu avec Dieu, telles sont les circonstances aggravantes que les sévères expressions du Dante laissent comprendre.

9. Paroles prononcées par saint Pierre au moment où il accomplit son premier miracle :
« Argentum et aurum non est mihi : quod autem habeo, « hoc tibi do : in nomine Jesu Christi Nazareni surge et « ambula. » (*Act. apost.*, cap. 3, v. 6.)

10. Le signe des Gémeaux.

11. Faisant à sa propre naissance et à sa destinée l'application de la théorie générale des influences célestes et planétaires qu'il a indiquée ailleurs, le Dante rapporte au signe du

zodiaque sous lequel il est venu au monde, les dispositions natives, les tendances originaires qui, se développant et se caractérisant pendant le cours de sa vie, ont rencontré tantôt des auxiliaires dociles, tantôt des adversaires puissants dans les actes libres de sa volonté et dans la combinaison des événements.

L'expression dont se sert le Dante désignait, dans la langue latine d'où elle est directement sortie pour passer dans l'italien, les qualités naturelles de l'esprit et plus particulièrement cette facilité et cette vivacité qui ne peut lui appartenir que par droit de naissance, et que nous appelons du nom même d'*esprit*.

12. Ici le poete représente le soleil comme un être animé, doué de force et de fécondité, comme l'instrument de la volonté divine s'exerçant sur les œuvres visibles de la création. Il dirait volontiers avec Fénelon que « ses regards bienfaisants fertilisent tout ce qu'il voit. »

On se souvient que plus d'une fois le Dante a cherché l'image de la puissance et de la sagesse éternelles dans l'éclatante lumière de l'astre qu'il nomme poétiquement « le père de tout ce qui a vie, » et qu'il appellera tout à l'heure du nom que lui avait donné la mythologie, *fils d'Hypérion*.

> ... .Quid nunc, Hyperione nate,
> Forma, calorque tibi, radiataque lumina prosunt?
> ....
> Dissipat hunc radiis Hyperione natus
> OVIDE, *Metam.*, liv. IV.

13. « Jam ipsa terra ita mihi parva visa est, ut me imperii nostri,
« quo quasi punctum ejus attingimus, pœniteret..... »
« Quæ si tibi parva, ut est, ita videtur, hæc cœlestia semper
« spectato, illa humana contemnito. » (CICÉRON, *de Republicâ*, liv. VI, *Somnium Scipionis*.)

14. Le Dante désigne ainsi les deux planètes qui portent les noms de Mercure, fils de Maia, et de Vénus, fille de Dioné.

« Hunc (solem) ut comites consequuntur Veneris alter, alter
« Mercurii cursus. » (Cicéron, *ibid.*)

15. Les planètes qui ont reçu les noms de Saturne, père de Jupiter, et de Mars son fils. La planète de Jupiter, située entre elles, a une température moyenne entre l'extrême froideur de l'une et l'extrême chaleur de l'autre.

« ..... Unum globum possidet illa (stella) quam in terris
« Saturniam nominant; deinde est hominum generi pro-
« sperus et salutaris ille fulgor, qui dicitur Jovis; tum
« rutilus horribilisque terris quem Martium dicitis. » (Cicéron, *ibid.*)

CHANT VINGT-TROISIÈME

1. C'est encore une de ces naïves comparaisons, si fréquentes dans la *Divine Comédie,* où l'on voit à quel point le Dante aimait pour eux-mêmes, pour les gracieux mystères de leurs instincts, pour la bénédiction de l'innocente vie que Dieu leur a donnée, les oiseaux du ciel, *volucres cœli*, que le Christ n'avait point oubliés dans ses enseignements et ses paraboles.

Les légendes franciscaines semblaient avoir fait revivre l'antique et primitive familiarité de l'homme et de la nature; un bruit de chants aériens et de battements d'ailes avait accompagné toutes les joies, toutes les fêtes de la vie errante de saint François, et s'était mêlé à la fête suprême de sa mort et de son retour à Dieu.

2. Cette belle métaphore, qui repose sur l'application erronée d'une loi physique, pourrait s'accommoder, par une facile transformation, et sans rien perdre de son éclat et de sa justesse, aux découvertes de la science et aux modernes théories de l'électricité. Au lieu de comparer à la dilatation

matérielle produite par la chaleur l'expansion morale qui tend à élever l'âme au-dessus d'elle-même et qui n'est autre que l'extase, le Dante aurait trouvé, dans l'action de ces forces mystérieuses et contraires qui se rencontrent et se neutralisent l'image de ce qu'il appelle un peu plus loin *la battaglia de' deboli cigli*, c'est-à-dire la lutte que se livrent en lui-même l'énergie bornée de ses organes sensibles et la puissance des vérités supérieures qui le pénètrent. N'est-ce point par une suite de chocs incessants que se rétablit l'équilibre perpétuellement rompu entre ces divins objets et des facultés tour à tour vaincues et victorieuses, épuisées et renouvelées ?

3. Les Apôtres.

4. L'archange Gabriel. Dans son Paradis, le Dante n'a pas conservé aux substances célestes le corps éclatant de fraîcheur et de beauté, les apparences humaines dont il les a revêtues lorsqu'elles se sont offertes à lui pendant la traversée du Purgatoire. Il leur donne une forme et un mouvement circulaires, c'est-à-dire la forme et le mouvement les plus parfaits; il leur donne en même temps le chant, la parole, une immortelle splendeur; il les détermine bien plutôt qu'il ne les décrit, et, de même que la peinture sacrée dans ses premiers efforts n'ose prêter aux anges que la tête et les ailes, sa poésie, dans son dernier et suprême élan vers l'idéal, ne jette autour de ces purs esprits qu'une enveloppe mince et délicate, une auréole mélodieuse, un anneau lumineux.

Rien ne montre mieux, d'un autre côté, le contraste des ressources dont la poésie et la peinture disposent. Qu'y a-t-il de commun, sinon le même besoin d'adoration, entre les merveilles d'un art enrichi des inépuisables trésors de grâce et de sainteté que découvrent l'âme et le visage de la femme, et la transmutation également merveilleuse par laquelle une même substance devient successivement étoile, fleur, pierre précieuse, tout en gardant sa nature divine et inaltérable? Autant le Dante s'est montré sage en s'abstenant de tracer les nuances fines et variées de la beauté féminine, qui n'auraient pu se fixer dans ses vers aussi bien que sur la toile, autant les reflets mobiles, les jeux errants de la lumière, dont il dispose à son gré, auraient été insaisissables, même pour le génie des Raphaël et des Corrège.

5. Le mot *sigillava* s'applique-t-il bien, comme on l'a pensé, à la fin, à la conclusion des paroles de l'Archange? Le poete n'a-t-il pas voulu dire plutôt que ces paroles étaient l'empreinte, la forme déterminée que recevait la mélodie perpétuellement flottante autour de l'astre de Marie?

6. Le ciel mobile, qui enveloppe comme un vêtement tous les cieux inférieurs, et l'harmonieuse combinaison de leurs mouvements.

7. Saint Pierre.

CHANT VINGT-QUATRIÈME

1. Emportées dans le mouvement régulier des sphères célestes, les âmes bienheureuses se livrent à des élans spontanés, à des tressaillements d'allégresse soudains et passagers, qui sont pour ainsi dire les accès redoublés, la surexcitation intermittente d'une passion divine. Plus leur joie est vive, plus l'agitation qui les entraîne est rapide.

2. « Respondens autem Petrus dixit : Domine, si tu es, jube me
« ad te venire super aquas.
« At ipse ait : Veni. Et descendens Petrus de naviculâ, am-
« bulabat super aquam ut veniret ad Jesum. » (*Evang. sec. Matthæum*, cap. 24, v. 28 et 29.)

3. Appelé à subir un examen en règle, qui devient à la fois un

acte d'adoration et une profession de foi, le Dante justifie devant les premiers et les plus grands disciples du Christ, les motifs qu'il eut de croire, d'espérer et d'aimer. Par les questions qu'il met dans la bouche des Apôtres, il veut montrer que, du milieu de leur gloire, ils s'applaudissent encore de leurs œuvres terrestres, c'est-à-dire de l'éducation qu'ils ont donnée à la Raison humaine, des victoires morales qu'ils ont préparées et dont le récit leur est doux à entendre. Dans ses réponses, le poète rend compte de chacun des pas qu'il a faits dans la route où sa raison et sa volonté se sont affermies; derrière l'appareil du raisonnement et des définitions, il découvre le travail intime et vraiment vivant de l'intelligence à laquelle la Foi vient s'offrir, et qui librement accepte la Foi et s'y livre.

4. Paroles de saint Paul. (*Epist. ad Hebræos*, cap. 11.) « Est
« autem fides sperandarum *substantia* rerum, *argumen-*
« *tum* non apparentium. » (Voyez le commentaire qu'en donne saint Thomas d'Aquin. (*Summa theologiæ*, 2ª 2ᵉ partis, quæstio IV, art. 1.)

« Licet quidam dicant prædicta apostoli verba non esse fidei
« diffinitionem, quia diffinitio indicat quidditatem rei et
« essentiam, tamen si quis recte consideret, omnia ex qui-
« bus fides potest diffiniri, in prædictâ descriptione tan-
« guntur, licet verba non ordinentur sub formâ diffinitionis:
« sicut, etiam apud Philosophos, prætermissâ syllogisticâ
« formâ, syllogismorum principia tanguntur... »

Suivent plusieurs tentatives de définition, entre autres celles-ci :

Une vertu par laquelle on croit ce qu'on ne voit pas.

Une certitude au sujet des choses absentes, qui se trouve au-dessus de l'opinion et au-dessous de la science.

Une disposition de l'âme qui est le commencement et l'ébauche de la vie éternelle.

Saint Thomas, justifiant les mots *substantia* et *argumentum* employés par l'apôtre, ajoute :

« *Substantia* enim solet dici prima inchoatio cujuscumque

« rei » (ce qui s'applique parfaitement aux principes indémontrables qui sont la *substance* de la science, et aux conséquences qu'ils renferment virtuellement.)

« Per *argumentum* intellectus inducitur ad inhærendum
« alicui vero : unde ipsa firma adhæsio intellectûs ad ve-
« ritatem fidei non apparentem, vocatur hîc argumen-
« tum. »

5. C'est en effet une sorte de démonstration *transcendante*, qui, empruntant au syllogisme ordinaire sa *forme* plutôt que sa *matière*, fait reposer les termes et les éléments d'une déduction rationnelle sur le principe supérieur de la confiance légitime (*rationabile obsequium*) accordée par la raison à la vérité de la parole divine. Cette vérité et cette confiance lui servant de prémisses, elle en conclut la certitude des dogmes et des mystères.

6. « Si verò per Apostolos Christi, ut eis crederetur, resurrec-
« tionem atque adscensionem prædicantibus Christi, etiam
« ista miracula facta esse non credunt, hoc nobis unum
« grande miraculum sufficit, quod terrarum orbis sine
« ullis miraculis credidit. » (Saint Augustin. *Cité de Dieu*, liv. xxii, ch. 5.)

Développant cette idée, l'évêque d'Hippone engage un de ces hardis et décisifs combats familiers à son génie, où les ressources les plus raffinées et les jeux les plus subtils de l'esprit sont mis au service des grands intérêts de la pensée et de la foi, et, brisant dans la main de l'incredulité les armes qu'elle lui oppose, il tourne au profit de la croyance tout ce que l'établissement des vérités révélées présente d'incroyable.

7. « Currebant autem duo simul et ille alius discipulus præcur-
« rit citius Petro, et venit primus ad monumentum. »
(*Évang. de saint Jean*, ch. 20).

Aux termes de cet évangile, saint Pierre et saint Jean auraient couru ensemble au tombeau du Christ, et saint Jean y serait arrivé le premier. Le Dante aurait donc ici une inexactitude à se reprocher. Les commentateurs du poëte ont commis une faute plus grave en cherchant à le disculper. La question n'engageait pas aussi sérieusement qu'ils l'ont pensé la gloire du Dante et l'honneur des deux Apôtres qui, séparés par un faible intervalle dans leur course vers le tombeau du Sauveur, s'élancèrent du même pas dans la même carrière de foi, d'apostolat et de martyre.

8. L'Église a ses symboles divers rédigés successivement, soit pour établir des points de foi que la controverse n'a pas atteints, soit pour raffermir ceux que l'hérésie a tenté d'ébranler. Le Symbole des Apôtres est récité à voix basse et comme en secret, pour rappeler le temps des menaces et des persécutions; le Symbole des Pères, proclamé à haute voix au milieu de l'office divin, semble un chant de victoire et de paix.

Le symbole poétique du Dante participe de ces deux caractères opposés; la conquête et la possession de la vérité y sont également célébrées; l'hommage rendu à la Foi, don suprême de Dieu, rejaillit sur les facultés naturelles de l'intelligence, qui, filles de Dieu elles aussi, ont servi d'auxiliaires à la Grâce, et préparé les voies de la Révélation. Ici encore le génie du poëte accomplit une de ces hautes conciliations qui sont l'œuvre facile des forts, l'effroi et le scandale des faibles.

CHANT VINGT-CINQUIÈME

1. Le Dante offre à ses concitoyens, comme un gage de réconciliation et comme la rançon de l'exil, la gloire conquise dans la solitude et dans les souffrances.

La place occupée par l'appel qu'il fait à l'avenir et à la justice le rend encore plus touchant. C'est au moment où il vient de célébrer la première des vertus théologales, la Foi, et où il va célébrer la seconde, l'Espérance, que lui reviennent le souvenir et le regret du lieu chéri qui reçut le premier vœu de fidélité prononcé au nom de son enfance, et qui peut réserver un dernier refuge à sa vieillesse et à ses malheurs. Détournée un instant des célestes entretiens, sa pensée semble à peine changer d'objet ; et, redescendant vers les vicissitudes de la destinée terrestre, c'est encore a Foi et l'Espérance qu'il retrouve aux deux extrémités de sa vie.

2. Saint Jacques, en qui le poète personnifie l'Espérance. Dans le chant précédent le même titre avait servi à désigner saint Pierre. Ailleurs le Dante emploie les expressions de *Primipilo, Duca, Patrizio*. Au moyen âge on transportait volontiers à la hiérarchie de la cour céleste les dénominations empruntées aux rangs et aux dignités de la terre. (Voyez notamment dans l'ouvrage d'Ozanam sur les Poëtes Franciscains, p. 123, un passage du livre *de Diætâ salutis* attribué à saint Bonaventure.)

3. L'inexorable rigidité des commentateurs n'a pas manqué de relever la confusion que le Dante a faite de saint Jacques de Galice et de saint Jacques le mineur, auteur de l'épître canonique à laquelle se réfère ce passage.

4. Le Dante, qui donne ici le nom d'*Imperadore* au souverain du ciel et de la terre, s'est bien gardé de lui prêter des formes et des attributs matériels ; il s'est constamment et victorieusement défendu de la tendance à l'anthropomorphisme si naturelle à l'esprit humain, qui, de son temps, suggérait à l'imagination populaire les représentations variées où, suivant les époques, les lieux, les causes défaites ou triomphantes, Dieu, retracé à l'image des majestés périssables et au gré des passions politiques qui se disputaient le monde, recevait la tiare, le sceptre, la couronne, et devenait tour à tour Pape, Empereur et Roi.

5. C'est la définition donnée par Pierre le Lombard et développée ainsi par saint Thomas : (*Summa Theologiæ*, 2ᵃ 2ᵃᵉ partis, quæstio xvii.) « Proprium et principale objectum « spei est beatitudo æterna... id est bonum futurum, « arduum, possibile haberi.
« Spes dicitur ex meritis provenire quantum ad ipsam rem « expectatam, prout aliquis sperat beatitudinem se adep- « turum ex gratiâ et meritis. Ipse autem habitus spei, per « quam aliquis expectat beatitudinem, non causatur ex « meritis, sed pure ex gratiâ. »

6. « In terrâ suâ duplicia possidebunt, lætitia sempiterna erit « eis. » (Isaïe, chap. 61.) »

7. (Voy. l'*Apocalypse*, ch. 7.)
Observant la même méthode que dans le chant précédent où il s'agissait de la Foi, le Dante suit et marque en lui-même la puissance et les progrès de l'Espérance, cette vertu qui, suivant la belle expression de saint Thomas, est « une habitude de l'âme qui respire quelque chose de grand, et trouve petit tout ce qui est inférieur à son objet. » Ce suprême objet de désirs et d'attente s'est rendu visible un instant à l'enthousiasme du prophète Isaïe et aux extases de saint Jean l'Évangéliste, et le reflet qu'il a laissé dans leurs ouvrages a brillé aux yeux du Dante.

8. L'éclat de cette lumière était comparable à l'éclat du soleil. Le Dante suppose que, si elle brillait dans le signe du Cancer, au moment où le soleil se trouve dans le signe du Capricorne, c'est-à-dire pendant le premier mois de l'hiver, le jour et la nuit seraient éclairés par deux lumières entre lesquelles il n'y aurait nulle inégalité et nulle intermittence.

9. L'oiseau qui verse son sang pour nourrir ses petits est un de ces emblèmes touchants et ingénieux du Christ, dont un grand nombre remontent à l'origine même du christianisme, et ont passé de la nuit des catacombes au grand

NOTES.

jour des monuments élevés à la religion et des solennités du culte divin.

10. Le Christ et la Vierge.

CHANT VINGT-SIXIÈME

1. Ananias, choisi par Dieu pour éclairer saint Paul des lumières de la foi.
   « Et abiit Ananias et introivit in domum, et imponens ei ma-
   « nus dixit : Saule frater, Dominus misit me Jesus, qui
   « apparuit tibi in viâ quâ veniebas, ut videas et implearis
   « Spiritu sancto.
   « Et confestim ceciderunt ab oculis ejus tanquam squamæ,
   « et visum recepit, et surgens baptizatus est. » (*Act. apost.*, cap. 9, v. 17 et 18.)

2. « Ego sum Alpha et Omega, principium et finis, dicit Dominus
   « Deus, qui est, et qui erat, et qui venturus est, omnipo-
   « tens. » (*Apocalyp.*, ch. 1.)

3. En glorifiant la Charité, lien de vie éternel et universel qui rattache l'humanité à Dieu par le double anneau de la création et de la rédemption, le Dante proclame de nouveau et plus explicitement encore l'accord de la raison et de la révélation, qui sont, dans l'ordre intellectuel, les deux degrés par lesquels l'homme s'élève jusqu'à la Divinité. Renvoyant, pour ainsi dire, à l'Apôtre qui l'interroge l'écho de ses propres expressions, il se place sous la garantie de la déclaration solennelle inscrite en tête de l'Évangile de saint Jean, pour attester à toutes les nations la réconciliation mystérieuse préparée au fond de l'Éternité et accomplie dans le temps, entre la raison de l'homme, toujours prête à recevoir les dons infinis de la

sagesse, et les cieux, toujours ouverts pour les envoyer vers elle.

4. « Ecce ostendam omne bonum tibi. » (*Exod.* 33.)

5. *Preconio* signifie proprement *éloge*. Ce dernier mot et celui d'Évangile ont deux étymologies voisines. (*Eulogium, Evangelium*, bonne parole, bonne nouvelle.)

6. Cette comparaison a été souvent reproduite par les Pères de l'Église. (Voyez notamment SAINT AUGUSTIN, *de Trinitate*, liv. III.) « Erectionem rerum visibilium Deus interius ope-
« ratur, exteriores autem operationes.... secundum impe-
« rium suum, et a se imperitas distributiones potestatum
« et oppetitiones commoditatum ita rerum naturæ adhibet
« in quâ creat omnia, quemadmodum *terræ agricul-*
« *turam.* »

Elle paraît avoir son origine dans ce récit de l'Évangile selon saint Jean, ch. xx :

« Dicit ei Jesus : Mulier, quid ploras? quem quæris? Illa
« existimans quia *hortulanus* esset, dicit ei : Domine, si
« tu sustulisti eum, dicito mihi ubi posuisti eum. »

Et dans ce passage de l'Épître I de saint Paul aux Corinthiens, ch. III, relatif à la culture de l'âme :

« Ego plantavi, Apollo rigavit, sed Deus incrementum dedit. »

7. Le Dante décrit ce phénomène sensible et intellectuel à la fois en termes qui semblent empruntés au langage même de l'École (V. dans la *Sum. theolog.*, quest. 78, *de Potentiis animæ*, le passage où saint Thomas explique comment l'action des objets extérieurs sur les organes des sens produit tantôt une modification matérielle, une impression sensible, en même temps qu'une impression spirituelle, (*spiritualis*) dans les phénomènes du toucher, du goût, par exemple, tantôt une impression purement spirituelle, dans la vision notamment.)

L'intervention de la faculté nommée par le Dante, comme par saint Thomas, *œstimativa*, marque le moment où le phénomène sensible cessant pour faire place au phénomène intellectuel, la sensation devient une perception soumise au jugement qui la saisit pour la combiner avec d'autres perceptions du même genre, et à la mémoire qui la recueille et la conserve.

« Ad apprehendendum autem intentiones quæ per sensum « non accipiuntur, ordinatur vis *æstimativa*... quæ... in « homine dicitur cogitativa, et quæ per collationem quam- « dam hujusmodi intentiones adinvenit..... Ad conservan- « dum autem eas vis memorativa, quæ est thesaurus quidam « intentionum. »

8. La tour de Babel.

9. On reconnaît ici une sorte de théorie abrégée du langage, tirée de l'Écriture Sainte, où sont marquées les trois périodes suivantes : 1° unité du langage ; 2° après que les facultés et les œuvres de l'homme, entraînées dans sa chute, eurent ressenti le contre-coup de la déchéance primitive, distinction des idiomes parlés par les différentes races humaines, tout en restant réciproquement intelligibles entre eux ; 3° division des langues et séparation des nations, qui deviennent inintelligibles les unes pour les autres :

« Omne enim quod vocavit Adam animæ viventis, ipsum est « nomen ejus. » (*Genèse*, chap. 2.)

« Ab his divisæ sunt insulæ gentium in regionibus suis, unus- « quisque secundùm linguam suam, et familias suas in « nationibus suis. » (*Id.*, ch. 10.)

« Erat autem terra labii unius et sermonum eorumdem. (Id., ch. 11.)

« ..... Confundamus ibi linguam eorum, ut non audiat unusquisque vocem proximi sui. » (Id., id.)

Pour le Dante, la question échappait ainsi aux ardentes controverses qui en ont pris possession, et aux deux doctrines extrêmes dont l'une a rejeté l'autorité des textes sacrés, pendant que l'autre était impuissante à s'en servir contre un adversaire qui refusait d'y croire. Le mécanisme merveilleux qui sert à l'expression de la pensée devenait tout ensemble, sans inconséquence et sans contradiction, un don de Dieu et une œuvre de l'homme. Il était soumis à cette loi du progrès qu'il faudrait supprimer si l'on était forcé d'opter entre l'hypothèse d'une révélation primitive et absolue du langage, hors de laquelle l'homme n'aurait rien eu à chercher, et la supposition d'un état primitif de faiblesse et de dénûment intellectuels, hors duquel l'homme, livré à des ressources purement humaines, n'aurait rien pu trouver.

10. La connaissance des noms de Dieu avait une grande importance au moyen âge; elle se rattachait à la philosophie et à l'histoire, à la religion et à l'art chrétien. Elle se proposait l'explication et la définition des attributs de Dieu, la recherche et l'interprétation des différents caractères de la Divinité, des points de vue variés sous lesquels elle était apparue aux hommes. De là des recueils, des séries d'inscriptions qui, devenant autant de légendes explicatives, formaient sur les pages des manuscrits et sur les murs des monuments un commentaire joint au texte, ou plutôt présentaient la traduction de la même pensée en deux langues différentes.

L'un des ouvrages attribués à saint Denys l'Aréopagite, dont le Dante avait fait une étude assidue, était intitulé *Des noms de Dieu*. Chaque dénomination correspondait à chacun des attributs de la Divinité, et l'auteur concluait que cette division était un secours pour l'intelligence humaine, mais qu'en réalité Dieu, supérieur à toutes les affirmations et à toutes les négations, restait perpétuellement *anonyme*.

La *Summa theologiæ* contenait également un chapitre, ou plutôt un traité, *De nominibus Dei*.

Des deux appellations que le Dante reproduit ici, l'une est restée l'expression de l'unité; l'autre (Eli) est considérée ailleurs par le poète (*De vulgari eloquentiâ*) comme la première parole que l'homme ait proférée. Isidore de Séville, dans ses *Étymologies*, la cite comme le premier nom donné à Dieu par les Hébreux. C'est celui que le Christ prononça dans l'appel suprême adressé à son père céleste.

11.
Ut silvæ foliis pronos mutantur in annos,
Prima cadunt; ita verborum vetus interit ætas,
Et juvenum ritu florent modo nata, vigentque.
. . . .
Multa renascentur quæ jam cecidere, cadentque
Quæ nunc sunt in honore, vocabula, si volet usus,
Quem penes arbitrium est et jus et norma loquendi.
HORACE, *Ars Poetica*.

« Les langues portent en elles-mêmes une loi de décomposition qui veut qu'arrivées à une certaine maturité, elles passent comme les fruits, tombent, s'ouvrent et rendent à la terre des semences d'où doivent sortir des langues nouvelles. » (OZANAM, *la Civilisation au* v^e *siècle*, t. II, p 123.)

12. Le Paradis terrestre.

13. Suivant une ancienne opinion, Adam serait resté dans le Paradis terrestre pendant une durée de sept heures.

CHANT VINGT-SEPTIÈME

1. Ce sont les deux planètes habitées par les âmes de ceux qui ont fait régner la Justice et de ceux qui ont combattu pour la Foi. Les teintes éclatantes que le Dante a fait resplendir, comme une atmosphère sanglante, autour des martyrs (chant XIV) deviennent ici le reflet visible de la honte et de l'indignation qui pénètrent les Apôtres, à la mémoire des outrages commis contre la Justice et la Foi.

2. Par ces mots trois fois répétés, saint Pierre donne à sa pensée la forme d'un triple anathème lancé contre le successeur indigne qu'il renie, et d'une revendication énergique du patrimoine sacré qu'il a légitimement gagné en sa triple qualité d'apôtre, de fondateur de l'Église et de martyr.

3. Le Dante veut parler de l'abdication de Célestin V et de l'élection contestée de Boniface VIII. (Voir dans Ozanam, *les Poètes franciscains*, les pages consacrées à la vie et aux œuvres de Jacopone di Todi, dont la tragique destinée forme un épisode curieux et caractéristique de l'histoire de la Papauté pendant les dernières années du xiiie siècle, qui montrèrent, dans la personne de deux Pontifes, l'esprit des anciens temps de l'Église et l'esprit des âges nouveaux, le génie de la vie monastique opposé au génie de la puissance temporelle et de la politique mondaine.)

4. « ... Et tenebræ factæ sunt in universam terram usquè in
   « horam nonam... »
   « Et obscuratus est sol... » (*Évang. selon saint Luc*, ch. 23, v. 44 et 45.)

5. Papes des premiers siècles de l'ère chrétienne, qui souffrirent le martyre et payèrent du prix de leur sang le salut de l'Église naissante.

6. Ceci n'est pas seulement une métaphore. Les clefs de l'Église étaient devenues le signe distinctif des armées qui défendaient la cause papale, tandis que les défenseurs de la cause impériale portaient la croix. (Voyez la note 9 du chant ix du Purgatoire.)

7. La même expression avait été employée par Giotto, dans la curieuse *canzone* où il caractérise sévèrement ceux qui sont également infatigables à célébrer en paroles l'austère simplicité de la vie chrétienne, et à la rejeter dans toutes leurs actions et de tous leurs efforts.

> Noi veggiam pur col senso molto spesso,
> Chi più tal vita loda, manca in pace,
> E sempre studia e face
> Come da essa si possa partire..
> . . . .
> E sassi sì coprire
> Che'l piggior *lupo* par miglior agnello
> Sotto il falso mantello.
> Onde per tal ingegno è guasto'l mondo,
> Se tosto non va in fondo
> Questa *ipocrisia*, che alcuna parte
> Non lascia'l mondo, senza aver su'arte.

L'illustre contemporain du Dante, l'auteur de tant d'œuvres vraiment saintes, châtiait par une énergique réprobation l'éternelle ennemie de toute sainteté, qu'il nommait de son vrai nom, *ipocrisia*.

8. Les papes Jean XXII et Clément V, originaires, l'un de Cahors, l'autre de Gascogne. Aux reproches sanglants qu'il vient de leur adresser, le poete ajoute un nouveau reproche tiré du vice de leur origine française, qui emprunte, à l'égard de l'un d'eux, une signification particulièrement méprisante au mot *caorsini*. Appliqué dans l'origine aux nombreux usuriers qui habitaient la ville de Cahors, et que le Dante a marqués d'une note flétrissante au chant XI de son Enfer, ce mot avait fini par désigner, dans un sens général, les banquiers, les *marchands d'argent* auxquels les papes et les princes étaient si souvent obligés d'avoir recours, et qui entretinrent le faste scandaleux de la cour d'Avignon, après avoir subvenu aux frais des guerres soutenues par les belliqueux pontifes du XIIIe siècle.

On peut voir notamment, dans Mathieu Pâris, le récit de la négociation, politique et financière à la fois, suivie entre le Saint-Siége et le roi Henri III d'Angleterre, dans le double but d'assurer au prince Edmond la royauté de Naples et au souverain Pontife le remboursement de l'emprunt qu'il avait contracté. Le projet d'expédition, combattu par la noblesse anglaise et abandonné par le roi, retomba sur le peuple de tout le poids de ses conséquences fiscales.

Plus d'une opération de ce genre, essayée par la cour de Rome, trouva une énergique opposition chez des souverains jaloux de défendre ce qu'on pourrait appeler le principe de la *sécularisation de l'impôt*.

9. Le Capricorne.

10. Parti de la montagne du Purgatoire, située aux antipodes de Jérusalem, le Dante avait à traverser, avant de revenir à son point de départ, les régions du ciel correspondantes aux quatre régions de la terre, situées, la première entre le méridien de la montagne du Purgatoire et l'horizon oriental de Jérusalem, la seconde entre cet horizon et le méridien de Jérusalem, la troisième entre ce méridien et l'horizon occidental de la même ville, enfin la quatrième entre cet horizon et le méridien de la montagne du Purgatoire. C'est à la troisième de ces régions qu'il est parvenu, et de là son regard atteint les deux points extrêmes et opposés qu'il indique, et qui se trouvent situés aux confins de l'Europe.

11. La huitième sphère, placée sous la constellation des Gémeaux.

12. Le Premier Mobile.

13. Le poëte place dans le Premier Mobile l'origine commune du mouvement, du temps et du nombre. On dirait qu'il se souvient de cette définition d'Aristote : « Le temps est la mesure du mouvement, » qui a le tort ou le mérite de pouvoir être facilement renversée dans ses termes.

Cherchant à se rendre compte de cette unité de temps dont l'insaisissable mystère avait fui devant la pénétrante analyse de saint Augustin, saint Thomas d'Aquin avait successivement réfuté les opinions qui assignaient pour principe au temps le nombre, l'éternité, la matière primitive soumise la première aux lois du mouvement, et, revenant à la doctrine d'Aristote, il avait cru trouver la raison de l'unité de temps dans l'unité de mouvement. « Est ergo ratio « unitatis temporis, unitas primi motûs. » (*Quæstio de Dei æternitate*, art. 6.)

Pascal, à son tour, a reconnu l'intime connexion des notions d'espace, de nombre, de mouvement et de temps. Lui aussi a vainement cherché un point fixe et indivisible, et comme le temps d'arrêt de la progression doublement illimitée qui, pour la durée et pour l'étendue, se rapproche, sans jamais l'atteindre, du dernier terme de la petitesse et du terme suprême de la grandeur. (Voy. Opuscules de Pascal : *De l'esprit géométrique*.)

14. Le Dante désigne ainsi la race humaine, et il compare les changements physiques amenés par la suite des années aux déviations morales qu'il censure impitoyablement. Ailleurs (chant XXII) il appelle le soleil *padre d'ogni mortal vita*.

15. Ne pouvant assigner un terme précis à la mission réparatrice de l'empereur Henri VII, le Dante veut du moins en déterminer l'époque d'une manière indirecte et négative. Cette époque ne dépassera pas le temps où l'inégalité entre l'année solaire et l'année civile (qui donna lieu, en 1582, à la réforme du calendrier par le pape Grégoire XIII) se sera répétée assez souvent pour que le mois de janvier cesse d'appartenir à l'hiver.

CHANT VINGT-HUITIÈME

1. Ces paroles peuvent signifier soit l'exacte conformité de la valeur donnée aux notes chantées avec la valeur des notes écrites, soit (ce qui est plus vraisemblable) le rapport

d'identité absolue ou d'équivalence approximative qui existait entre la durée des notes musicales et la quantité des syllabes correspondantes, en d'autres termes, la combinaison du rhythme musical et de la prosodie ou *métrique*, d'où la *mesure* a tiré son origine.

2. Dieu apparaît ici sous la forme d'un point lumineux qui, par sa petitesse, échapperait à la vue, s'il ne dardait un éclat que l'œil peut à peine soutenir.

Le Dante n'est pas le seul qui, cherchant à fixer les regards de l'esprit sur l'essence suprême et sur l'immobile éternité, ait éprouvé le besoin de concilier l'absence de toute limite avec la plénitude absolue de l'Être. Combien de fois la métaphysique, à force de vouloir la concentrer, pour la mettre hors de l'atteinte des lois du nombre, du temps et de l'espace, n'a-t-elle pas risqué de soustraire la notion de Dieu à la pensée de l'homme? Heureuse lorsqu'elle a pu réduire à sa plus simple expression la notion de l'Infini, sans atténuer, ni voiler, par le contact trop direct de la raison, la lumière qu'elle projette à distance sur le sentiment et sur la foi!

3. Le mouvement imprimé aux différents cercles du Paradis est la mesure de leur perfection relative et la règle des influences divines qui s'y répandent. Les cercles inférieurs se meuvent avec d'autant plus de rapidité que l'espace circonscrit par eux est plus vaste; la vitesse des cercles supérieurs augmente à mesure que leur circonférence se rétrécit. Ce sont deux lois différentes, mais non contradictoires, l'une d'extension matérielle, l'autre d'intensité spirituelle, qui régissent des sphères, non-seulement inégales en grandeur, mais diverses par leur nature, dont les unes tendent à grandir en s'éloignant de Dieu, et les autres à diminuer en se rapprochant de lui.

L'art chrétien, qui ne pouvait représenter aux yeux l'harmonieuse simultanéité de ces deux lois, semble avoir voulu figurer isolément et tour à tour chacune d'elles, en montrant Dieu tantôt placé au centre de l'univers et confinant aux plus petits d'entre les cercles célestes qui se déroulent autour de lui ; tantôt dans une situation extérieure, et touchant aux cercles les plus grands que peuplent les substances célestes. (Voyez notamment dans l'*Iconographie chrétienne* de Didron, la description 1º de la peinture d'un manuscrit du XIIIe siècle où l'on voit Dieu placé au foyer de neuf cercles concentriques, dont sept sont enflammés ; 2º d'une fresque peinte au Campo Santo par Buffamalcco.)

3. La vérité passe de l'un à l'autre des divers ordres d'intelligences célestes, et, traversant les degrés d'une sorte de *dialectique* divine, qui participe de la méthode et des règles de la science humaine, elle descend, par des manifestations de moins en moins larges, de moins en moins absolues, du général au particulier, de l'unité complexe de la synthèse aux développements progressifs de l'analyse.

« Superior angelus notitiam veritatis accipit in universal
« quâdam conceptione, ad quam capiendam inferioris
« angeli intellectus non esset sufficiens ; sed est ei conna-
« turale ut magis particulariter veritatem accipiat, supe-
« rior vero angelus veritatem quam universaliter concepit,
« quodammodo distinguit ut ab inferiori capi possit. »
(Saint Thomas, *Summa theologiœ*, Iª Iæ partis, quœstio 106.)

5. Telle était la doctrine de saint Thomas d'Aquin, qui fut combattue par Scott. (Voyez *Summa theologiœ*, quœstio Utrùm si beatitudo sit operatio intellectûs an voluntatis?)

La recherche et la jouissance du souverain Bien y est comparée à la recherche et à la jouissance des biens créés qui attirent notre intelligence et notre volonté. Qu'il s'agisse des aspirations de l'amour divin ou des passions humaines, c'est par une communication intellectuelle que l'homme est vraiment mis en possession de l'objet qu'il se propose. Cette communication est provoquée par le desir de posséder qui la précède, elle détermine la joie de la possession qui la suit, mais elle reste distincte de ce double phénomène de la sensibilité et de la volonté.

« Cognitio prævia est dilectioni in attingendo. Non enim dili-
« gitur nisi cognitum... et ideò intelligibilem finem primò
« attingimus per actionem intellectûs, sicut et finem sensi-
« bilem primò attingimus per actionem sensûs. » (Saint Thomas. *Loc. citat.*)

6. L'Automne.

7. La théologie du moyen âge, qui déterminait avec une laborieuse curiosité le caractère, les fonctions de chacun des ordres angéliques, leurs rapports avec Dieu qui les dominait et avec les créatures qui leur étaient subordonnées, avait plus d'une fois, dans cette subtile application du raisonnement au mysticisme, opposé et balancé entre elles les opinions de saint Grégoire et de saint Denys l'Aréopagite. Le Dante ne fait qu'effleurer en passant ces contestations et ces conflits de saintes autorités, et il n'avait pas besoin d'insister davantage : la poésie lui avait donné le droit et le pouvoir de se transporter dans ces domaines célestes où la théologie, de loin, distribuait les places et assignait les rangs. Ailée et libre elle-même, elle découvrait à l'auteur du Paradis, dans la liberté réglée de leur vol, les substances célestes que l'École retenait captives, en multipliant autour d'elles les enceintes infranchissables et les compartiments rigoureusement mesurés de ses dimensions presque mathématiques.

8. Saint Paul.

CHANT VINGT-NEUVIÈME

1. C'est-à-dire lorsque le soleil et la lune, placés sous les deux signes du Bélier et de la Balance, et se trouvant, l'un à son lever, l'autre à son coucher, occupent dans le ciel deux positions exactement correspondantes.

2. Si l'on voulait insister sur ce passage, on pourrait y trouver le germe d'une doctrine panthéistique professée avec une singulière hardiesse au xive siècle par maître Eckard, et qui paraissait appelée dès lors à se naturaliser facilement en Allemagne. Elle tend à imposer à Dieu la création comme une nécessité, et à voir dans l'univers la conséquence forcée de l'activité divine cherchant à se donner la conscience d'elle-même. (Voyez au contraire saint Thomas, *Summa Theolog.*, I^a I^æ quæstio XII, art. 4, et notamment cette phrase où se trouve énergiquement posé le principe que Dieu non-seulement *est*, mais *subsiste* en lui-même et par lui-même : « Solius autem Dei proprius modus essendi est ut sit suum esse subsistens. »

Du reste, s'il y a une équivoque dans les expressions du Dante, elle est suffisamment levée par ce qui précède et par ce qui suit. La Bonté et l'Amour y retrouvent la place légitime qui leur appartient à l'origine de la création.

3. La matière, la forme et l'art créateur se produisent comme trois manifestations indivisibles et simultanées de la Divinité. Un peu plus loin le Dante montrera les œuvres divines diversement caractérisées suivant que la matière et la forme s'y trouvent associées ou isolées. Il imprime ainsi sur la création et sur les créatures cette marque originelle de la Trinité que le moyen âge, renchérissant encore sur les subtilités de saint Augustin (Voy. le Traité *de Trinitate*), s'efforçait de découvrir partout. Elle fut

appliquée également aux sciences divines et humaines, à la nature et à l'art, et, par une étrange préoccupation, elle détermina la préférence donnée au rhythme musical ternaire sur le rhythme binaire.

4. Prénoms très-usités à Florence au temps du Dante. *Lapo* est un diminutif de Jacopo, Jacques.

5. « Millia millium ministrabant ei, et decies millies centena « millia assistebant ei. » (Daniel, ch. vii, v. 10.)

CHANT TRENTIÈME

1. Midi.

2. Au moment où le jour commence à paraître en Italie, il est arrivé à la moitié de son cours dans les pays de l'extrême Orient. La désignation de ce moment (*sesta ora*) et l'indication de cette coïncidence, rapprochées et entremêlées dans la même phrase, y jettent de la confusion et de l'obscurité.

3. L'Aurore.

4. La Neuvième Sphère.

5. Le ciel Empyrée. Cette région de joie et de triomphe où le Dante s'élève par l'enthousiasme de la foi et de la poésie, a inspiré à un des plus illustres représentants de la raison humaine, à Leibniz, un mouvement d'éloquence à la fois hardi et touchant. Entreprenant la défense de la Providence contre les griefs et les récriminations tirées de l'existence du mal, il cède un moment à ses adversaires le terrain qu'il doit revenir leur disputer, et va chercher, au-dessus des derniers astres visibles, des lieux « remplis

de gloire et de félicite, » où le mal doit disparaître et où le bien peut exercer un empire sans partage. (Leibniz, *Théodicée*, liv. i, § 19.)

6. Sous la forme des deux courants opposés par lesquels le fleuve de la vie éternelle s'épanche du sein de Dieu vers les créatures, pour refluer ensuite des créatures jusqu'à Dieu, le Dante a voulu exprimer la loi universelle d'expansion et de contraction qui préside à l'organisme vital des êtres les plus chétifs, aussi bien qu'aux harmonieuses combinaisons des corps célestes ; cette loi qui rapproche le monde et Dieu sans les confondre, et les distingue sans les isoler.

7. Plus d'une fois les formes et les ornements du culte religieux sont devenus, naturellement et sans effort, les formes et les ornements du culte poétique que l'auteur de la *Divine Comédie* rendait à Dieu. La rose mystique, dont les vivants et innombrables pétales s'épanouissent au sommet de son Paradis, est le reflet idéal des rosaces qu'il avait pu admirer dans les cathédrales de la France et de l'Italie.

La vérité du rapprochement est encore plus frappante si l'on se souvient que fréquemment les sujets reproduits par ces splendides vitraux étaient « la Cour céleste, la Divine liturgie, » et que souvent les travaux et les douleurs de la terre se montraient à leur circonférence, tandis que le centre était occupé par les joies immuables de l'Éternité.

8. Cédant à ce besoin de durée et de perfection qui est inséparable des nobles amours et des convictions fortes, le Dante amène jusqu'au pied du trône de Dieu Henri VII, empereur d'Allemagne, qu'il a salué comme le libérateur envoyé par la Providence pour le salut des peuples de l'Italie, et le met à côté de Béatrix, la divine messagère qui a passé près de lui sur la terre pour lui montrer la route du ciel.

Il a ainsi opposé, en faveur de ces deux personnifications idéales de la Beauté et de la Justice dans le gouvernement des choses du monde, le triomphe de l'immortalité au triomphe de la mort, et les deux mémoires qu'il avait chéries et vénérées entre toutes ont reçu de son génie un royaume et une vie que le temps ne saurait atteindre, en échange d'un règne trop court et d'une existence trop rapidement tranchée.

9. Clément V.

10. Boniface VIII.

CHANT TRENTE-UNIÈME

1. La milice Angélique.

2. D'après la Fable, Hélicé, fille de Lycaon, roi d'Arcadie, nommée aussi Calisto, et Arcas son fils, avaient été transformés par Jupiter en deux constellations voisines, qui sont celles de la Grande et de la Petite Ourse.

> Celeri raptos per inania vento
> Imposuit cœlo, vicinaque sidera fecit.
> OVIDE, *Métam.*, liv. II.

3. On n'est point surpris de voir le Dante choisir saint Bernard pour guide et pour introducteur auprès de la Mère de Dieu, quand on se rappelle le culte fervent que ce saint Docteur avait voué à la Vierge, sous la protection spéciale de laquelle furent mis et les livres qui contenaient les travaux et les pensées de sa vie, et la tombe qui recueillit ses restes mortels.

Jamais assurément plus douces et plus poétiques paroles ne furent prononcées sur le nom de Marie, que ces paroles de saint Bernard, qui sont à la fois un hymne et une prière.

« ..... Nomen quod interpretatum Maris stella dicitur, ma-
« tri virgini valde convenienter aptatur. Ipsa namque
« aptissime sideri comparatur, quia, sicut sine suî cor-
« ruptione sidus suum emittit radium, sic absque suî
« læsione Virgo parturit filium... Ipsa est igitur nobilissima
« Stella ex Jacob orta, cujus radius universum orbem
« illuminat, cujus splendor et profulget in supernis et
« inferos penetrat : terras etiam perlustrans et calefaciens
« magis mentes quam corpora, fovet virtutes, excoquit
« vitia. Ipsa, inquam, est præclara et eximia stella super
« hoc mare magnum et spatiosum necessario sublevata,
« micans meritis, illustrans exemplis. O quisquis te intel-
« ligis in hujus sæculi profluvio magis inter procellas et
« tempestates fluctuare quam per terram ambulare, ne
« avertas oculos a fulgore hujus sideris, si non vis obrui
« procellis. Si insurgant venti tentationum, si incurras
« scopulos tribulationum, respice stellam, voca Mariam :
« si jactaris superbiæ undis, si ambitionis, si detractationis,
« si æmulationis, respice stellam, voca Mariam. » (Saint Bernard, *Homélie* 2e.)

D'après la légende, saint Bernard n'avait-il pas été abreuvé à la fois du sang qui s'échappait des plaies du Sauveur et du lait qui coulait du sein virginal de Marie? De là, dans ses discours et dans ses écrits, le perpétuel mélange de la force et de la grâce. N'avait-il pas entendu retentir les hymnes éternels chantés par des voix angéliques autour de la reine des cieux, et l'écho ne s'en était-il pas conservé dans les paroles et la mélodie du *Salve Regina?*

4. Le suaire où l'on croyait voir l'image du Christ.

CHANT TRENTE-DEUXIÈME

1. Le Dante, en plaçant Ève aux pieds de Marie, a voulu que la Mère du genre humain, tout en occupant une place inférieure, fût rapprochée de la Mère du Sauveur. C'est ainsi que plusieurs maîtres des Écoles italiennes, représentant la Vierge avec le Christ enfant dans ses bras, ont, sur la base du sanctuaire en forme de niche où elle est assise, simulé un bas-relief qui montre Ève tenant le fruit défendu. L'effigie de l'antique malédiction devient ainsi tout à la fois un signe de déchéance et un emblème de victoire. C'est le marchepied qui est foulé par la Mère de Dieu ; c'est, en même temps, le fondement et le piédestal de sa gloire et de sa majesté.

2. Ruth.

3. David

4. Parce qu'il fut mis à mort deux années avant la résurrection du Christ.

5. Le Dante se souvient ici, avec saint Prosper, que si ces jeunes âmes ont recueilli le funeste héritage du péché originel, en même temps et par une transmission plus heureuse, le bénéfice des vertus et des mérites paternels a pu s'étendre jusqu'à elles.

6. Nec vero hæ sine sorte datæ, sine judice sedes.

Il est bien permis de rapprocher ici les deux poëtes, car leurs vers se correspondent, non-seulement par la pensée et l'expression, mais par le sujet et la situation. Virgile parle aussi des enfants que la mort a enlevés à leur premier âge, et dont les ombres gémissantes errent le long du Styx.

NOTES.

> Infantumque animæ flentes in limine primo,
> Quos dulcis vitæ exsortes et ab ubere raptos
> Abstulit atra dies, et funere mersit acerbo.
> *Énéide*, liv. vi

7. Jacob et Esaü.

« Gemini in utero ejus reperti sunt. Qui prior egressus est, « rufus erat, et totus in morem pellis hispidus, voca- « tumque nomen ejus Esau. » (*Genèse*, chap. xxv, v. 24 et 25.)

M. S. Cahen a traduit, avec son énergie ordinaire, le texte hébreu : « Il sortit roux, tout à fait comme un manteau de poil. »

C'est à ce texte que paraît se rapporter la métaphore de Dante : *Il color de' cappelli... s'incappelli.* Cette explication est au moins aussi naturelle que les explications beaucoup plus ingénieuses cherchées par certains commentateurs du poëte.

8. Saint Pierre.

9. L'Église.

10. Moïse.

CHANT TRENTE-TROISIÈME

1. Tout ce dernier chant du poëme, que l'Infini remplit de sa présence, semble écrit d'une main respectueusement hésitante et avec le tremblement religieux d'une âme plus disposée à se recueillir dans le silence de la pensée qu'à se répandre dans le mouvement et dans le bruit des paroles. Il montre admirablement comment le souffle vivifiant venu des hauts lieux peut dompter la raideur des efforts humains, et comment le génie, capable de s'élever et de s'ennoblir par l'humilité, de même que la vertu, peut

s'imposer des défaites volontaires et s'arracher des aveux d'impuissance qui valent toutes les hardiesses du pouvoir et du triomphe.

2. Le Saint-Esprit.

3. A l'époque du Dante, l'art chrétien, s'efforçant d'atteindre à l'interprétation sensible de Dieu, de la Trinité, de l'Infini, avait parcouru toute une série de représentations dont la diversité pouvait être ramenée à deux ordres et comme à deux systèmes généraux, celui des représentations anthropomorphiques, et celui des figures géométriques. Sous ce dernier rapport, le triangle avait été adopté de préférence, aux temps où florissait l'architecture romane; le cercle s'allie plus fréquemment à l'architecture gothique, tandis que le siècle de la Renaissance réalise volontiers la combinaison des deux emblèmes. Il est facile de reconnaître, dans la dernière partie du xxxiiie chant du Paradis, les traces de cette double tendance. Mais si les œuvres plastiques, destinées à s'adresser aux yeux, ont dû subir les conditions d'une exécution précise, l'œuvre du Dante, qui s'adressait directement aux plus hautes facultés de l'esprit, en suivant la même direction, ne rencontrait pas les mêmes nécessités. Elle ne cherchait, dans des moyens analogues, qu'un point d'appui intellectuel pour empêcher d'errer dans le vague et de se perdre dans le vide la contemplation de ce qui ne peut être ni montré ni démontré.

Le Dante savait que ni le langage des formes visibles, ni les formules mathématiques ne peuvent prétendre à donner une traduction de l'Infini, et que, par l'application de la science des lignes, des figures et des nombres à la théologie et à la métaphysique, on n'aboutit qu'à des subtilités chimériques, ou à une vaine et trop séduisante apparence de grandeur. A la fin de son Paradis, il trouve la pensée qu'exprime si bien saint Bernard en terminant son livre de la *Contemplation* :

« Quærendus adhuc fuerat (Deus) qui nec satis adhuc inven-
« tus est, nec quæri nimis potest : at orando forte quam
« disputando dignius quæritur et invenitur facilius. Pro-
« inde is sit finis libri, sed non finis quærendi. »

4. C'est-à-dire qui cherche le rapport du diamètre à la circonférence.

FIN DES NOTES.

www.ingramcontent.com/pod-product-compliance
Lightning Source LLC
Chambersburg PA
CBHW060754230426
43667CB00010B/1565